Wissenschaftlicher Beirat:

Klaus von Beyme, Heidelberg
Yehezkel Dror, Jerusalem
Wolfgang Kersting, Kiel
Herfried Münkler, Berlin
Marcelo Neves, Brasilia
Henning Ottmann, München
Stanley L. Paulson, St. Louis
Pier Paolo Portinaro, Torino
Ryuichiro Usui, Tokyo
Loïc Wacquant, Berkeley

Staatsverständnisse

Herausgegeben von
Prof. Dr. Rüdiger Voigt

Band 47

Samuel Salzborn (Hrsg.)

„... ins Museum der Altertümer"

Staatstheorie und Staatskritik bei Friedrich Engels

Nomos

Titelfoto: Friedrich Engels (Marx-Engels-Forum Berlin).
        Aufnahme: Katja Hinske.

Die Deutsche Nationalbibliothek verzeichnet diese Publikation in
der Deutschen Nationalbibliografie; detaillierte bibliografische
Daten sind im Internet über http://dnb.d-nb.de abrufbar.

ISBN 978-3-8329-5797-1

1. Auflage 2012
© Nomos Verlagsgesellschaft, Baden-Baden 2012. Printed in Germany. Alle Rechte,
auch die des Nachdrucks von Auszügen, der fotomechanischen Wiedergabe und der
Übersetzung, vorbehalten. Gedruckt auf alterungsbeständigem Papier.

Editorial

Das Staatsverständnis hat sich im Laufe der Jahrhunderte immer wieder grundlegend gewandelt. Wir sind Zeugen einer Entwicklung, an deren Ende die Auflösung der uns bekannten Form des territorial definierten Nationalstaates zu stehen scheint. Denn die Globalisierung führt nicht nur zu ökonomischen und technischen Veränderungen, sondern sie hat vor allem auch Auswirkungen auf die Staatlichkeit. Ob die „Entgrenzung der Staatenwelt" jemals zu einem Weltstaat führen wird, ist allerdings zweifelhaft. Umso interessanter sind die Theorien der Staatsdenker, deren Modelle und Theorien, aber auch Utopien, uns Einblick in den Prozess der Entstehung und des Wandels von Staatsverständnissen geben, einen Wandel, der nicht mit der Globalisierung begonnen hat und nicht mit ihr enden wird.

Auf die Staatsideen von Platon und Aristoteles, auf denen alle Überlegungen über den Staat basieren, wird unter dem Leitthema „Wiederaneignung der Klassiker" immer wieder zurück zu kommen sein. Der Schwerpunkt der in der Reihe *Staatsverständnisse* veröffentlichten Arbeiten liegt allerdings auf den neuzeitlichen Ideen vom Staat. Dieses Spektrum reicht von dem Altmeister *Niccolò Machiavelli*, der wie kein Anderer den engen Zusammenhang zwischen Staatstheorie und Staatspraxis verkörpert, über *Thomas Hobbes*, den Vater des Leviathan, bis hin zu *Karl Marx*, den sicher einflussreichsten Staatsdenker der Neuzeit, und schließlich zu den Weimarer Staatstheoretikern *Carl Schmitt*, *Hans Kelsen* und *Hermann Heller* und weiter zu den zeitgenössischen Theoretikern.

Nicht nur die Verfälschung der Marxschen Ideen zu einer marxistischen Ideologie, die einen repressiven Staatsapparat rechtfertigen sollte, macht deutlich, dass Theorie und Praxis des Staates nicht auf Dauer von einander zu trennen sind. Auch die Verstrickung Carl Schmitts in die nationalsozialistischen Machenschaften, die heute sein Bild als führender Staatsdenker seiner Epoche trüben, weisen in diese Richtung. Auf eine Analyse moderner Staatspraxis kann daher in diesem Zusammenhang nicht verzichtet werden.

Was ergibt sich daraus für ein zeitgemäßes Verständnis des Staates im Sinne einer modernen Staatswissenschaft? Die Reihe *Staatsverständnisse* richtet sich mit dieser Fragestellung nicht nur an (politische) Philosophen, sondern vor allem auch an Studierende der Geistes- und Sozialwissenschaften. In den Beiträgen wird daher zum einen der Anschluss an den allgemeinen Diskurs hergestellt, zum anderen werden die wissenschaftlichen Erkenntnisse in klarer und aussagekräftiger Sprache – mit dem Mut zur Pointierung – vorgetragen. So wird auch der/die Studierende unmittelbar in die Problematik des Staatsdenkens eingeführt.

Mit dem *Forum Staatsverständnisse* wird Interessierten zudem ein Diskussionsforum auf der Website http://www.staatswissenschaft.de eröffnet, um sich mit eigenen Beiträgen an der Staatsdiskussion zu beteiligen. Hier können z.B. Fragen zu der Reihe *Staatsverständnisse* oder zu einzelnen Bänden der Reihe gestellt werden. Als Reihenherausgeber werde ich mich um die Beantwortung jeder Frage bemühen. Soweit sich dies anbietet, werde ich von Fall zu Fall bestimmte Fragen aber auch an die HerausgeberInnen der Einzelbände weiterleiten.

Prof. Dr. Rüdiger Voigt

Inhaltsverzeichnis

Vorwort   9

I. Staatsanalyse und Staatskritik

Samuel Salzborn
Von der Utopie zur Wissenschaft? Zur Regression des materialistischen
Anspruchs in der Staatstheorie von Friedrich Engels   13

Frauke Höntzsch
Klassenlose Autorität? Die Spannung zwischen Gleichheit und Autorität
bei Engels   31

Renate Merkel-Melis
Die Staatstheorie im Spätwerk von Friedrich Engels   49

Herfried Münkler
Der gesellschaftliche Fortschritt und die Rolle der Gewalt. Friedrich
Engels als Theoretiker des Krieges   81

Rüdiger Voigt
Militärtheoretiker des Proletariats? Friedrich Engels als Kritiker
des preußischen Militärwesens   107

II. Kontexte und Kontextualisierungen

Georg Fülberth
Die Staatskritik von Engels im Kontext des Gesamtwerkes von
Marx und Engels   127

Eike Hennig
Revolution gegen Versöhnung. Noten zur Kritik Hegels durch
Friedrich Engels   137

Ingo Elbe
Staat der Kapitalisten oder Staat des Kapitals? Rezeptionslinien
von Engels' Staatsbegriff im 20. Jahrhundert　　　　　　　　　　　155

Hans-Christian Petersen
Gegen die Oktoberrevoultion. Georgij Plechanov und die Rezeption
der Engelsschen Staatstheorie im russischen Marxismus　　　　　181

Die Autor(inn)en　　　　　　　　　　　　　　　　　　　　　　197

Vorwort

Friedrich Engels ist wieder aktuell. Angesichts der globalen Wirtschafts- und Finanzkrisen der letzten Jahre werden die Analysen von Karl Marx und Friedrich Engels wieder öffentlich diskutiert, erleben eines ihrer vielen *Revivals* in der Geschichte. Es scheint fast so, als würde jede Generation Marx und Engels wieder neu für sich entdecken und ihre Interpretationen mit Blick auf die jeweils gegenwärtigen Transformationen der bürgerlichen Gesellschaft und der kapitalistischen Ökonomie neu reflektieren. In der gegenwärtigen populären Debatte liegt dabei die Rezeptionsintensität vor allem auf den Schriften von Marx und seiner Kritik der politischen Ökonomie.

Engels steht, wie bereits historisch, in seinem Schatten. Zu Unrecht: wie die wissenschaftliche Diskussion, die sich intensiv entlang der Neuedition der Marx-Engels-Gesamtausgabe (MEGA) entwickelt hat und seit mehreren Jahren auch jenseits tagespolitischer Verwerfungen geführt wird, zeigt. Denn es gibt nicht nur einen assistierenden Engels, der die Verbreitung und Popularisierung des Werkes von Marx unterstützt und verschiedene unfertige Manuskripte von Marx nach dessen Tod noch der Öffentlichkeit (z.T. nach umfangreicher Editionsarbeit) zugänglich gemacht hat. Es gibt auch einen dominierenden Engels, der gerade im Bereich der politischen Organisation und Herrschaftsanalyse deutlich exponierter argumentiert und reflektiert hat, als Marx – und dessen separate Rezeption sich theorien- und ideengeschichtlich lohnt.

Denn die Lesart, Marx und Engels stets im Doppelpack zu rezipieren, hat zwar historisch aufgrund der engen wissenschaftlichen, publizistischen und politischen Kooperation von Marx und Engels – viele der Hauptwerke sind ja auch in Co-Autorenschaft entstanden – durchaus seine Berechtigung, übernimmt aber implizit die von Sowjetunion und DDR geprägte Einheitslesart, in der Widersprüche und Gegensätze zwischen beiden aus politischem Kalkül kaschiert wurden. Der vorliegende Band macht sich insofern stark für eine Lesart von Engels, die dessen theoretisch-konzeptionelles Eigengewicht würdigt und es zwar im Marxschen Kontext liest, aber eben vor allem betont, dass gerade mit Blick auf das Thema Staatstheorie und Staatskritik die „marxistische" Theorie eigentlich eine „engelsche" ist. Diese Differenzierung und Präzisierung ändert freilich nichts daran, dass die ideen- wie wirkgeschichtliche Verbindung von Marx und Engels nicht lösbar ist.

Die Titelgebung dieses Bandes ist angelehnt an eines der berühmtesten Zitate von Engels über den Staat, genauer: seine Vorstellung, was mit dem Staat in Zukunft geschehen solle. Diese Musealisierung des Staates ist, auch wenn der Abgesang auf den Staat seit Friedrich Engels von unzähligen Theoretikerinnen und Theoretikern stets aufs Neue angestimmt wurde, bis heute nicht eingetreten – ja gerade die Wirtschafts- und Finanzkrisen der Gegenwart zeigen, wie wenig mit einer Historisierung des Staates zu rechnen ist, der weltweit mitnichten vor einem Niedergang, denn einer offensichtlich gerade erst beginnenden, nachhaltigen Renaissance steht. Inwiefern der Beitrag von Engels zur Staatstheorie und Staatskritik historisch wie aktuell aufgegriffen, kritisiert, weiterentwickelt oder auch verworfen werden sollte, wird intensiv – und bewusst kontrovers – in diesem Band diskutiert.

Giessen, im Februar 2012   Samuel Salzborn

I. Staatsanalyse und Staatskritik

Samuel Salzborn

Von der Utopie zur Wissenschaft?
Zur Regression des materialistischen Anspruchs in der Staatstheorie von Friedrich Engels

Karl Marx und Friedrich Engels wollten nicht nur die Dialektik als wissenschaftliche Methode vom ‚Kopf auf die Füße' stellen und damit die idealistische Prägung eines Denkens in Widersprüchen materialistisch fundieren,[1] sondern überdies dieses philosophische Postulat auch um eine ihm angemessene politische Programmatik erweitern.[2] In den – von Engels vielfach redigierten[3] – Feuerbach-Thesen von Marx findet sich dieser Anspruch prägnant auf die eingängige und viel zitierte Formel gebracht, nach der die Philosophen die Welt nur verschieden interpretiert hätten, es nun aber darauf ankäme, sie zu verändern.[4] Theorie als Praxis, Praxis als Theorie.[5]

Die intellektuelle Revolution durch die von Marx und Engels eingeleitete Materialisierung der Dialektik war beträchtlich und ihre Fortwirkungen in der Ideen- und Theoriengeschichte bis in die Gegenwart von erheblichem Ausmaß. Kaum eine Denkerin oder ein Denker der zurück liegenden zwei Jahrhunderte kam umhin, sich (wenngleich freilich auch in ganz unterschiedlicher theoretischer und/oder praktischer Intention) mit den Überlegungen von Marx und Engels zu befassen. Der von Engels formulierte Anspruch, den Sozialismus von der Utopie zur Wissenschaft zu entwickeln, also einen schwärmerischen Glauben durch eine analytische Methode zu ersetzen, wurde dabei allerdings in sehr unterschiedlichem Maße auch tatsächlich eingelöst.

Mit Blick auf die von Engels angestellten Überlegungen zur Analyse und Kritik von Staat und Staatlichkeit, die wesentlich exponierter waren als die von Marx und die überdies die Auseinandersetzung mit dem als Überbauphänomen verstandenen

---

1 Vgl. *Marx* 1873, S. 27.
2 Vgl. *Marx/Engels* 1874, S. 346. Siehe auch *Marx/Engels* 1848.
3 Vgl. *Merkel-Melis* 2011, S. 780ff.
4 Vgl. *Marx* 1845, S. 7.
5 Vgl. *Richter* 1978. Siehe hierzu auch den Beitrag von Georg Fülberth in diesem Band.

bürgerlichen Staat des gesamten historischen Materialismus geprägt haben,[6] soll im Folgenden die These entwickelt werden, dass der materialistische Anspruch – den Sozialismus von der Utopie zur Wissenschaft entwickelt zu haben – hinsichtlich der staatstheoretischen Überlegungen letztlich nicht eingelöst wurde.

Denn Engels hat neben einer funktionsanalytische Interpretation des Staates in der bürgerlichen Gesellschaft, die mit Blick auf seinen zeithistorischen Kontext durchaus präzise ausgefallen ist und sich auf der analytischen Ebene auch mit den Überlegungen federführender liberaler Denker wie etwa denen von John Locke deckte (die darauf gründenden normativen Postulate von Engels und Locke waren bekanntermaßen fast diametral entgegengesetzt),[7] sowohl hinsichtlich der Genese von Herrschaftsordnungen bis zur kapitalistischen Produktionsweise und der bürgerlichen Gesellschaft, wie vor allem auch mit Blick auf seine Überlegungen hinsichtlich von Staatlichkeit, die auf die bürgerliche Epoche folgen sollte, nicht nur den Geist des Utopismus fortleben lassen, sondern mehr noch eigene Wunschphantasien sowohl in die Vergangenheit, wie die Zukunft projiziert. In dieser Hinsicht unterscheidet sich seine Theoriebildung auch von dem – von Engels und Marx scharf kritisierten[8] – idealistischen und infantilen Ideal der Anarchisten strukturell nur in Nuancen: Engels begriffsscharfe Staatskritik mit Blick auf dessen Ausprägungen in der frühbürgerlichen Gesellschaft sind vermengt mit utopischen Phantasien, die weder als reflexiv, noch als kritisch verstanden werden können. Mehr noch: an diesen utopischen Aspekten der Staatsanalyse von Engels zeigt sich ihr regressiver und repressiver Charakter überdeutlich.

Im Folgenden soll zunächst der wissenschaftstheoretische Anspruch von Friedrich Engels rekonstruiert und in Kontext zu seinen staatsanalytischen wie staatskritischen Überlegungen diskutiert werden, um dann zu argumentieren, warum einerseits der wissenschaftstheoretische Anspruch von Engels mit Blick auf seine Staatstheorie aufgrund seines Utopismus als gescheitert verstanden wird und andererseits der Utopismus in Engels Staatskritik – unter Bezugnahme auf utopismuskritische Überlegungen von Theodor W. Adorno, Ralf Dahrendorf und Karl Popper – als struktu-

---

6 Vgl. *Hirsch/Kannankulam/Wissel* 2008. Henning *Ottmann* (2008, S. 164) geht in seiner Interpretation sogar so weit, dass Marx „eine Staatslehre schuldig geblieben" sei, wobei er betont, dass unklar sei, ob Marx die vor allem nach seinem Tod von Engels formulierten staatstheoretischen Überlegungen auch geteilt hätte. Denn Engels sei von vielen fragwürdigen Annahmen ausgegangen, wozu vor allem das Postulat einer entwicklungsgeschichtlichen Dynamik von der als quasi-kommunistisch unterstellten staatslosen Urgesellschaft bis zum erstrebten Kommunismus zu zählen ist.
7 Vgl. *Salzborn* 2010a.
8 Vgl. *Engels* 1883, S. 344f.; 1872/73, S. 307f.; *Marx* 1846/47, S. 63ff.

rell repressives und regressives Element innerhalb des historischen Materialismus kritisiert wird. Dass weite Teile der sozialistischen Bewegungen nach dem Tod von Marx und Engels sich genau des utopischen Moments in seiner Staatstheorie angenommen (und nicht den kritischen Anspruch seiner Staatskritik aufgegriffen) haben, verweist dabei nicht nur auf deren erkenntnistheoretische Defizite und den Hang der sozialistischen Bewegungen zum Idealismus, Utopismus und Messianismus, sondern ist auch eine der wesentlichen Ursachen für die diktatorischen Regime in Osteuropa und Asien, die ihren – in Anlehnung an das Begriffsverständnis von Franz L. Neumann und Hannah Arendt formuliert[9] – pseudostaatlichen Zwangsherrschafts- und Terrorapparat unter Rückgriff auf genau jene utopischen Aspekte von Engels Staatstheorie zu legitimieren versuchten, statt die staatskritischen Aspekte von Engels Werk (selbst-)reflexiv weiterzudenken.

Erkenntnistheorie und Staatsanalyse

Der wissenschaftstheoretische Hintergrund von Engels Auseinandersetzung mit der funktionalen Dimension moderner Staatlichkeit reflektiert die empirischen Ansprüche des Kontraktualismus, der das thomasische und neoaristotelische Postulat der Erkenntnistheorie verworfen und damit der modernen politischen Theorie überhaupt erstmals ein wirkliches Subjekt gegeben hat,[10] mit Blick auf die Einforderung einer historischen Kontextualisierung von Erkenntnis und deren materielle Einbindung in ihren jeweiligen sozioökonomischen Kontext. Engels unternimmt diese empirische Fundierung seiner Theoriebildung vor allem im *„Anti-Dühring"* (*Herrn Eugen Dührings Umwälzung der Wissenschaft*, 1876/78) und in der daran angelehnten, populären Kurzfassung *Die Entwicklung des Sozialismus von der Utopie zur Wissenschaft* (1880).

Ausgehend von einer Kritik an den utopischen Sozialisten, die nicht eine „bestimmte Klasse", sondern die gesamte Menschheit befreien und damit ein „Reich der Vernunft" und „ewige Gerechtigkeit" einführen wollten,[11] betont Engels die „unreife" von deren Theoriebildung,[12] die deshalb „von vornherein zur Utopie verdammt" gewesen sei, weil ihr reflexives Niveau dem geringen Entwicklungsstand der kapitalistischen Produktionsverhältnisse entsprach.[13] Der utopische Sozialismus, den En-

---

9 Vgl. *Arendt* 1951; *Neumann* 1942/44.
10 Siehe hierzu ausführlich *Salzborn* 2010b, S. 52ff.
11 Vgl. *Engels* 1880, S. 191.
12 Vgl. ebd., S. 193f.
13 Vgl. ebd., S. 194.

gels mit dem durchaus treffenden Begriff als „eklektischen Durchschnitts-Sozialismus" kritisiert, habe den Sozialismus als Ausdruck der „absoluten Wahrheit, Vernunft und Gerechtigkeit" proklamiert und damit eben die gesellschaftlichen Kontextbedingungen in Form der ökonomischen Produktionsverhältnisse enthistorisiert.[14] Letztlich war der utopische Sozialismus damit nichts weiter als eine Glaubensbewegung, die hoffte, dass allein die Proklamierung des Sozialismus zu seiner Realisierung führe, ganz unabhängig vom sozioökonomischen Entwicklungsstand der Gesellschaft.[15] Mit Blick auf den deutschen Idealismus, der zweiten Negativ-Quelle des von Engels und Marx geprägten historischen Materialismus, sieht Engels nun in der Dialektik den zentralen methodologischen Schlüssel zur Revision des utopischen Moments, der zur Erkenntnis führe, dass alle bisherige Geschichte die Geschichte von Klassenkämpfen gewesen sei, die wiederum Ausdruck der ökonomischen Verhältnisse der jeweiligen Epochen waren.[16]

Mit der materialistischen Wende, insbesondere der Linkshegelianer, wurden historische Entwicklungen nun nicht mehr unter dem geistes-, sondern dem sozialwissenschaftlichen Primat interpretiert, in dem nicht mehr das Sein der Menschen aus ihrem Bewusstsein, sondern das Bewusstsein aus ihrem Sein verstanden wurde.[17] Der utopische Sozialismus, so Engels, hatte nicht den ökonomischen Verlauf der Geschichte analysiert, sondern lediglich bestehende kapitalistische Produktionsverhältnisse moralisch kritisiert und war insofern nicht in der Lage, sie zu erklären.[18] Die vollzogene Ausbeutung galt dem utopischen Sozialismus dabei als schlecht, blieb aber in diesem moralischen Urteil letztlich falsch verstanden, da die dieser zu Grunde liegenden Prinzipien nicht begriffen wurden. Marx habe nun wiederum durch die Entwicklung einer materialistischen Geschichtsauffassung und „die Enthüllung des Geheimnisses der kapitalistischen Produktion vermittels des Mehrwerts", wie Engels fast pathetisch schreibt, die Grundlage dafür gelegt, dass der Sozialismus von der Utopie zur Wissenschaft werden konnte.[19]

Im Mittelpunkt dieser materialistischen Geschichtsauffassung steht die Annahme, dass die Produktion und der Austausch der Produkte die „Grundlage aller Gesellschaftsordnung" und der Schlüssel zur Analyse von Gesellschaft in den Veränderungsprozessen der Produktions- und Austauschweise zu suchen sei.[20] Der Kernge-

---

14 Vgl. ebd., S. 200.
15 Vgl. ebd.
16 Vgl. ebd., S. 208.
17 Vgl. ebd.
18 Vgl. ebd., S. 208f.
19 Vgl. ebd., S. 209.
20 Vgl. ebd., S. 210.

danke, den Engels als erkenntnistheoretische Wende im dialektischen Denken formuliert, liegt in der Emanzipation von der Utopie, die kenntlich gemacht ist als letztlich subjektiv und moralisch, aber eben auch als unhistorisch und unkritisch: „Ohne Analyse keine Synthese."[21]

Der Analyse des bürgerlichen, resp. des frühkapitalistischen Staates und seiner Genese kommt dabei eine weitaus größere Bedeutung im theoretischen Werk von Engels zu, als oftmals aufgrund der vulgärmarxistischen Rezeption der Schlagworte von Basis (Ökonomie) und Überbau (Staat, Kultur, etc.) und des postulierten ökonomischen Primats der materialistischen Theorie angenommen wird.[22] Denn der Staat nimmt die zentrale Funktion mit Blick auf die Organisierung von gesellschaftlichem Wandel ein, der zwar nach Auffassung von Engels ökonomischen Ursprungs und sozialhistorischer Notwendigkeit ist, aber der eben ohne den Staat undenkbar wäre:

> „Da der Staat die Form ist, in welcher die Individuen einer herrschenden Klasse ihre gemeinsamen Interessen geltend machen und die ganze bürgerliche Gesellschaft einer Epoche sich zusammenfaßt, so folgt, daß alle gemeinsamen Institutionen durch den Staat vermittelt werden, eine politische Form erhalten."[23]

Denn die kapitalistischen Produktionsverhältnisse und der durch sie formierte Markt sind nicht rational organisiert, sondern folgen anarchischen Prinzipien, die zunächst sowohl in der Binnenlogik der freien Konkurrenz zur verbindlichen Sicherung derselben durch die Etablierung eines Souveräns eingehegt werden mussten, die aber auch mit Blick auf den von Engels erstrebten Wandel vom anarchistischen Markt zur rationalen Organisation der Ökonomie der zentralen Steuerung und Lenkung bedürfen, um die erstrebte Emanzipation vom „Reich der Notwendigkeit in das Reich der Freiheit" zu ermöglichen.[24]

Um dieses Motiv in der zugleich als positive wie negative Kritik formulierten Staatstheorie von Engels verstehbar zu machen, bedarf es des entwicklungsgeschichtlichen Blicks auf seine Staatsanalyse, die genau deshalb ambivalent ist, weil sie den Staat unter funktionalen, nicht idealen Gesichtspunkten betrachtet und seine historisch alternierenden Funktionen analysiert, aber eben diesen materialistischen Anspruch *zugleich* auch wieder aufgibt und projektiv-utopische Dimensionen in die Staatsbetrachtung integriert, wenn sich Engels Blick von der staatlichen Verfasstheit der

---

21 *Engels* 1876/78, S. 39.
22 Vgl. *Euchner* 1991; *Fetscher* 1973; *Theimer* 1985.
23 *Marx/Engels* 1845/46, S. 62.
24 Vgl. *Engels* 1880, S. 226.

frühbürgerlichen Gesellschaft abwendet und auf den – unterstellten – Naturzustand einer Urgesellschaft oder auf den Wunschzustand einer klassenlosen Gesellschaft richtet. Deutlich wird diese Verwebung von Analyse und Kritik mit Projektion und Utopie in der vielleicht prominentesten Passage aus Engels staatstheoretischem Werk:

> „Der Staat ist also nicht von Ewigkeit her. Es hat Gesellschaften gegeben, die ohne ihn fertig wurden, die von Staat und Staatsgewalt keine Ahnung hatten. Auf einer bestimmten Stufe der ökonomischen Entwicklung, die mit Spaltung der Gesellschaft in Klassen notwendig verbunden war, wurde durch diese Spaltung der Staat eine Notwendigkeit. Wir nähern uns jetzt mit raschen Schritten einer Entwicklungsstufe der Produktion, auf der das Dasein dieser Klassen nicht nur aufgehört hat, eine Notwendigkeit zu sein, sondern ein positives Hindernis der Produktion wird. Sie werden fallen, ebenso unvermeidlich, wie sie früher entstanden sind. Mit ihnen fällt unvermeidlich der Staat. Die Gesellschaft, die die Produktion auf Grundlage freier und gleicher Assoziation der Produzenten neu organisiert, versetzt die ganze Staatsmaschine dahin, wohin sie dann gehören wird: ins Museum der Altertümer, neben das Spinnrad und die bronzene Axt."[25]

Oder, wesentlich komprimierter, politisch zugespitzt und noch auf die Kerngedanken beschränkt:

> „Der Hauptzweck dieser Organisation [des Staates; Anm. d. Verf.] war von jeher die Sicherstellung, durch bewaffnete Gewalt, der ökonomischen Unterdrückung der arbeitenden Mehrzahl durch die ausschließlich begüterte Minderzahl."[26]

Engels entwirft hier zunächst eine entwicklungsgeschichtliche Folie zur Interpretation der Genese staatlicher Herrschaft, die – im Übrigen im Unterschied zu einigen anderen Ausführungen von ihm, insbesondere zur (irokesischen) Gentilverfassung – die historische *Bedingtheit* von Staatlichkeit kenntlich macht und die Herausbildung eines souveränen Herrschaftsverbandes im Kontext von ökonomischen Zwängen diskutiert, bei der die Abgabe von willkürlicher Gewalt im Prozess der legitimen Zentralisierung der monopolisierten Kompetenz zur Gewaltausübung insofern als historische Notwendigkeit verstanden wird, als die Aufgabe von absoluter, aber eben unsicherer Freiheit letztlich die Sicherung von relativer, aber eben garantierter Freiheit bedeutete, was Engels auf den zwar polemischen, aber durchaus analytisch anspruchsvollen Begriffs des Staates als „ideellen Gesamtkapitalisten" brachte.[27]

---

25 *Engels* 1884, S. 168.
26 *Engels* 1883, S. 344.
27 *Engels* 1880, S. 222.

Ähnlich der Überlegungen des liberalen Kontraktualismus beschreibt Engels die funktionale Dimension frühbürgerlicher Staatlichkeit und die in der Phase des Übergangs von vormodernen Herrschaftsverbänden zum modernen Staat sich formierenden Entwicklungsprozesse, begreift diese Formierung zwar auch als historisch notwendig, jedoch im Unterschied zum Kontraktualismus keineswegs normativ letztinstanzlich:

> „Die Gesellschaft teilt sich in bevorzugte und benachteiligte, ausbeutende und ausgebeutete, herrschende und beherrschte Klassen, und der Staat, zu dem sich die naturwüchsigen Gruppen gleichstämmiger Gemeinde zunächst nur behufs der Wahrnehmung gemeinsamer Interessen (Berieselung im Orient z.B.) und wegen des Schutzes nach außen fortentwickelt hatten, erhält von nun an ebensosehr den Zweck, die Lebens- und Herrschaftsbedingungen der herrschenden gegen die beherrschte Klasse mit Gewalt aufrechtzuerhalten."[28]

Staatstheorie zwischen Kritik und Utopie

Der Staat ist für Engels nichts anderes als „eine Maschine zur Unterdrückung einer Klasse durch eine andre".[29] Die Funktion des Staates sei es dabei, die Spaltung der Gesellschaft in Klassen und das „Recht der besitzenden Klasse auf Ausbeutung der nichtbesitzenden und die Herrschaft jener über diese" zu „verewigen".[30] Dass sich dabei die Organe der Staatsgewalt, wie Engels schreibt, letztlich von „Dienern der Gesellschaft zu Herren über dieselbe" wandeln,[31] ist zwar im Prozess bürgerlicher Staatsbildung angelegt, da die Freiheit von Zwang stets auch die Freiheit von Sicherheit bedeutet und insofern die staatlich garantierte bürgerliche Freiheit nur vollumfänglich von denen genutzt werden kann, die über hinreichende sozialökonomische Voraussetzungen verfügen, doch ist der diese liberale Ambivalenz prägende Prozess historisch kontigent und insofern eben gerade nicht prognostizierbar – wie Engels dies letztlich sogar deterministisch versucht hat.[32] Dass der frühbürgerliche Staat, den Engels ebenso vor Augen hatte, wie die liberale Staatstheorie seiner Zeit, an seinen immanenten Widersprüchen scheitern und dass dieses Scheitern überdies eines sein werde, dass die halbierte Freiheit in eine vollständige transformieren soll, ist ein Wunsch, keine Analyse – und damit, in einem Wort, vom kritischen Potenzial

---

28 *Engels* 1876/78, S. 137f.
29 *Engels* 1891, S. 625.
30 *Engels* 1884, S. 106.
31 *Engels* 1891, S. 624.
32 Vgl. *Sabine* 1950, S. 775ff.

gelöste Utopie, was Oskar Negt und Ernst-Theodor Mohl auf den Begriff der „inneren Zwiespältigkeit" gebracht haben.[33]

Und dass diese Utopie eben keineswegs urwüchsig und naturgesetzlich sich einstellt, eben nicht determiniert ist, scheint implizit auch in Engels Theoriebildung selbst auf, nämlich wenn er davon spricht, dass der Staat notwendig *absterbe* und somit dessen künftige Aufhebung letztlich einer historischen Gesetzmäßigkeit folge, dieser dann aber praktisch ‚nachhelfen' will, wenn er das noch als notwendig apostrophierte ‚Absterben' plötzlich politisch ‚beschleunigen' will, etwa durch einen aktiven Eingriff in die Geschichte in Form einer Diktatur des Proletariats in Analogie zur Pariser Kommune:

> „In Wirklichkeit aber ist der Staat nichts als eine Maschine zur Unterdrückung einer Klasse durch ein andre, und zwar in der demokratischen Republik nicht minder als in der Monarchie; und im besten Fall ein Übel, das dem im Kampf um die Klassenherrschaft siegreichen Proletariat vererbt wird und dessen schlimmste Seiten es ebenso wenig wie die Kommune umhin können wird, sofort möglichst zu beschneiden, bis ein in neuen, freien Gesellschaftszuständen herangewachsenes Geschlecht imstande sein wird, den ganzen Staatsplunder von sich abzutun."[34]

Auch wenn Engels dies wohl selbst nicht bewusst war, liegt hierin doch ein unbewusster Kern, der darauf verweist, dass es sich beim Postulat eines ‚Absterben' des Staates nicht um eine kritisch deduzierbare Notwendigkeit, sondern um eine politisch herbeigesehnte Utopie handelt. Und diese utopische Verklärung der analytischen Staatskritik hat zwei projektive Richtungen: eine in die Vergangenheit gerichtete, in der Engels die zutreffende Erkenntnis der Nicht-Natürlichkeit von staatlicher Herrschaft durch eine projektive Glorifizierung naturzuständlicher Anthropologiephantasien in einer quasi-kommunistischen ‚Urgesellschaft' zu legitimieren versucht, und eine mit Blick auf die Zukunft, in der Engels den Aufhebungswunsch staatlicher Herrschaft mit dem Postulat nach einer radikalen Gewaltherrschaft amalgamiert, die er zur Voraussetzung von vollständiger Freiheit erklärt.[35]

Die Anthropologisierung hat mit Blick auf die Vergangenheit vor allem selbstlegitimierende Funktion – etwa wenn Engels die Gentilverfassung (die für ihn als Leitbild in der Argumentation gegen den modernen Staates fungiert) als eine „wunderbare Verfassung in all ihrer Kindlichkeit und Einfachheit" preist,[36] die in einer

---

33 Vgl. *Negt/Mohl* 1986, S. 490.
34 *Engels* 1891, S. 625.
35 Siehe hierzu auch den Beitrag von Frauke Höntzsch in diesem Band.
36 *Engels* 1884, S. 95.

„Gesellschaft, die keine inneren Gegensätze kannte", entstanden sei und die „kein Zwangsmittel außer der öffentlichen Meinung" gekannt habe,[37] und als fiktives Gegenbild der modernen öffentlichen Gewalt ins Spiel bringt, die „nicht bloß aus bewaffneten Menschen" bestehe, sondern auch „aus sachlichen Anhängseln, Gefängnissen und Zwangsanstalten aller Art, von denen die Gentilgesellschaft nichts wußte."[38] An diesen Formulierungen, in denen die Integration einer – wie Klaus von Beyme sie genannt hat – „evolutionistischen Anthropologie" durch Engels aufscheint,[39] wird deutlich, dass sie für Engels nicht historisch, sondern funktional Relevanz entfalten, also es weniger um ihre tatsächliche Wahrheit, denn die intentionale Nutzbarkeit für eine Kritik moderner Vergesellschaftung geht.

Dass der kritische Anspruch an die eigene Theoriebildung von Engels mit Blick auf seine staatstheoretischen Überlegungen nur unzureichend eingelöst und seine analytische Staatskritik mit utopisch-projektiven Dimensionen vermischt wird, zeigt sich aber mehr noch an seinen Ausführungen, die auf einen Glauben an die Notwendigkeit des ‚Absterbens' des Staates abheben und eine Gewaltherrschaft des Proletariats als Übergangsphase hin zu einem „Reich der Freiheit" proklamieren. In Kurzfassung liest sich der von Engels und Marx antizipierte Revolutionsprozess hin zum Kommunismus im *Manifest der Kommunistischen Partei* (1848) folgendermaßen:

> „Wir sahen […], daß der erste Schritt in der Arbeiterrevolution die Erhebung des Proletariats zur herrschenden Klasse, die Erkämpfung der Demokratie ist.
>
> Das Proletariat wird seine politische Herrschaft dazu benutzen, der Bourgeoisie nach und nach alles Kapital zu entreißen, alle Produktionsinstrumente in den Händen des Staats, d.h. des als herrschende Klasse organisierten Proletariats, zu zentralisieren und die Masse der Produktionskräfte möglichst rasch zu vermehren."[40]

Dem bürgerlichen Staat wird damit zunächst ein funktionaler Wandel prognostiziert, der sich auf gewaltförmige Veränderungen der Machtverhältnisse durch eine sozialistische Revolution gründen soll, in der – infolge der Infragestellung der Legitimität von Souveränität und Gewaltmonopol – auch die Herrschaftsverhältnisse revolutioniert werden sollen:

---

37 Vgl. ebd., S. 164.
38 Ebd., S. 165f.
39 Vgl. *Beyme* 2009, S. 343.
40 *Marx/Engels* 1848, S. 481.

"Das Proletariat ergreift die Staatsgewalt und verwandelt die Produktionsmittel zunächst in Staatseigentum. Aber damit hebt es sich selbst als Proletariat, damit hebt es alle Klassenunterschiede und Klassengegensätze auf, und damit auch den Staat als Staat."[41]

Für Engels liegt darin ein eigentlich demokratischer Akt, weil er die demokratische Legitimität des frühbürgerlichen Staates aufgrund der vermachteten sozialen Beziehungen mit ihrer Fundierung von Rechtsgleichheit als Herrschaftsinstrument zur Sicherung von ökonomischer Ungleichheit – eben: zur Absicherung des freien Warentausches – in Abrede stellt.[42] Seine Argumentation beruht dabei auf einem radikaldemokratischen Antirepräsentationskonzept, das Marcus Llanque als „Demokratie ohne Repräsentation" beschrieben hat,[43] in dem politische und rechtliche Partizipation als lediglich halbierte Repräsentation begriffen werden, so dass für Engels von einer Demokratie erst gesprochen werden kann, wenn die in der bürgerlichen Gesellschaft Beherrschten selbst zu Herrschenden werden:

„Der erste Akt, worin der Staat wirklich als Repräsentant der ganzen Gesellschaft auftritt – die Besitzergreifung der Produktionsmittel im Namen der Gesellschaft –, ist zugleich sein letzter selbständiger Akt als Staat. Das Eingreifen einer Staatsgewalt in gesellschaftliche Verhältnisse wird auf einem Gebiete nach dem andern überflüssig und schläft dann von selbst ein. An die Stelle der Regierung über Personen tritt die Verwaltung von Sachen und die Leitung von Produktionsprozessen. Der Staat wird nicht ‚abgeschafft', *er stirbt ab*."[44]

In diesen Überlegungen schwingt in gewisser Weise das identitäre Demokratieverständnis von Jean-Jacques Rousseau mit,[45] wobei es von Engels sozio-ökonomisch reformuliert wird und weniger auf eine *volonté générale* abstellt, denn auf ein – als objektiv unterstelltes – identitäres Klassenbewusstsein der Arbeiter. Überdies fungiert der gemeinsame Wille bei Rousseau auch als fortwährende institutionelle Grundlage staatlicher Herrschaft, während er bei Engels eher einer Initiation ähnelt, die lediglich punktuell – während der kurzen Phase des politischen Umsturzes – realisiert wird, um dann wieder zu verschwinden. In dieser Hinsicht ist Engels Vorstellung auf der erkenntnistheoretischen Ebene der Initiation des Leviathan bei Thomas Hobbes ähnlicher,[46] der durch eine *einmalige* Legitimierung auch *fortwäh-*

---

41 *Engels* 1876/78, S. 261.
42 Siehe hierzu auch *Dahrendorf* 1952.
43 Vgl. *Llanque* 2008, S. 374.
44 *Engels* 1880, S. 224: Herv. i. Orig.
45 Vgl. *Rousseau* 1762.
46 Vgl. *Hobbes* 1651.

rend seiner souveränen Qualität versichert wird.[47] Engels kehrt diesen Ansatz nur um und stellt damit Hobbes letztlich von den Füßen auf den Kopf, wenn er im Akt der legitimen Inthronisierung des *demos* durch das Proletariat gerade (physische) Machtverhältnisse nicht – wie Hobbes – in (rationale) Herrschaftsverhältnisse aufheben, sondern genau umgekehrt, legitimierte Herrschaftsverhältnisse wieder zu unvermittelten Machtverhältnissen in einer „klassenlosen Gesellschaft" werden lassen will:

> „Ist einmal das Ziel der proletarischen Bewegung, die Abschaffung der Klassen erreicht, so verschwindet die Gewalt des Staates, welche dazu dient, die große produzierende Mehrheit unter dem Joche einer wenig zahlreichen ausbeutenden Minderheit zu halten, und die Regierungsfunktionen verwandeln sich in einfache Verwaltungsfunktionen."[48]

Dass Engels glaubt, in einer klassenlosen Gesellschaft ohne staatlichen Zwangsapparat seien auch Gewaltverhältnisse entpolitisiert, ist einem naiven Glauben an eine ‚Urgesellschaft' geschuldet, den er bezeichnenderweise mit Lockes Vorstellungen über den menschlichen Naturzustand teilt.[49] Im Unterschied zu jenem entfesselt Engels mit seiner Utopie eines ‚absterbenden' Staates aber gerade wieder die rohe, zügellose und unkontrollierte Gewalt, das Potenzial zur anarchistischen Barbarei, in der wieder ein *bellum omnium contra omnes* (Hobbes) zum Alltag werden muss. Die einzige Figur, die es Engels ermöglicht, die Vision des friedfertigen Kommunismus zu denken, besteht in seiner verklärten Anthropologie, die – im Unterschied etwa zur Kritik der Politischen Ökonomie durch Marx – nicht reflexiv und kritisch, sondern fiktiv ist.

Insofern erklären Engels und Marx es auch (im begrifflichen und systematischen Vorgriff auf Trotzki)[50] zur politisch-programmatischen Aufgabe,

> „die Revolution permanent zu machen, so lange, bis alle mehr oder weniger besitzenden Klassen von der Herrschaft verdrängt sind, die Staatsgewalt vom Proletariat erobert und die Assoziation der Proletarier nicht nur in einem Lande, sondern in allen herrschenden Ländern der ganzen Welt so weit vorgeschritten ist, daß die Konkurrenz der Proletarier in diesen Ländern aufgehört hat und daß wenigstens die entscheidenden produktiven Kräfte in den Händen der Proletarier konzentriert sind."[51]

Der frühbürgerliche Staat gilt Engels damit als Folie zur Entfaltung einer degenerativen Deformationstheorie, in der der Staat zunächst einen funktionalen Wandel vom rational-

---

47 Vgl. *Salzborn* 2010b.
48 *Marx/Engels* 1872, S. 50.
49 Vgl. *Locke* 1690.
50 Vgl. *Trotzki* 1930.
51 *Marx/Engels* 1850a, S. 248.

legitimierten, aber ökonomische Ungleichheit sichernden zum ökonomische Gleichheit schaffenden, aber autokratisch-willkürlichen Staat durchläuft, um dann seine herrschaftliche Funktionalität zugunsten rationaler Verwaltungstätigkeiten aufzugeben:

> „Die Abschaffung des Staats hat nur einen Sinn bei den Kommunisten als notwendiges Resultat der Abschaffung der Klassen, mit denen von selbst das Bedürfnis der organisierten Macht einer Klasse zur Niederhaltung der andern wegfällt."[52]

Dabei geht es Engels im phantasierten Stadium des Übergangs vom bürgerlichen zum sozialistischen Staat keineswegs um Freiheit, sondern der Staat wird zum autoritären Instrument:

> „Solange das Proletariat den Staat noch *gebraucht*, gebraucht es ihn nicht im Interesse der Freiheit, sondern der Niederhaltung seiner Gegner, und sobald von Freiheit die Rede sein kann, hört der Staat als solcher auf zu bestehen."[53]

Während sich in der Proklamierung des autoritären Staates in Form einer Diktatur des Proletariats deutlich eine politische Programmatik erkennen lässt, die freilich ebenso wenig mit den materialistischen Ansprüchen einer Verwissenschaftlichung des Sozialismus konform geht, wie die utopischen Hoffnungen auf ein Selbstverschwinden des Staates im Kommunismus, sind jene doch überdies noch durch einen letztlich entpolitisierten, weil Konflikte negierenden Kern gekennzeichnet, in dem der phantasierte Wunsch als historische Notwendigkeit verkleidet wird.[54] Die Hoffnung auf eine Gesellschaftsordnung, in der nicht nur negative, sondern auch positive Freiheit auf der Basis von egalitärer Gleichheit verwirklicht ist, bleibt in gleichem Maße utopisch und damit unkritisch, wie die analogen Postulate der utopischen Sozialisten und der Anarchisten jener Zeit.[55] Engels in Regress dafür zu nehmen, dass in der leninistischen und vor allem der stalinistischen Ära mit dem Postulat einer autoritären Diktatur ernst gemacht wurde, wäre ebenso falsch, wie die Kritik daran zu unterlassen, dass es genau jene unwissenschaftlichen Elemente in seinem Werk gewesen sind, die den realsozialistischen Zwangsherrschaftsregimen die *Anknüpfung* an sein Werk ermöglicht haben. Im Zentrum der Kritik steht dabei die utopische Legierung seiner Theoriebildung, die – so wird im Folgenden argumentiert – der Schlüssel für die Regression der materialistischen Theoriebildung und Kern eines solchen antiemanzipatorischen Potenzials waren.

---

52 *Marx/Engels* 1850b, S. 288.
53 *Engels* 1875, S. 7; Herv. i. Orig.
54 Vgl. zum Motiv der Entpolitisierung *Mouffe* 2005/2007 und *Salzborn* 2011.
55 Siehe hierzu grundlegend *Ottmann* 2008, S. 133ff.

Zur Kritik des Utopischen

Während der Anspruch der staatstheoretischen Analyse von Engels die Kritik ist, bildet die Utopie ihre Sentenz. Die mit dem kritischen Anspruch postulierte erkenntnistheoretische Wende durch den historischen Materialismus wurde von Engels mit Blick auf seine staatstheoretischen Überlegungen nur teilweise eingelöst und, mehr noch, im Kern verfehlt. Denn die Wendung zum Utopischen stellt eine Wendung zur moralischen Überhöhung der eigenen Weltsicht dar, die nicht nur unkritisch, sondern erkenntnistheoretisch betrachtet autoritär ist. Denn die Utopie der staatslosen Gesellschaft zielt, dies zeigen zahlreiche der bereits diskutierten Passagen von Engels explizit, auf eine Gesellschaft ohne Wandel, auf ein – wie Ralf Dahrendorf es genannt hat –„perpetuum immobile".[56] Engels Hoffnung auf die klassen- und staatslose Gesellschaft ist faktisch eine Hoffnung auf die Eliminierung von Gesellschaftlichkeit – da sie die zentralen Funktionsmomente von Gesellschaft negiert, den sozialen Konflikt entpolitisieren und den historischen Wandel stillstellen will. Utopische Gesellschaften, so Dahrendorf, seien „monolithische, homogene Gebilde, freischwebend nicht nur in der Zeit, sondern auch im Raum, abgesondert von der Außenwelt, die ja stets zu einer Bedrohung der gelobten Unbeweglichkeit ihrer Sozialstruktur werden könnte."[57] Sie weisen „die Merkmale der Isolierung in Raum und Zeit, des allgemeinen Consensus, des Fehlens aller Konflikte außer individueller Abweichung und des Fehlens nicht-funktionaler Prozesse auf", was als Strukturbedingungen einer „unbeweglichen, nicht-historischen Gesellschaft" angesehen werden müsse.[58] Statt, so könnte man Dahrendorf begrifflich unter Aufgreifung von Ferdinand Tönnies und in logischer Erweiterung um Ernst Fraenkel weiter denken,[59] Gesellschaft als pluralen Ort des Konflikts zu organisieren, soll sie faktisch eliminiert und regressiv zur Gemeinschaft transformiert werden.

Einmal außer Acht gelassen, dass dieses Konzept der gemeinschaftlichen Ruhigstellung von sozialem Wandel auch allen Überlegungen des historischen Materialismus mit Blick auf den Wandel menschlicher Herrschaftsverhältnisse widerspricht, hypostasiert Engels mit seinen staatsutopischen Überlegungen eine säkularparadiesische Gemeinschaft, in der das Subjekt seiner zentralen Spezifik strukturell beraubt ist: der Subjektivität, die in Allgemeinheit nicht bestimmbar, schon gar nicht

---

56 Vgl. *Dahrendorf* 1958, S. 89.
57 Ebd.
58 Ebd., S. 98.
59 Vgl. *Fraenkel* 1964; *Tönnies* 1887.

durch Gemeinschaft negierbar ist, will man ihr keine Gewalt antun. Denn das politische Denken in Wünschen und Utopien läuft stets Gefahr, unzulässige Verallgemeinerungen vorzunehmen; das Leiden des Subjekts wird im utopischen Denken zugleich seinem subjektiven Geltungsanspruch, wie seiner ursächlichen Verankerung in objektiven gesellschaftlichen Strukturen beraubt:

> „Daß die Negation der Negation die Positivität sei, kann nur verfechten, wer Positivität, als Allbegrifflichkeit, schon im Ausgang präsupponiert. Er heimst die Beute des Primats der Logik über das Metalogische ein, des idealistischen Trugs von Philosophie in ihrer abstrakten Gestalt, Rechtfertigung an sich. Die Negation der Negation wäre wiederum Identität, erneute Verblendung; Projektion der Konsequenzlogik, schließlich des Prinzips von Subjektivität, aufs Absolute."[60]

Das utopische Denken kollektiviert den Schmerz in moralischer Hinsicht und unterstellt genau damit als allgemein, was individuell ist: während die Leiderfahrung des Subjekts eine objektive Dimension in der Form der Vergesellschaftung hat, die der historische Materialismus strukturell mit dem Begriff der Entfremdung kenntlich macht,[61] bleibt das konkrete Erleben von Leid ein höchst individueller Akt, der – kehrt man in positiv in eine utopische Vision seiner Aufhebung, etwa die einer klassen- und staatslosen Gemeinschaft – dem Subjekt ein zweites Mal Gewalt antut, nicht die Abwesenheit von Schmerz zum Ziel sich setzt, sondern ihre positive Wendung ins Ideale zum Ausgangspunkt politischer Programmatiken macht.

Die Totalität der bürgerlichen Gesellschaft, deren Warenfetisch der historische Materialismus als Kern leidender Entfremdung der Subjekte erkannt hat,[62] wird ersetzt durch die Totalität der sozialistischen Gemeinschaft, deren Utopie zwar die Art der Entfremdung revidiert, nicht aber ihre Substanz, da sie in ihrer Konzeption der Klassen- und Staatslosigkeit dem Subjekt die Urteilsfähigkeit über sich selbst abspricht. Die von Engels implizit unternommene Suche nach Glück, das zwar im Sozialismus zunächst ‚nur' dem Proletariat vorbehalten ist, aber letztlich ja doch als universeller Anspruch daherkommt, da der sozialistische Staat die historische Aufhebung *aller* Klassen zum Ziel sich setzt, sollte somit, mit Karl Popper gesprochen, „be left to our private endeavours."[63]

Das politische Ziel einer kritischen Gesellschaftstheorie kann es insofern gegen Engels argumentiert auch nur sein, „that every generation of men, and therefore also

---

60 *Adorno* 1966, S. 162.
61 Vgl. *Israel* 1972; *Mészáros* 1973.
62 Vgl. *Grigat* 2007.
63 Vgl. *Popper* 1963, S. 361.

the living, have a claim". Dabei geht es eben nicht um einen Anspruch auf Glück, sondern um „ein Recht, nicht unglücklich gemacht zu werden, soweit sich dies durchführen läßt."[64] Und diese Negativität entscheidet, nimmt man das materialistische Postulat ernst, denn dessen erkenntnistheoretischer Anspruch besteht ja gerade darin, dass „Leiden beredt werden zu lassen".[65] Es ist genau jenes Leiden, in dem die gesellschaftliche Totalität zum Ausdruck kommt, ganz eigen und doch vermittelt. Denn, so Adorno, „Leiden ist Objektivität, die auf dem Subjekt lastet" und dasjenige, was es daran „als sein Subjektivstes erfährt, sein Ausdruck, ist objektiv vermittelt."[66]

Gerade die vom historischen Materialismus kenntlich gemachte unweigerliche Vermittlung inmitten bürgerlicher Totalität brennt den Zweifel in das seismografische Zentrum kritischen Denkens ein, der eben mit dem Stillstand sozialistischer Utopieversprechen unvereinbar ist. Sich nicht gemein zu machen bleibt fortwährender Antrieb gegen das utopische Heilsversprechen. Ein Antrieb, der die Verantwortung für das Subjekt ernst nimmt, gerade weil er sich einer utopischen Affirmation und damit jedem plumpem Versprechen verweigert. Der Vergesellschaftungszusammenhang ist ein totaler, jeder Glaube an eine utopische Illusion würde dies verklären und die Notwendigkeit der Kritik unterminieren. Insofern, wie Adorno sagt, es kein richtiges Leben im falschen gebe und damit die Nicht-Bestimmbarkeit dessen markiert, was als richtig zu gelten habe,[67] verwirft Popper das Versprechen einer heilen, glücklichen Welt und die konkrete Hoffnung auf einen himmlischen Zustand:

„Aber von allen politischen Idealen ist der Wunsch, die Menschen glücklich zu machen, vielleicht der gefährlichste. Ein solcher Wunsch führt unvermeidlich zu dem Versuch, anderen Menschen unsere Ordnung 'höherer' Werte aufzuzwingen, um ihnen so die Einsicht in Dinge zu verschaffen, die uns für ihr Glück am wichtigsten zu sein scheinen; also gleichsam zu dem Versuch, ihre Seelen zu retten. Dieser Wunsch führt zu Utopismus und Romantizismus. Wir alle haben das sichere Gefühl, daß jedermann in der schönen, der vollkommenen Gemeinschaft unserer Träume glücklich sein würde. Und zweifellos wäre eine Welt, in der wir uns alle lieben, der Himmel auf Erden. Aber [...] der Versuch, den Himmel auf Erden einzurichten, produziert stets die Hölle. Dieser Versuch führt zu religiösen Kriegen und zur Rettung der Seelen durch die Inquisition."[68]

Kritik bleibt damit eine Zerrissenheit zwischen Dazugehören und Nichtdazugehören, ein unbestimmbarer gesellschaftstheoretischer Ort, jenseits von Gewissheit, frei im

---

64 *Popper* 1980, S. 215.
65 Vgl. *Adorno* 1966, S. 29.
66 Ebd.
67 Vgl. *Adorno* 1951, S. 43.
68 *Popper* 1975, S. 291f.

doppelten Sinn: frei von Zwang, aber auch frei von Sicherheit, im materialistischen Sinn nur in der Erkenntnis des Unwahren gewahr, nicht das Wahre postulierend. Einzig als gewiss kann die Ungewissheit gelten, lediglich die Opposition gegen den Wahn des Identischen, des Unhinterfragten und Ideologischen, der beständige Zweifel an wissenschaftlichen und politischen Letztwerten. Kritik lokalisiert sich damit an einem gesellschaftlichen und wissenschaftlichen Nicht-Ort, der gleichsam durch seine Inklusion, wie seine Exklusion gekennzeichnet ist: nur wer sich einlässt auf die Verhältnisse, sie empirisch und theoretisch analysiert, kann über sie zur kritischen Reflexion beitragen. Die Gefahr jedoch, sich durch diesen inkludierenden Vorgang mit denjenigen Strukturen gemein zu machen, die das Leid produzieren, ist allgegenwärtig, ein Flucht ins Utopische aber Verweigerung der Ambivalenz der modernen Vergesellschaftung. Nur das systematische Beharren auf der Kritik, das fortwährende Verweilen auch bei scheinbaren praktischen Wirkungen politischer und wissenschaftlicher Kritik, kann sie immunisieren gegen den Verdacht des Ideologischen. Jede Gewissheit aber, selbst nicht Teil des Ideologischen geworden zu sein, verweist auf die Utopie und desavouiert *diese* Gewissheit selbst als Ideologie. Gilt die Kritik als methodologische Prämisse, dann bleibt von ihr politisch nur die Zerrissenheit, das Nicht-Identische der Ambivalenz: Drinnen – und doch immer Draußen. Und deshalb liegen in den staatstheoretischen Reflexionen von Engels Kritik und Utopie so nah beieinander, transzendiert der Schein als Sein und umgekehrt. Die Hoffnung wird aufgrund des Leidens am frühbürgerlichen System, das für Engels und mehr noch für Marx im handgreiflichen Sinn alltäglich war, so groß, das sie ins Konkrete tendiert, unerträglich leidet und deshalb selbst in ihrer Theoriebildung das Unerträgliche inkorporiert. Der antizipierte sozialistische Staat auf dem Weg in den staatslose Kommunismus ist eben nicht die Aufhebung des kritisierten bürgerlichen Staates, sondern lediglich seine Kopie unter umgekehrten Vorzeichen, sein ‚Absterben' damit ebenso utopisch, wie das von jenem, und gerade deshalb keine Negation, sondern bloße Verneinung, nicht aufgehoben, sondern revidiert – und damit Ergebnis einer Regression des materialistischen Anspruchs in der Theoriebildung, Scheitern an der Totalität durch Totalität.

Literatur

Arndt, Andreas, 1985: Karl Marx. Versuch über den Zusammenhang seiner Theorie, Bochum.
Adorno, Theodor W., 1951: Minima Moralia. Reflexionen aus dem beschädigten Leben, in: Ders.: Gesammelte Schriften Bd. 4, Frankfurt 1997.
Adorno, Theodor W., 1966: Negative Dialektik, in: Ders.: Gesammelte Schriften Bd. 6, Frankfurt 1997, S. 7–412.
Arendt, Hannah, 1951: The Origins of Totalitarianism, New York.

Beyme, Klaus von, 2009: Geschichte der politischen Theorien in Deutschland 1300–2000, Wiesbaden.

Dahrendorf, Ralf, 1952: Marx in Perspektive. Die Idee des Gerechten im Denken von Karl Marx, Hannover.

Dahrendorf, Ralf, 1958: Pfade aus Utopia. Zu einer Neuorientierung der soziologischen Analyse, in: Ders: Gesellschaft und Freiheit. Zur soziologischen Analyse der Gegenwart, München 1961, S. 85–111.

Engels, Friedrich, 1872/73: Von der Autorität, in: MEW, S. 305–308.

Engels, Friedrich, 1875: Brief an Bebel, in: MEW 19, S. 3–9.

Engels, Friedrich, 1876/78: Herrn Eugen Dührings Umwälzung der Wissenschaft, in: MEW 20, S. 1–303.

Engels, Friedrich, 1880: Die Entwicklung des Sozialismus von der Utopie zur Wissenschaft, in: MEW 19, S. 177–228.

Engels, Friedrich, 1883: Zum Tode von Karl Marx, in: MEW 19, S. 340–347.

Engels, Friedrich, 1884: Der Ursprung der Familie, des Privateigentums und des Staates, in: MEW 21, S. 25–173.

Engels, Friedrich, 1891: Einleitung zu „Der Bürgerkrieg in Frankreich" von Karl Marx, in: MEW 17, S. 613–625.

Euchner, Walter (Hg.), 1991: Klassiker des Sozialismus. 2 Bände, Band 1: Von Babeuf bis Plechanow, Band 2: Von Jaurès bis Herbert Marcuse, München.

Fetscher, Iring, 1973: Der Marxismus. Seine Geschichte in Dokumenten: Philosophie – Ideologie – Ökonomie – Soziologie – Politik, 2. Aufl., München.

Fraenkel, Ernst, 1964: Deutschland und die westlichen Demokratien, Stuttgart.

Grigat, Stephan, 2007: Fetisch und Freiheit. Über die Rezeption der Marxschen Fetischkritik, die Emanzipation von Staat und Kapital und die Kritik des Antisemitismus. Freiburg i. Br.

Hirsch, Joachim/John Kannankulam/Jens Wissel (Hg.), 2008: Der Staat der Bürgerlichen Gesellschaft. Zum Staatsverständnis von Karl Marx, Baden-Baden.

Hobbes, Thomas, 1651: Leviathan oder Stoff, Form und Gewalt eines bürgerlichen und kirchlichen Staates (engl. EA u.d.T. „Leviathan or The Matter, Forme, and Power of a Commonwealth Ecclesiasticall and Civil"), herausgegeben und eingeleitet von Iring Fetscher, Neuwied/Berlin 1966.

Israel, Joachim, 1972: Der Begriff Entfremdung. Makrosoziologische Untersuchung von Marx bis zur Soziologie der Gegenwart, Reinbek b. Hamburg.

Llanque, Marcus, 2008: Politische Ideengeschichte – Ein Gewebe politischer Diskurse, München/Wien.

Locke, John, 1690: Zwei Abhandlungen über die Regierung (engl. EA u.d.T. „Two Treatises of Government"), herausgegeben und eingeleitet von Walter Euchner, Frankfurt/Wien 1967.

Marx, Karl, 1845: Thesen über Feuerbach, in: MEW 3, S. 5–7.

Marx, Karl, 1846/47: Das Elend der Philosophie. Antwort auf Proudhons „Philosophie des Elends", in: MEW 4, S. 63–182.

Marx, Karl, 1873: Das Kapital. Kritik der politischen Ökonomie. Erster Band. Nachwort zur zweiten Auflage, in: MEW 23.

Marx, Karl/Friedrich Engels, 1845/46: Die deutsche Ideologie. Kritik der neuesten deutschen Philosophie in ihren Repräsentanten Feuerbach, B. Bauer und Stirner, und des deutschen Sozialismus in seinen verschiedenen Propheten, in: MEW 3, S. 8–530.

Marx, Karl/Friedrich Engels, 1848: Manifest der Kommunistischen Partei, in: MEW 4, S. 459–493.

Marx, Karl/Friedrich Engels, 1850a: Ansprache der Zentralbehörde an den Bund vom März 1850, in: MEW 7, S. 244–254.

Marx, Karl/Friedrich Engels, 1850b: Rezensionen aus der „Neuen Rheinischen Zeitung. Politisch-ökonomische Revue", in: MEW 7, S. 255–295.

Marx, Karl/Friedrich Engels, 1872: Die angeblichen Spaltungen in der Internationale. Vertrauliches Zirkular des Generalrats der Internationalen Arbeiterassoziation, in: MEW 18, S. 4–51.

Marx, Karl/Friedrich Engels, 1874: Ein Komplott gegen die Internationale Arbeiter-Assoziation, in: MEW 18, S. 327–471.

Mouffe, Chantal, 2007: Über das Politische. Wider die kosmopolitische Illusion (engl. EA 2005 u.d.T. „On the Political"), Frankfurt.

Merkel-Melis, Renate, 2011: Entstehung und Überlieferung von „Ludwig Feuerbach und der Ausgang der klassischen deutschen Philosophie", in: MEGA I/30 (Apparat), S. 780–827.

Mészáros, István, 1973: Der Entfremdungsbegriff bei Marx, München.

Negt, Oskar/Ernst-Theodor Mohl, 1986: Marx und Engels – der unaufgehobene Widerspruch von Theorie und Praxis, in: Iring Fetscher/Herfried Münkler (Hg.): Pipers Handbuch der politischen Ideen, Band 4: Neuzeit: Von der Französischen Revolution bis zum europäischen Nationalismus, München/Zürich, S. 449–513.

Neumann, Franz L., 1942: Behemoth. The Structure and Practice of National Socialism, Toronto/New York/London.

Neumann, Franz L., 1944: Behemoth. The Structure and Practice of National Socialism 1933–1944 (with new Appendix), 2. Aufl., New York.

Ottmann, Henning, 2008: Geschichte des politischen Denkens. Band 3/3: Die Neuzeit. Die politischen Strömungen im 19. Jahrhundert, Stuttgart.

Popper, Karl R., 1963: Conjectures and Refutations. The Growth of Scientific Knowledge, London/Henley.

Popper, Karl R., 1980: Die offene Gesellschaft und ihre Feinde I: Der Zauber Platons, 6. Aufl., München.

Popper, Karl R., 1975: Die offene Gesellschaft und ihre Feinde II: Falsche Propheten. Hegel, Marx und die Folgen, 4. Aufl., München.

Richter, Helmut, 1978: Zum Problem der Einheit von Theorie und Praxis bei Karl Marx, Frankfurt/New York.

Rousseau, Jean-Jacques, 1762: Du Contrat Social ou Essai sur la Forme de la République (Première Version/Manuscript de Genève), in: Ders.: Œuvres complètes, Bd. III: Du Contrat Social/Écrits Politiques, herausgegeben von Bernard Gagnebin/Marcel Raymond, Paris 1964, S. 279–346.

Sabine, George H., 1950: A History of Political Theory, rev. Ed., New York.

Salzborn, Samuel (Hg.), 2010a: Der Staat des Liberalismus. Die liberale Staatstheorie von John Locke, Baden-Baden.

Salzborn, Samuel, 2010b: Hobbes – Locke – Rousseau. Ein Vergleich der anthropologischen Prämissen kontraktualistischer Staatstheorie, in: Ders. 2010a, S. 51–79.

Salzborn, Samuel, 2011: Der Begriff des Politischen in der Demokratie. Ein Versuch zur Demokratisierung des Freund-Feind-Konzepts, in: Rüdiger Voigt (Hg.): Freund-Feind-Denken. Carl Schmitts Kategorie des Politischen, Stuttgart, S. 113–132.

Theimer, Walter, 1985: Der Marxismus. Lehre – Wirkung – Kritik, 8. neu bearb. u. erg. Aufl., Tübingen.

Tönnies, Ferdinand, 1887: Gemeinschaft und Gesellschaft. Abhandlung des Communismus und des Socialismus als empirische Culturformen, Leipzig.

Trotzki, Leo, 1930: Die permanente Revolution, Berlin.

Frauke Höntzsch

Klassenlose Autorität?
Die Spannung zwischen Gleichheit und Autorität bei Engels

Der Sozialismus gilt verkürzt als Gleichheitsideologie, in polemischer Überspitzung gar als „ein Fetischismus der Gleichheit. Man tut so, als wäre Gleichheit ein Wert an sich – und daraus folgt dann zwingend, dass Ungleichheit ein ethisches Problem ist."[1] Doch die Sache mit der Gleichheit ist im Sozialismus so eindeutig nicht. So verweist Anthony Giddens in Anschluss an Durkheim[2] darauf, dass in der Geschichte des Sozialismus immer wieder eine Spannung zwischen Gleichheitsidealen und der Steuerung des wirtschaftlichen Handelns zum Vorschein komme. Marx habe das Problem frühzeitig erkannt und alle Arten des utopischen Sozialismus an den Pranger gestellt, seine eigene Lösung sei jedoch mehrdeutig geblieben: „Vermutlich glaubte er, daß das in der sozialistischen Gesellschaft erfolgende Verschwinden der Klassen und daher auch des Privateigentums die Ungleichheiten ipso facto verringern würde. Doch es gibt keine Stelle, an der dieses Problem angemessen gelöst würde."[3]

Konkreteres zum Verständnis der Gleichheit und ihrem Verhältnis zur Steuerung des wirtschaftlichen Handelns bzw. zur Autorität findet sich in den Ausführungen Engels.[4] Hier wird deutlich, dass der Sozialismus – zumindest in seiner marxistischen Ausformulierung – keineswegs ein „Fetischismus der Gleichheit" ist. So bezeichnet es John Rees in seiner Studie zur Gleichheit für einen nach wie vor weitverbreiteten Irrtum, „to suppose that even as regards 'the long run' Marxism adopted an extrem egalitarian position. The 'Manifesto of the Equals' might declare: 'Let

---

1 *Bolz* 2009, S. 27, vgl. auch ebd. S. 85ff.
2 *Durkheim* definiert Sozialismus über die Verbindung (nicht: Subordination) von ökonomischen Funktionen und Weisung gebenden gesellschaftlichen Organen: „one calls socialist those theories which demand a more or less complete connection of all economic functions or of certain of them, though diffused, with the directing and knowing organs of society" (1962, S. 56).
3 *Giddens* 31999, S. 88.
4 Laut Otto *Dann* hat Engels „in seinem 'Anti-Dühring' die ausführlichste Darstellung der marxistischen Gleichheitstheorie und damit ihr Resumé geliefert" (1975, S. 1040). Als Textgrundlage dienen im Folgenden neben dem *Anti-Dühring* in erster Linie Engels *Einleitung zu 'Der Bürgerkrieg in Frankreich' von Karl Marx*, die kleine Schrift *Von der Autorität* sowie einige ausgewählte Briefe.

there be no longer any other differences in mankind than those of age and sex', but Engels is far more cautious".[5] Auch Rees verweist in diesem Zusammenhang auf die Spannung zwischen Gleichheit und Autorität:

> „On the whole Engels [...] seems to have shared the optimism of Robert Owen in thinking that society rather than nature makes men unequal. Yet, as he maintained against the anarchists, given the nature of modern society there must be authority and subordination, and, although he did not express himself in precisely these terms, that means unequality."[6]

In der Tat besteht auch bei Engels eine Spannung zwischen Gleichheitsforderung und Autorität. Das Problem ist jedoch nicht primär, dass die auch in der kommunistischen Gesellschaft notwendige Autorität Ungleichheit generiert – denn Engels beschränkt die Gleichheitsforderung ausdrücklich auf die ökonomische Gleichheit. Das Problem ist vielmehr, dass Engels die in der kommunistischen Gesellschaft fortbestehenden Formen der Ungleichheit nicht problematisiert und annimmt, dass die im Rahmen der freien Assoziation verwirklichte ökonomische Gleichheit ausreicht, den repressiven Charakter der Autorität zu überwinden. Um dies zu zeigen, ist im Folgenden Engels Gleichheitsverständnis (1) zu erörtern und in Beziehung zu den verschiedenen Formen gesellschaftlicher Organisation (2) sowie zu den verschiedenen Formen der Autorität (3) zu setzen.

Ökonomische Gleichheit oder: Die Abschaffung der Klassen

Die Gleichheitsforderung wird im Sozialismus bekanntlich auf die gesellschaftlichen Besitzordnungen ausgedehnt. So hält Engels fest:

> „Die Proletarier nehmen die Bourgeoisie beim Wort: die Gleichheit soll nicht bloß scheinbar, nicht bloß auf dem Gebiet des Staats, sie soll auch wirklich, auch auf dem gesellschaftlichen, ökonomischen Gebiet durchgeführt werden."[7]

Die politische Gleichheit, die Gleichheit auf dem Gebiet des Staats, ist für Engels letztlich ein Widerspruch in sich, weil der Staat selbst Ausdruck der ökonomischen Ungleichheit ist, weil Politik als Phänomen des Überbaus immer Abbild der beste-

---

5 *Rees* 1972, S. 13.
6 Ebd., S. 14.
7 *Engels*, MEW 20, S. 99.

henden Klassengegensätze ist.[8] Die bürgerliche „Gleichheit vor dem Gesetz" bleibt eine formale und bedeutet, so Engels, nichts anderes „als Gleichheit trotz der Ungleichheit von reich und arm – Gleichheit innerhalb der Grenzen der grundlegenden, bestehenden Ungleichheit –, was, kurz gesagt, nichts anderes bedeutet, als der *Ungleichheit* den Namen der Gleichheit zu geben."[9] Der politischen bzw. rechtlichen „Gleichheit" steht die wahre, gesellschaftliche Gleichheit gegenüber.[10]

Engels postuliert jedoch keineswegs absolute gesellschaftliche Gleichheit im Sinne einer völligen Angleichung der Lebensverhältnisse. In einem Brief an Bebel, in dem Engels das Gothaer Programm von 1875 kommentiert, hält er fest:

> „‚Beseitigung aller sozialen und politischen Ungleichheit' ist auch eine sehr bedenkliche Phrase statt: ‚Aufhebung der Klassenunterschiede'. Von Land zu Land, von Provinz zu Provinz, von Ort zu Ort sogar wird immer eine *gewisse* Ungleichheit der Lebensbedingungen bestehen, die man auf ein Minimum reduzieren, aber nie ganz beseitigen können wird. [...] Die Vorstellung der sozialistischen Gesellschaft als des Reiches der *Gleichheit* ist eine einseitige französische Vorstellung, [...], die *als Entwicklungsstufe* ihrer Zeit und ihres Ortes berechtigt war, die aber, wie alle die Einseitigkeiten der früheren sozialistischen Schulen, jetzt überwunden sein sollten, da sie nur Verwirrung in den Köpfen anrichten und präzisere Darstellungsweisen der Sache gefunden sind."[11]

Engels fordert gesellschaftliche bzw. ökonomische Gleichheit im Sinne der Aufhebung der Klassengegensätze vermittels der Abschaffung des Privateigentums. Für ihn ist, wie er im „Anti-Dühring" formuliert, „der wirkliche Inhalt der proletarischen Gleichheitsforderung die Forderung der *Abschaffung der Klassen*"; Engels weist explizit darauf hin, dass sich die Gleichheitsforderung darauf beschränkt: „Jede Gleichheitsforderung, die darüber hinausgeht, verläuft notwendig ins Absurde."[12]

---

8 *Negt/Mohl* halten treffend fest, dass „für Marx und Engels politisches Handeln so sehr durch den Erkenntniszusammenhang der Klassenanalyse bestimmt [ist], daß für eine selbstständige Theorie des politischen Handelns kein Raum bleibt. *Politik ist Klassenpolitik*" (1986, S. 483).
9 *Engels*, MEW 2, S. 579.
10 Vgl. dazu auch *Marx*, MEW 19, S. 20/21: „Das *gleiche Recht* ist hier daher immer noch – dem Prinzip nach – das *bürgerliche Recht* [...]. Dies *gleiche* Recht ist ungleiches Recht für ungleiche Arbeit. Es erkennt keine Klassenunterschiede an, weil jeder nur Arbeiter ist, wie der andre; aber es erkennt stillschweigend die ungleiche individuelle Begabung und Leistungsfähigkeit der Arbeiter als natürliche Privilegien an. *Es ist daher ein Recht der Ungleichheit, seinem Inhalt nach, wie alles Recht*" (Herv. i. Orig.).
11 *Engels*, MEW 19, S. 7; vgl. auch *Engels*, MEW 20, S. 581: „Es wird keinem sozialistischen Proletarier oder Theoretiker einfallen, die abstrakte Gleichheit zwischen sich und einem Buschmann oder Feuerländer, ja nur einem *Bauern* oder halbfeudalen Landtaglöhner anerkennen zu wollen."
12 *Engels*, MEW 20, S. 99.

Eine ähnliche Passage findet sich auch in Engels Vorarbeiten zum *Anti-Dühring*:

> „Die Gleichheit des Bourgeois (Abschaffung der Klassen*privilegien*) ist sehr verschieden von der des Proletariers (Abschaffung der Klassen selbst). Weiter als diese letzte getrieben, d.h. abstrakt gefaßt, wird die Gleichheit Widersinn."[13]

Gleichheit ist für Engels ein relativer Begriff, weder ist Gleichheit ein Wert an sich noch ist sie in ihrer inhaltlichen Bestimmung für alle Zeiten festgelegt. Die Vorstellung der Gleichheit, im bürgerlichen wie im proletarischen Verständnis, ist ein „geschichtliches Produkt, zu deren Hervorbringung bestimmte geschichtliche Verhältnisse notwendig waren, die selbst wieder eine lange Vorgeschichte voraussetzen. Sie ist also alles, nur keine ewige Wahrheit".[14] Die aktuelle Bedeutung von Gleichheit ist in diesem Sinne ebenso als aus der Geschichte erwachsen zu verstehen:

> „Es hat also fast die ganze bisherige Geschichte dazu gebraucht, den Satz von der Gleichheit = Gerechtigkeit herauszuarbeiten, und erst als eine Bourgeoisie und ein Proletariat existierten, ist es gelungen. Der Satz der Gleichheit ist aber der, daß keine *Vorrechte* bestehen sollen, ist also wesentlich negativ, erklärt die ganze bisherige Geschichte für schlecht. Wegen seines Mangels an positivem Inhalt und wegen seiner kurzhändigen Verwerfung alles Früheren eignet er sich ebensosehr für Aufstellung durch eine große Revolution, wie für spätere systemfabrizierende Flachköpfe. Aber Gleichheit = Gerechtigkeit als höchstes Prinzip und letzte Wahrheit hinstellen zu wollen, ist absurd. Gleichheit besteht bloß im Gegensatz zu Ungleichheit, Gerechtigkeit zu Unrecht, sind also noch mit dem Gegensatz zur alten bisherigen Geschichte behaftet, also mit der alten Gesellschaft selbst."[15]

Das Verständnis der (proletarischen) Gleichheit ist in erster Linie ein negatives, zur Abgrenzung von bürgerlichen Gleichheitsidealen. Die Gleichheitsforderung besitzt vor allem agitatorischen, instrumentellen Wert:[16]

> „Die Gleichheitsforderung im Munde des Proletariats hat somit eine doppelte Bedeutung. Entweder ist sie [...] die naturwüchsige Reaktion gegen die schreienden sozialen Ungleichheiten, [...]; als solche ist sie einfach Ausdruck des revolutionären Instinkts und findet darin, und auch nur darin, ihre Rechtfertigung. Oder aber, sie ist entstanden aus der Reaktion gegen die bürgerliche Gleichheitsforderung, zieht mehr oder weniger richtige, weitergehende Forderungen aus dieser, dient als Agitationsmittel, um die Arbeiter mit den eignen Behauptungen der Kapitalisten gegen die Kapitalisten aufzuregen, und in diesem Fall steht und fällt sie mit der bürgerlichen Gleichheit selbst."[17]

---

13 Ebd., S. 581; vgl. auch *Engels,* MEW 19, S. 191.
14 Ebd., S. 99.
15 Ebd., S. 580.
16 Vgl. *Dann* 1975, S. 1040.
17 *Engels,* MEW 20, S. 99.

Die Gleichheit ist eine vorübergehende Forderung im Klassenkampf, die nach wenigen Generationen unter kommunistischem Regime lächerlich erscheinen und überflüssig werden wird: „wo bleibt dann die Gleichheit und Gerechtigkeit, als in der Rumpelkammer der historischen Erinnerung? Weil dergleichen zur Agitation heute vortrefflich ist, ist es noch lange keine ewige Wahrheit."[18]

Ziel der Gleichheitsforderung im Sinne der Abschaffung der Klassen ist, der politischen Unterdrückung ein Ende zu bereiten. Hinter Engels Gleichheitsforderung verbirgt sich die Forderung nach Überwindung der politischen Herrschaft von Menschen über Menschen. Die Herstellung der ökonomischen Gleichheit ist der Hebel, an dem die Revolution ansetzen muss, um zum Ziel zu kommen, weil die Unterdrückung nur ein sekundäres, politisches Phänomen ist. Ökonomische Gleichheit muss hergestellt werden, weil ökonomische Ungleichheit Grundlage der Unterdrückung ist.

Es lässt sich festhalten: Die Forderung nach Gleichheit als Mittel der Agitation im Klassenkampf zielt nicht auf die Herstellung absoluter, abstrakter Gleichheit, sondern ist beschränkt auf die historische Forderung nach ökonomischer Gleichheit. Die Forderung nach Gleichheit ist die Forderung nach Abschaffung der auf Privateigentum begründeten Klassengegensätze mit dem Ziel der Überwindung der Herrschaft von Menschen über Menschen. Vor diesem Hintergrund ist sowohl die Unterscheidung zwischen Staat, Kommune und freier Assoziation als auch diejenige zwischen politischer und ökonomischer Autorität zu verstehen.

Staat, Kommune/Gemeinschaft und freie Assoziation

Anhand der Existenz bzw. Aufhebung der Klassengegensätze, sprich anhand des Grads der gesellschaftlichen bzw. ökonomischen Gleichheit lassen sich mit Engels drei Formen der sozialen Organisation unterscheiden: Staat, Kommune/Gemeinschaft und freie Assoziation.

Engels lehnt den Staat als Produkt der Klassengegensätze und folglich Ausdruck und Zementierung der ökonomischen Ungleichheit ab. Der Staat ist „weiter nichts [...] als die Organisation, welche sich die herrschenden Klassen – Grundbesitzer und Kapitalisten – gegeben haben, um ihre gesellschaftlichen Vorrechte zu schützen";[19] entstanden „aus dem Bedürfnis, Klassengegensätze im Zaum zu halten", „aber gleichzeitig mitten im Konflikt dieser Klassen"; er steht im Normalfall nicht über

---

18 Ebd., S. 581.
19 *Engels*, MEW 33, S. 388/389.

den kämpfenden Klassen, er ist „in der Regel Staat der mächtigsten, ökonomisch herrschenden Klasse, die vermittelst seiner auch politisch herrschende Klasse wird und so neue Mittel erwirbt zur Niederhaltung und Ausbeutung der unterdrückten Klasse".[20] Der moderne Staat ist in allen Formen Klassenherrschaft und deshalb abzulehnen; er ist „nichts als eine Maschine zur Unterdrückung einer Klasse durch eine andre, und zwar in der demokratischen Republik nicht minder als in der Monarchie".[21] Auch die Demokratie hebt die bestehende Ungleichheit folglich nicht auf:

> „Die demokratische Gleichheit ist eine Chimäre, der Kampf der Armen gegen die Reichen kann nicht auf dem Boden der Demokratie oder der Politik überhaupt ausgekämpft werden. Auch diese Stufe ist also nur ein Übergang, das letzte rein politische Mittel, das noch zu versuchen ist und aus dem sich sogleich ein neues Element, ein über alles politische Wesen hinausgehendes Prinzip entwickeln muß."[22]

Wie das Konzept der politischen Gleichheit ist auch das Konzept des Staates geprägt durch einen Widerspruch zwischen Form und Inhalt: Die politische Gleichheit ist ein verzerrtes Abbild der materiellen Verhältnisse – die durch ökonomische Ungleichheit geprägt sind –, der Staat ein verzerrtes Abbild der Gesellschaft – weil er nur einen ihrer Teile repräsentiert. Die Begriffe Staat, Klassenherrschaft bzw. ökonomische Ungleichheit und Unterdrückung sind in der marxistischen Theorie unauflöslich verknüpft. Der Staat lässt sich mit Engels über die ökonomische Ungleichheit definieren, da sie Grundlage für politische Unterdrückung ist. Die Lösung für die Beendigung der Unterdrückung liegt deshalb nicht in der Beseitigung der Staatsgewalt, sondern in der Aufhebung der Klassengegensätze, mit denen der Staat in dieser Logik zu existieren aufhört – darauf zielt die Forderung nach ökonomischer Gleichheit.

Der Staat kann nicht nur nicht abgeschafft werden, er schafft ganz im Gegenteil überhaupt erst die Möglichkeit für die proletarische Revolution. Hier sieht Engels den Hauptunterschied zu den Anarchisten, wie Bakunin, der behaupte, „der *Staat* habe das Kapital geschaffen, der Kapitalist habe sein Kapital bloß *von der Gnade des Staats*".[23] Für die Anarchisten ist folglich der Staat das Hauptübel und zu bekämpfen, während Engels die Abschaffung des Staats ohne vorherige soziale Umwälzung für Unsinn hält – „die Abschaffung des Kapitals *ist* eben die soziale Umwälzung und schließt eine Veränderung der gesamten Produktionsweise in sich".[24] Auch die Prole-

---

20 *Engels*, MEW 21, S. 166/167.
21 *Engels*, MEW 22, S. 199.
22 *Engels*, MEW 1, S. 592.
23 *Engels*, MEW 33, S. 388.
24 Ebd.

tarier müssen sich des Staates bedienen, dadurch ist die proletarische Revolution allererst möglich, weil „sich die Macht des Kapitals in der staatlichen Gewalt konzentriert und weil ohne Eroberung der politischen Macht die *soziale* Befreiung der Arbeiterklasse, die Umwälzung der Produktionsverhältnisse nicht verwirklicht werden kann". Auch die Proletarier müssen sich des Staates bedienen, dadurch ist die proletarische Revolution allererst möglich, weil der Staat die Macht des Kapitals in sich konzentriert. Die Anarchisten verdrehen die Dinge, wenn sie die Abschaffung des Staates als Anfang der proletarischen Revolution sehen. Der Staat mag zwar der Änderung bedürfen, ist aber die einzig existente Organisation, die das Proletariat für seine Zwecke nutzen kann: „ihn in einem solchen Augenblick zerstören, das hieße, den einzigen Organismus zerstören, vermittels dessen das siegende Proletariat seine eben eroberte Macht geltend machen, seine kapitalistischen Gegner niederhalten und diejenige ökonomische Revolution der Gesellschaft durchsetzen kann".[25]

Der Staat der Arbeiterklasse, die Diktatur des Proletariats, bildet den Übergang zur klassenlosen Gesellschaft – als historisches Beispiel gilt Engels, wie Marx, die französische Kommune.[26] Engels bezeichnet den Staat der Arbeiterklasse als „schon kein Staat im eigentlichen Sinne mehr".[27] Lenin hat das in *Staat und Revolution* wie folgt kommentiert:

> „Die Kommune hörte auf, ein Staat zu sein, insofern sie nicht die Mehrheit der Bevölkerung, sondern eine Minderheit (die Ausbeuter) niederzuhalten hatte; die bürgerliche Staatsmaschine wurde von ihr zerschlagen; an der Stelle einer besonderen Repressionsgewalt trat die Bevölkerung selbst auf den Plan. Alles das sind Abweichungen vom Staat im eigentlichen Sinne."[28]

Die Diktatur des Proletariats ist zwar im eigentlichen Sinne kein Staat mehr, weil hier das staatliche Handeln in den Dienst der Allgemeininteressen, die mit den Interessen des Proletariats in eins fallen, gestellt wird, doch sie bleibt Staat, insofern das Proletariat die Instrumente der Unterdrückung in den Händen hält und gegen die ehemals herrschende Klasse einsetzt und einsetzen muss. In dem bereits zitierten Brief an Bebel tritt diese 'Zwitter'-Gestalt des Arbeiterstaates deutlich hervor; Engels grenzt hier die Diktatur des Proletariats als Übergangserscheinung auch begrifflich vom Staat im eigentlichen Sinne ab:

---

25 *Engels*, MEW 36, S. 11/12.
26 *Engels*, MEW 22, S. 199: „wollt ihr wissen, wie diese Diktatur aussieht? Seht euch die Pariser Kommune an. Das war die Diktatur des Proletariats."
27 *Engels*, MEW 19, S. 6.
28 *Lenin*, LW 25, S. 454.

„Da nun der Staat doch nur eine vorübergehende Einrichtung ist, deren man sich im Kampf, in der Revolution bedient, um seine Gegner gewaltsam niederzuhalten, so ist es purer Unsinn, vom freien Volksstaat zu sprechen: solange das Proletariat den Staat noch *gebraucht*, gebraucht es ihn nicht im Interesse der Freiheit, sondern der Niederhaltung seiner Gegner, und sobald von Freiheit die Rede sein kann, hört der Staat als solcher auf zu bestehen. Wir würden daher vorschlagen, überall statt *Staat* "Gemeinwesen" zu setzen, ein gutes altes deutsches Wort, das das französische "Kommune" sehr gut vertreten kann."[29]

Die Übergangsphase vom Staat zur klassenlosen Gesellschaft ist aufgrund der Zwitter-Gestalt des „Gemeinwesens" prekär. So muss sich, wie Engels in seiner Einleitung zur dritten Auflage von Marx' *Der Bürgerkrieg in Frankreich* am Bespiel der Pariser Kommune deutlich macht, auch die Arbeiterklasse im Stadium des Übergangs vor Missbrauch schützen, „um nicht ihrer eignen, erst eben eroberten Herrschaft wieder verlustig zu gehen"; sie muss „einerseits alle die alte, bisher gegen sie selbst ausgenutzte Unterdrückungsmaschinerie beseitigen, andrerseits aber sich sichern [...] gegen ihre eignen Abgeordneten und Beamten, indem sie diese, ohne alle Ausnahme, für jederzeit absetzbar"[30] erklärt. Der Staat ist „im besten Fall ein Übel, das dem im Kampf um die Klassenherrschaft siegreichen Proletariat vererbt wird und dessen schlimmste Seiten es ebenso wenig wie die Kommune umhin können wird, sofort möglichst zu beschneiden".[31] Denn auch im Falle der Machtübernahme durch die Mehrheit bleibt die Gefahr des Auseinanderfallens von Allgemein- und Sonderinteressen bestehen:

„Die Gesellschaft hatte zur Besorgung ihrer gemeinsamen Interessen, ursprünglich durch einfache Arbeitsteilung, sich eigene Organe geschaffen. Aber diese Organe, deren Spitze die Staatsgewalt, hatten sich mit der Zeit, im Dienst ihrer Sonderinteressen, aus Dienern der Gesellschaft zu Herren über diese verwandelt."[32]

Dass davor die erbliche Monarchie ebenso wenig wie die demokratische Republik gefeit ist, belegt Engels am Beispiel Amerikas. Gerade dort könne man am besten sehen, „wie diese Selbstverständigung der Staatsmacht gegenüber der Gesellschaft, zu deren bloßem Werkzeug sie ursprünglich bestimmt war, vor sich geht".[33] Die Pariser Kommune wandte laut Engels gegen diese „in allen bisherigen Staaten unumgängliche Verwandlung des Staats und der Staatsorgane aus Dienern der Gesell-

---

29 *Engels*, MEW 19, S. 6/7.
30 *Engels*, MEW 22, S. 197.
31 Ebd., S. 199.
32 Ebd., S. 197.
33 Ebd., S. 198.

schaft in Herren der Gesellschaft" zwei unfehlbare Mittel an: Stellenbesetzung nach allgemeinem Stimmrecht der Beteiligten, jederzeitigen Widerruf durch dieselben und gleiche Löhne für alle Ämter wie für andere Arbeiter.[34]

Ziel der proletarischen Revolution ist es, den Staat überflüssig zu machen, durch die Überwindung der ökonomischen Ungleichheit, deren Manifestation er ist. Der erste Akt, wodurch der Staat wirklich als Repräsentant der ganzen Gesellschaft auftritt – die Besitzergreifung der Produktionsmittel im Namen der Gesellschaft, ist in dieser Logik zugleich sein letzter selbständiger Akt als Staat:

"Das Proletariat ergreift die Staatsgewalt und verwandelt die Produktionsmittel zunächst in Staatseigentum. Aber damit hebt es sich selbst als Proletariat, damit hebt es alle Klassenunterschiede und Klassengegensätze auf und damit auch den Staat als Staat. Die bisherige, sich in Klassengegensätzen bewegende Gesellschaft hatte den Staat nötig, d.h. eine Organisation der jedesmaligen ausbeutenden Klasse zur Aufrechterhaltung ihrer äußern Produktionsbedingungen, also namentlich zur gewaltsamen Niederhaltung der ausgebeuteten Klasse in den durch die bestehende Produktionsweise gegebenen Bedingungen der Unterdrückung (Sklaverei, Leibeigenschaft oder Hörigkeit, Lohnarbeit). Der Staat war der offizielle Repräsentant der ganzen Gesellschaft, ihre Zusammenfassung in einer sichtbaren Körperschaft, aber er war dies nur, insofern er der Staat derjenigen Klasse war, welche selbst für ihre Zeit die ganze Gesellschaft vertrat: im Altertum Staat der sklavenhaltenden Staatsbürger, im Mittelalter des Feudaladels, in unsrer Zeit der Bourgeoisie. Indem er endlich tatsächlich Repräsentant der ganzen Gesellschaft wird, macht er sich selbst überflüssig. Sobald es keine Gesellschaftsklasse mehr in der Unterdrückung zu halten gibt, sobald mit der Klassenherrschaft und dem in der bisherigen Anarchie der Produktion begründeten Kampf ums Einzeldasein auch die daraus entspringenden Kollisionen und Exzesse beseitigt sind, gibt es nichts mehr zu reprimieren, das eine besondre Repressionsgewalt, einen Staat, nötig machte."[35]

Der Staat löst sich durch die Abschaffung des Privateigentums und damit die Aufhebung der Klassengegensätze selbst auf; damit verbunden ist eine qualitative Neuausrichtung der gesellschaftlichen Organisation: „An die Stelle der Regierung über Personen tritt die Verwaltung von Sachen und die Leitung von Produktionsprozessen. Der Staat wird nicht 'abgeschafft', *er stirbt ab*".[36] Der Tod des Staates ist kein plötzlicher, deshalb auch die Notwendigkeit einer Übergangsphase in Form der Diktatur des Proletariats, der Staat stirbt einen langsamen Tod: „Das Eingreifen einer Staatsgewalt in gesellschaftliche Verhältnisse wird auf einem Gebiete nach

---

34 Ebd., S. 198.
35 *Engels*, MEW 19, S. 223/4.
36 Ebd., S. 224.

dem andern überflüssig und schläft dann von selbst ein".[37] Wie der Staat erst durch das Aufkommen der Klassengegensätze entstand,[38] so verschwindet er endgültig erst mit deren Abschaffung wieder, die Staatsmaschine wird, Engels berühmter Äußerung nach, dahin versetzt, „wohin sie dann gehören wird: ins Museum der Altertümer, neben das Spinnrad und die bronzene Axt".[39] Der Staat ist wie die ökonomische Ungleichheit und die Forderung nach ihrer Aufhebung eine historische Erscheinung.

An die Stelle der Herrschaft der Grundbesitzer und Kapitalisten tritt zunächst übergangsweise der Staat der Arbeiterklasse und schließlich „eine Assoziation, worin die freie Entwicklung eines jeden die Bedingung für die freie Entwicklung aller ist".[40] Die freie Assoziation ist gekennzeichnet durch die ökonomische Gleichheit bzw. die Aufhebung der Klassengegensätze, wodurch die öffentliche Gewalt ihren politischen Charakter verliert, aber keineswegs zu existieren aufhört: Der Staat bzw. die politische Gewalt als organisierte Gewalt einer Klasse zur Unterdrückung einer anderen ist nur eine Form der öffentlichen Gewalt bzw. der sozialen Organisation. Auch in der Assoziation als der antizipierten Form sozialer Organisation werden die bis dahin vom Staat übernommenen Funktionen keineswegs sämtlich überflüssig. Engels spricht von einer „abergläubischen Verehrung des Staates", wenn man sich einbilde „die der ganzen Gesellschaft gemeinsamen Geschäfte und Interessen könnten nicht anders besorgt werden, als wie sie bisher besorgt worden sind, nämlich durch den Staat und seine wohlbestallten Behörden".[41] Dies impliziert, dass zumindest einige der in der Klassengesellschaft durch den Staat ausgeübten Funktionen nach dessen Verschwinden von anderen Funktionsträgern zu übernehmen sind. Ergänzend sei hier aus Marx' *Kritik des Gothaer Programms* zitiert: „Welche Umwandlung wird das Staatswesen in einer kommunistischen Gesellschaft untergehn? In anderen Worten, welche gesellschaftlichen Funktionen bleiben dort übrig, die jetzigen Staatsfunktionen analog sind?"[42] Auch diese Frage zeigt, dass Engels und Marx davon ausgehen, dass auch in der kommunistischen Gesellschaft den staatlichen Funktionen analoge Funktionen existent bleiben. Die Ablehnung des Staates

---

37 Ebd., S. 224.
38 Vgl. *Engels*, MEW 21, S. 168: „Auf einer bestimmten Stufe der ökonomischen Entwicklung, die mit Spaltung der Gesellschaft in Klassen notwendig verbunden war, wurde durch diese Spaltung der Staat eine Notwendigkeit."
39 *Engels*, MEW 21, S. 168.
40 *Marx/Engels*, MEW 4, S. 482.
41 *Engels*, MEW 22, S. 199.
42 *Marx*, MEW 19, S. 28; Marx spricht in diesem Zusammenhang auch vom „zukünftigen Staatswesen der kommunistischen Gesellschaft" (ebd.).

bedeutet keine Ablehnung aller seiner Funktionen, sondern die Ablehnung der Form ihrer Ausführung, die im Widerspruch zu ihrem Inhalt steht. Autorität zum Zwecke der Organisation bleibt weiterhin unverzichtbar, sie verliert jedoch ihren politischen Charakter.

Politische vs. ökonomische Autorität

Das nur negative Verständnis des Staates als Instrument der herrschenden Klasse im Klassenkampf, die Gleichsetzung von Politik und Unterdrückung, die Rede vom Absterben des Staates – all das scheint vor allem anderen der revolutionären Rhetorik des Neuen geschuldet, die mit den Konzepten des Klassenfeindes zugleich dessen Begrifflichkeit verabschieden will. Aus der Tatsache, dass Engels alles Politische, dessen Inbegriff der Staat ist, ablehnt und davon ausgeht, dass er im Verlaufe der erfolgreichen Revolution absterben wird, folgt jedoch keineswegs die Ablehnung jeglicher Autorität – von Engels definiert als „Überordnung eines fremden Willen über den unseren; Autorität setzt auf der anderen Seite Unterordnung voraus"[43] –, denn auch die kommunistische Gesellschaft bedarf ordnender Strukturen.

Der Gegensatz von Staat und klassenloser Gesellschaft lässt sich mit Engels nicht als Gegensatz von staatlicher Ordnung und Anarchie, sondern als Gegensatz von ökonomischer Ungleichheit und politischer Autorität auf der einen und ökonomischer Gleichheit und ökonomischer Autorität auf der anderen Seite darstellen oder: als Gegensatz von Herrschaft über Personen und Verwaltung über Sachen. Die Kommune stellt insofern eine Übergangsform dar, als hier die Mehrheit die politische Autorität zur Herstellung ökonomischer Gleichheit einsetzt. Engels lehnt Anarchie nicht nur ab, das Problem der bürgerlichen Gesellschaft ist vielmehr gerade die die Klassengesellschaft prägende Anarchie im ökonomischen Bereich, die „Anarchie der Produktion", da sie entscheidend zur ökonomischen Ungleichheit beiträgt:

„Der Widerspruch zwischen gesellschaftlicher Produktion und kapitalistischer Aneignung stellt sich nun dar als Gegensatz zwischen der Organisation der Produktion in der einzelnen Fabrik und der Anarchie der Produktion in der ganzen Gesellschaft. In diesen beiden Erscheinungsformen des ihr durch ihren Ursprung immanenten Widerspruchs bewegt sich die kapitalistische Produktionsweise, beschreibt sie ausweglos jenen ‚fehlerhaften Kreislauf' [...]. Es ist die treibende Kraft der gesellschaftlichen Anarchie der Produktion, die die große Mehrzahl der Menschen mehr und mehr in Proletarier verwandelt, und es sind wieder die Proletariermassen, die schließlich der Produktionsanarchie ein Ende machen wer-

---

43 *Engels*, MEW 18, S. 305; vgl. zu Engels Konzeption der Autorität *Rabe* 1972.

den. Es ist die treibende Kraft der sozialen Produktionsanarchie, die die unendliche Vervollkommnungsfähigkeit der Maschinen der großen Industrie in ein Zwangsgebot verwandelt für, jeden einzelnen industriellen Kapitalisten, seine Maschinerie mehr und mehr zu vervollkommen, bei Strafe des Untergangs."[44]

Der Staat ordnet den Klassenkonflikt anstatt die dem Klassenkonflikt zugrundeliegenden Bedingungen der Produktion. Um die Bedingungen der Produktion zu ändern, bedarf es zunächst der politischen Autorität, die einzig legitime und zugleich für jede Gesellschaft unverzichtbare Form der Autorität zum Zwecke der planmäßigen Organisation der gesellschaftlichen Produktion ist dann aber diejenige, die sich aus den ökonomischen Verhältnissen selbst ergibt.

Wie die kommunistische Gesellschaft im Einzelnen auszusehen habe, darüber hat sich auch Engels weitgehend ausgeschwiegen. Doch die kleine Schrift *Von der Autorität* lässt einige Rückschlüsse auf die Qualität der öffentlichen Gewalt in diesem nur grob skizzierten Gesellschaftszustand zu. Im Gegensatz zu den Antiautoritariern hält Engels, wie bereits ausgeführt, die *Abschaffung* des Staates und damit die Abschaffung der politischen Autorität für einen Irrweg, weil für nicht Ziel führend. Auch die proletarische Revolution ist auf den Staat angewiesen, um ihre Forderungen gegen den Widerstand der bis dahin herrschenden Klasse durchzusetzen. Auch die proletarische Revolution selbst ist in folge dessen notwendig autoritär, d.h. mit der Übernahme der Staatsgewalt durch das Proletariat bleibt auch politische Autorität in Engels Augen entgegen der Ansicht der Anarchisten vorerst unverzichtbar:

„Sie [die Anarchisten] fordern, daß der erste Akt der sozialen Revolution die Abschaffung der Autorität sei. Haben diese Herren nie eine Revolution gesehen? Eine Revolution ist gewiß das autoritärste Ding, das es gibt; sie ist der Akt, durch den ein Teil der Bevölkerung dem anderen Teil seinen Willen vermittels Gewehren, Bajonetten und Kanonen, also mit denkbar autoritärsten Mitteln aufzwingt; und die siegreiche Partei muß, wenn sie nicht umsonst gekämpft haben will, dieser Herrschaft Dauer verleihen durch den Schrecken, den ihre Waffen den Reaktionären einflößen."[45]

Die Revolution „als Inkarnation der Autorität" setzt Engels mit Gewalt und Unterdrückung gleich;[46] die Revolutionäre üben Autorität aus, sie müssen Autorität ausüben. Laut Engels war es gerade der Mangel an Autorität (und Zentralisation), der

---

44 *Engels*, MEW 19, S. 216/217.
45 *Engels*, MEW 18, S. 308; vgl. auch *Engels*, MEW 33, S. 374: „Ich kenne nichts Autoritäreres als eine Revolution, und wenn man seinen Willen den anderen mit Bomben und mit Gewehrkugeln aufzwingt, wie in jeder Revolution, dann scheint mir, daß man Autorität ausübt."
46 *Rabe* 1972, S. 405.

die Pariser Kommune scheitern ließ.[47] Während Engels hier jedoch ganz offensichtlich noch an politische Autorität denkt, an die Autorität eines Teils der Bevölkerung über einen anderen Teil, sprich an die Unterdrückung einer Klasse durch eine andere, kann auch die freie Assoziation nicht auf jegliche Autorität verzichten, wohl jedoch auf *politische* Autorität.

Engels stellt zu Beginn seiner kurzen Schrift *Über Autorität* eine Entwicklung zur kombinierten Tätigkeit fest und stellt die Frage: „Wer aber kombinierte Tätigkeit sagt, sagt Organisation; ist nun Organisation ohne Autorität möglich?" und schließt daran die Frage an, ob in einer Gesellschaft, in der Grund und Boden und die Arbeitsinstrumente zum kollektiven Eigentum der Arbeiter geworden sind, die Autorität verschwunden sein oder „nur die Form gewechselt haben" wird?[48] Die von Engels angeführten Beispiele der Baumwollspinnerei und der Eisenbahn ließen sich noch als nur auf die Phase des Übergangs zur kommunistischen Gesellschaft bezogen verstehen. Doch mit der Feststellung, dass „die Notwendigkeit einer Autorität, und zwar einer gebieterischen Autorität, [...] am anschaulichsten bei einem Schiff auf hoher See zutage tritt", wird Engels Ton allgemeiner: „Hier hängt im Augenblick der Gefahr, das Leben aller davon ab, daß alle sofort und absolut dem Willen eines einzelnen gehorchen"; er kommt zu dem Schluss, „daß einerseits eine gewisse, ganz gleich auf welche Art übertragene Autorität und andererseits eine gewisse Unterordnung Dinge sind, die sich uns aufzwingen *unabhängig von aller sozialen Organisation*, zusammen mit den materiellen Bedingungen, unter denen wir produzieren und die Produkte zirkulieren lassen".[49]

Es handelt sich beim Übergang vom Staat als Ausdruck der Klassenherrschaft (und das schließt die Diktatur des Proletariats ein) zur freien Assoziation um eine Statusänderungen der öffentlichen Funktionen, sowohl was die Art ihrer Ausübung als auch was ihr Objekt betrifft. Der Staat wird von alleine Verschwinden „und das bedeutet, daß die öffentlichen Funktionen ihren politischen Charakter verlieren und sich in einfache administrative Funktionen verwandeln werden, die die wahren sozialen Interessen hüten."[50] Die Autorität zielt nicht länger auf die Herrschaft über Menschen, sondern auf die Verwaltung von Sachen – sie verliert durch die Aufhebung der Klassengegensätze, sprich durch die Überwindung der ökonomischen Ungleichheit ihren unterdrückenden Charakter und wird zu einer rein organisierenden,

---

47 Vgl. *Engels*, MEW 33, S. 374f.
48 *Engels*, MEW 18, S. 306.
49 Ebd., S. 307, Herv. F. H.
50 Ebd., S. 308.

verwaltenden, funktionalen Autorität. Eine solche Autorität ist in Engels Augen eine ökonomische Notwendigkeit, weil 'kombinierte Tätigkeit' ohne Organisation und Organisation ohne Autorität nicht denkbar ist, sprich weil Autorität unter modernen Produktionsbedingungen unabdingbar ist. In einem Brief an Paul Lafargue schreibt Engels: „wenn sie nur ein wenig die ökonomischen Fragen und die Bedingungen der modernen Industrie studiert hätten, dann wüßten sie, daß keine gemeinsame Aktion möglich ist, ohne einigen den Willen anderer, das heißt der Autorität aufzuerlegen".[51] Die auch nach Abschaffung der Klassen notwendige Form der Autorität lässt sich in Abgrenzung zur 'politischen Autorität' als 'produktionsbedingte Autorität' oder auch als 'ökonomische Autorität' bezeichnen. Engels kann sich, seiner eigenen Aussage nach, mit den Automisten darauf verständigen, „daß die soziale Organisation der Zukunft die Autorität einzig und allein auf jene Grenzen beschränken wird, in denen die Produktionsbedingungen sie unvermeidlich machen."[52] Der politischen Autorität im Staat, die auch die Diktatur des Proletariats nutzt, steht die produktionsbedingte bzw. ökonomische Autorität im Rahmen der freien Assoziation gegenüber.

Anders als die zunächst noch politische Autorität der Diktatur des Proletariates, die vor Missbrauch geschützt werden muss, damit die Diener der Gesellschaft sich nicht zu deren Herren machen, scheint die ökonomische Autorität für Engels keine Missbrauchsgefahr zu bergen. Reinhard Kößler verweist insofern zu Recht auf die zueinander quer stehenden „Überlegungen zur funktionalen, auf dem Produktionsprozeß aufruhenden Begründung von gesellschaftlicher Herrschaft und zu einer Aktualität des Theorems der Verwandlung von Dienern in Herren der Gesellschaft".[53] Engels Skepsis, meint Kößler, habe sich aber in erster Linie auf den repressiven und administrativen Kernbereich staatlicher Aufgaben sowie auf die Ausbildung bezogen, weniger auf in Assoziation geleitete und in Genossenschaften zusammengefassten Fabriken – so ließen sich die skeptischen Töne der Einleitung zu Marx' Analyse der Pariser Kommune mit der funktionalen Autorität des Autoritätsessays vereinen:

> „Dies freilich ist [...] erkauft durch ein affirmatives Verständnis der Technologie, durch die Ableugnung der in die Maschinerie selbst eingeschriebenen Herrschaftsverhältnisse."[54]

---

51 *Engels*, MEW 33, S. 365.
52 *Engels*, MEW 18, S. 307.
53 *Kößler* 1996, S. 53/54.
54 Ebd., S. 57.

Doch auch diese Lesart löst die von Kößler zu Recht diagnostizierte Spannung nicht auf: Warum sollten sich nicht auch jene zur Verwaltung von Sachen und Leitung der Produktionsprozesse bestellten Funktionsträger „aus Dienern der Gesellschaft zu Herren über diese"[55] verwandeln können? Wer garantiert, dass der Wille einer Autoritätsperson, dem man sich per definitionem unterzuordnen hat, im Rahmen der freien Assoziation 'den wahren sozialen Interessen' dient?

Funktionale und natürliche Ungleichheit

Engels Gleichheitsforderung gerät nicht in Widerspruch zu der durch die ökonomische Autorität generierten funktionalen Ungleichheit, weil Engels die Gleichheitsforderung auf die historische Forderung nach Abschaffung der Klassengegensätze beschränkt. Auch im Rahmen der freien Assoziation herrscht keine absolute Gleichheit, sondern sind bestimmte Formen der Ungleichheit nach wie vor existent. Der Sozialismus ist, zumindest in seiner marxistischen Ausformulierung, keine Ideologie der Gleichheit in dem Sinne, dass die Gleichheit hier absolut oder als Wert an sich gedacht wäre.

Die antizipierte Gesellschaft ist für Engels ein „Reich der Freiheit",[56] kein Reich der Gleichheit im Sinne einer Vereinheitlichung der Lebensbedingungen.[57] Das Ziel der ökonomischen Gleichheit ist die freie Entwicklung der Individualität und das bedeutet auch die Entfaltung natürlicher Unterschiede oder anders: *natürlicher Ungleichheit*. Auf einer höheren Stufe des Kommunismus, wenn die Arbeitsteilung aufgehoben, die Arbeit nicht mehr nur Mittel zum Leben ist und durch die Entwicklung der Individuen der genossenschaftliche Reichtum wächst, ist, um noch einmal ergänzend Marx zu zitieren, der bürgerliche Rechtshorizont gänzlich überschritten, hier gilt: „Jeder nach seinen Fähigkeiten, jedem nach seinen Bedürfnissen!"[58] Nun können natürliche Unterschiede, natürliche Ungleichheiten zwischen den Menschen ohne ökonomische, ohne materielle Konsequenzen und so, nach Engels Dafürhalten, ohne dass dies zur Unterdrückung und Herrschaft von Menschen über Menschen führen würde, zur Entfaltung kommen. Um das Reich der Freiheit zu ermöglichen, muss die Produktion in der kommunistischen Gesellschaft (im Gegensatz zur Pro-

---

55 *Engels*, MEW 22, S. 197.
56 *Engels*, MEW 20, S. 264.
57 Vgl. Fn. 11.
58 *Marx*, MEW 19, S. 21.

duktionsanarchie in der bürgerlichen Gesellschaft) planmäßig organisiert werden, wozu es ökonomischer Autorität bedarf, die *funktionale Ungleichheit* impliziert.

Auch wenn also bei Engels keine Spannung zwischen Gleichheitsidealen und Steuerung des wirtschaftlichen Handelns im eingangs referierten Sinne besteht, so doch in dem Sinne, dass die mit der ökonomischen Autorität verbundene funktionale Ungleichheit das Ziel der ökonomischen Gleichheit, das in der Überwindung der Herrschaft von Menschen über Menschen liegt, entgegen Engels optimistischer Einschätzung gefährdet. Während Engels mit Blick auf die Diktatur des Proletariats (das sich noch der politischen Autorität bedient) vor Machtmissbrauch warnt und insofern die Entwicklung der sozialistischen Staaten (dem Selbstverständnis nach Diktaturen des Proletariats),[59] in denen sich die Partei als Diener der Gesellschaft in deren Herrn verwandelt hat, antizipiert hat, bleibt diese Gefahr für das kommunistische Gemeinwesen unproblematisiert bzw. scheint diese Gefahr für Engels mit Blick auf die ökonomische Autorität nicht zu bestehen – aus zwei Gründen.

Zum einen scheint die in der antizipierten kommunistischen Gesellschaft nach wie vor notwendige ökonomische Autorität in Engels Augen vor der Gefahr des Missbrauchs gefeit, weil die Autorität nach seinem Dafürhalten nur dann repressiven Charakter besitzt, wenn sie auf ökonomischer Dominanz beruht. Deshalb beschränkt Engels die Gleichheitsforderung auf die Forderung nach ökonomischer Gleichheit. Nur ökonomische Ungleichheit wäre demnach Grundlage für Herrschaft und Unterdrückung. Doch birgt nicht auch die sich in der kommunistischen Gesellschaft frei entfaltende Individualität und damit die Ungleichheit an Fähigkeiten und Bedürfnissen, die Gefahr, dass es, indem sich natürliche und funktionale Ungleichheit verbinden, erneut zu Herrschaft und Unterdrückung kommt? Engels Feststellung, dass kombinierte Tätigkeit nicht ohne Organisation und Organisation nicht ohne Autorität zu denken sei, ließe sich in diesem Sinne mit Robert Michels kritisch wenden: „Wer Organisation sagt, sagt *Tendenz zur Oligarchie*. Im Wesen der Organisation liegt ein tief aristokratischer Zug."[60]

Gegen die Behauptung einer solchen Elitenbildung und damit gegen die Möglichkeit der Verwandlung der Diener der kommunistischen Gesellschaft in ihre Herren lässt sich mit Engels ein zweites Argument anführen: Die in der kommunistischen Gesellschaft mögliche freie Entfaltung bringt, so Engels, „ein in neuen, freien Gesellschaftszuständen herangewachsenes Geschlecht" hervor, das „imstande sein

---

59 *Böhme u. a.* 1978, S. 449, 855.
60 *Michels* 1989, S. 19.

wird, den ganzen Staatsplunder von sich abzutun"[61] und im Interesse der wahren sozialen Interessen zu handeln. Damit aber lässt sich über Engels sagen, was Henning Ottmann mit Blick auf Platons Philosophenkönige festhält: Er verstrickt sich „in den Zirkel aller Revolutionstheorie: Sie setzt die schon Befreiten voraus, die erst durch die Revolution zu befreien sind."[62]

Literatur

Bolz, Norbert, 2009: Diskurs über die Ungleichheit, München.

Böhme, Waltraud u.a. (Autorenkollektiv von Mitarbeitern des Dietz Verlags) 1978: Kleines politisches Wörterbuch, 3. Aufl., Berlin.

Dann, Otto, 1975: Gleichheit, in: Otto Brunner/Werner Conze/Reinhart Kosselleck (Hg.): Geschichtliche Grundbegriffe, Bd. 2 E-G, Stuttgart, S. 997–1046.

Durkheim, Emile, 1962: Socialism. Edited and with an Introduction by Alvin W. Gouldener, New York.

Engels, Friedrich, 1976: Die Lage Englands, in: MEW 1, S. 569–592.

Engels, Friedrich, 1972: Deutsche Zustände, in: MEW 2, S. 564–584.

Engels, Friedrich, 1962: Von der Autorität, in: MEW 18, S. 305–308.

Engels, Friedrich, 1962: Brief an Bebel, 18./28.März 1875, in: MEW 19, S. 3–9.

Engels, Friedrich, 1962: Die Entwicklung des Sozialismus von der Utopie zur Wissenschaft, in: MEW 19, S.176–228.

Engels, Friedrich, 1962: Herrn Eugen Dühring's Umwälzung der Wissenschaft, in: MEW 20, S. 1–303.

Engels, Friedrich, 1962: Der Ursprung der Familie, des Privateigentums und des Staats, in: MEW 21, S. 25–173.

Engels, Friedrich, 1963: Einleitung zu „Der Bürgerkrieg in Frankreich" von Karl Marx (Ausgabe 1891), in: MEW 22, S. 188–199.

Engels, Friedrich, 1966: Engels an Paul Lafargue, 30. Dez. 1871, in: MEW 33, S. 364–366.

Engels, Friedrich, 1966: Engels an Carlo Terzaghi in Turin (2. Entwurf), 14. Jan. 1872, in: MEW 33, S. 373–375.

Engels, Friedrich, 1966: Engels an Theodor Cuno in Mailand, 24. Jan. 1872, in: MEW 33, S. 387–393.

Engels, Friedrich, 1967: Engels an Ph. van Patten, 18. April 1883, in: MEW 36, S. 11/12.

Giddens, Anthony, ³1999: Jenseits von Links und Rechts. Die Zukunft der radikalen Demokratie. Aus dem Englischen von Joachim Schulte, Frankfurt.

Kößler, Reinhard, 1996: Das Problem einer funktionalen herrschenden Klasse, in: Theodor Bermann/Mario Kessler/Joost Kircz/Gert Schäfer (Hg.): Zwischen Utopie und Kritik. Friedrich Engels – ein „Klassiker" nach 100 Jahren, Hamburg, S. 51–61.

---

61 *Engels*, MEW 22, S. 199.
62 *Ottmann* 2001, S. 55.

Lenin, Wladimir Iljitsch, 1960: Staat und Revolution. Die Lehre des Marxismus vom Staat und die Aufgaben des Proletariats in der Revolution, in: LW 25, S. 393–507.

Marx, Karl/Engels, Friedrich, 1959: Manifest der Kommunistischen Partei, in: MEW 4, S. 459–493.

Marx, Karl, 1962: Kritik des Gothaer Programms, in: MEW 19, S. 11–32.

Michels, Robert, 1989: Zur Soziologie des Parteiwesens in der modernen Demokratie. Untersuchungen über die oligarchischen Tendenzen des Gruppenlebens, 4. erg. Aufl. mit einer Einf. von Frank R. Pfetsch, Stuttgart.

Negt, Oskar/Mohl, Ernst-Theodor, 1986: Marx und Engels – der unaufgehobene Widerspruch von Theorie und Praxis, in: Iring Fetscher/Herfried Münkler (Hg.): Pipers Handbuch der politischen Ideen, Bd. 4: Neuzeit: Von der Französischen Revolution bis zum europäischen Nationalismus, München/Zürich, S. 449–513.

Ottman, Henning, 2001: Geschichte des politischen Denkens, Band 1/2: Die Griechen. Von Platon bis zum Hellinismus, Stuttgart.

Rees, *John*, 1972: Equality. London u.a.

Rabe, Horst 1972: Autorität, in: Otto Brunner/Werner Conze/Reinhart Kosselleck (Hg.): Geschichtliche Grundbegriffe, Bd. 1 A-D, Stuttgart, S. 382–406.

Renate Merkel-Melis

Die Staatstheorie im Spätwerk von Friedrich Engels

Der Tod von Karl Marx am 14. März 1883 bedeutete im Arbeitsleben von Engels eine Zäsur. Seit über 30 Jahren lebte und schrieb er im englischen Exil, für das er sich nun noch einmal ausdrücklich entschied. Als August Bebel ihn fragte, ob er nicht nach Deutschland oder wenigstens in die Schweiz übersiedeln möchte, um in näheren und häufigeren Kontakt mit seinen politischen Freunden zu kommen, lehnte er dies rigoros ab.[1] Er hatte kein Interesse daran, sich auf dem Kontinent vorhersehbaren politischen Repressalien auszusetzen, und erklärte, in kein Land gehen zu wollen, „wo man ausgewiesen werden kann. Davor ist man aber nur sicher in England und Amerika. Nach letzterem Land geh' ich höchstens auf Besuch, wenn ich nicht muß. Also bleibe ich hier."[2] Da Engels keinen Kontakt zu britischen Arbeiterorganisationen suchte und deren Repräsentanten kaum kannte[3], glaubte er, allein in London „Ruhe für theoretisches Weiterarbeiten" zu haben. Überall anderswo hätte er sich an der praktischen Agitation beteiligen müssen, dabei enorm viel Zeit verloren und nicht mehr geleistet als irgendein anderer. „[...] in den theoretischen Arbeiten sehe ich bis jetzt noch nicht, wer mich und M[arx] ersetzen soll."[4] Dabei war er, der sein Leben lang „zweite Violine" gespielt hatte, sich der Schwierigkeit, Marx auf theoretischem Gebiet zu vertreten, sehr wohl bewusst.[5]

Wenngleich Engels seinen jahrzehntelangen Lebensstil beibehielt, musste er nun das Feld seiner Tätigkeit neu abstecken. Daher erscheint es gerechtfertigt, in der Periode von 1883 bis zum Jahre 1895, dem Tode von Engels, von seinem „Spätwerk" zu sprechen. In den Mittelpunkt rückte zunächst die Aufarbeitung des umfangreichen Nachlasses von Marx, vor allem die Arbeit am *Kapital*. Dazu zählten die Fertigstellung der dritten und die Vorbereitung der vierten Auflage sowie die

---

1 Siehe *Engels* 1883, S. 21.
2 Ebenda.
3 "… Engels shortsightedly turned his back on potentially the most inspiring and magnetic figures within the British socialist pantheon." (*Hunt* 2009, S. 327.)
4 *Engels* 1883, S. 21.
5 *Engels* 1884, S. 218.

Revision der englischen Übersetzung des ersten Bandes und ferner die Herausgabe des zweiten und dritten Bandes, wobei letzterer ihn über die Maßen in Anspruch nahm und erst 1894 zum Abschluss kam. Darüber hinausgreifend, verfolgte Engels zuvorderst das Anliegen, das gemeinsam mit Marx geschaffene wissenschaftliche und politische Werk zu verbreiten, zu verteidigen und fortzusetzen. Die bis zur Mitte der 1880er Jahre erzielten Fortschritte der europäischen Arbeiterbewegung eröffneten in Engels' Augen neue Möglichkeiten für die Durchsetzung der von Marx und ihm erstrebten Ziele. Sozialistische und sozialdemokratische Parteien waren in Deutschland und Frankreich, in Dänemark, Holland, England und Belgien gegründet worden.[6] Zugleich erwuchsen in seiner Sicht aus dieser Entwicklung angesichts der Vielzahl konkurrierender Strömungen Gefahren und die Notwendigkeit, die Ideen von Marx zu verteidigen. Das veranlasste ihn zu gezielter politischer Einflussnahme, und er stellte dafür eigene Arbeiten, so an der *Dialektik der Natur*, zurück.[7]

Verbreitung, Verteidigung und Fortsetzung der gemeinsam mit Marx entwickelten Ideen lagen auch Engels' Überlegungen zur Staatstheorie zugrunde. Wie für Marx[8] gilt ebenfalls für ihn, dass er keine ausgearbeitete Theorie über den Staat hinterlassen hat. Gleichwohl finden sich in seinen Schriften und Briefen eine Vielzahl von Äußerungen über den Staat. Sie sind teils theoretischer Natur, im Zusammenhang mit der weiteren Entwicklung der materialistischen Geschichtsauffassung Bestandteil seiner beabsichtigten theoretischen Arbeiten, und sie stehen zugleich in engem Zusammenhang mit der praktischen politischen Bewegung, durch deren Erfahrungen sie gespeist wurden und für die sie Richtschnur bilden sollten.

---

6 Siehe *Bürgi* 1996, S. 28/29.
7 Ihre Dringlichkeit hatte er noch Ende 1882 Marx gegenüber betont (siehe *Engels*1882, S. 119 und 126. Er verlor sie jedoch nicht aus dem Auge: Im September 1885 griff er bei der Arbeit an der Vorrede zur 2. Auflage des *Anti-Dühring* auf seine Manuskripte zur *Dialektik der Natur* zurück und ergänzte sie durch die theoretische Verallgemeinerung neuerer Ergebnisse der Naturwissenschaften. – Ende 1885/Anfang 1886 wurden von ihm während der Arbeit an *Ludwig Feuerbach und der Ausgang der klassischen deutschen Philosophie* vier Textseiten aus dem Manuskript herausgenommen, durch eine kürzere Version ersetzt und unter der Überschrift „Ausgelassenes aus Feuerbach" der *Dialektik der Natur* zugeordnet. – Noch am 13. Mai 1886 schrieb er an den Verlag Nestler & Melle, er müsse – nach der Herausgabe der hinterlassenen Manuskripte von Marx und der Revision von Übersetzungen ihrer Schriften in fremde Sprachen „zunächst daran denken, meine eignen, seit drei Jahren gänzlich unterbrochenen, selbständigen Arbeiten endlich einmal fertigzustellen, falls ich das überhaupt noch erlebe." (*Engels* 1886, S. 484.)
8 Siehe *Hirsch/Kannankulam/Wissel*, 2008, S. 9.

Voraussetzungen: „Anti-Dühring" und „Die Entwicklung des Sozialismus von der Utpie zur Wissenschaft"

Die theoretische Ausgangsposition für die Aussagen zum Staat in seinem Spätwerk hatte Engels in der 1876–1878 entstandenen Schrift *Herrn Eugen Dührings Umwälzung der Wissenschaft* dargelegt. Hier polemisierte er im Zweiten Abschnitt Politische Ökonomie in drei Kapiteln zur Gewaltstheorie gegen Dührings Grundthese vom Primat der Politik gegenüber der Ökonomie und untersuchte das Verhältnis beider.

Im I. Kapitel des Zweiten Abschnitts zu „Gegenstand und Methode" der politischen Ökonomie ging er auf die Entstehung des Staates ein. Die „naturwüchsigen Gruppen gleichstämmiger Gemeinden" hätten sich zunächst nur „behufs der Wahrnehmung gemeinsamer Interessen (Berieselung im Orient z.B.) und wegen des Schutzes nach Außen" zum Staat fortentwickelt. Dieser erhalte von nun an ebensosehr den Zweck, „die Lebens- und Herrschaftsbedingungen der herrschenden gegen die beherrschte Klasse mit Gewalt aufrecht zu erhalten."[9] Worin die gemeinsamen Interessen in den urwüchsigen Gemeinwesen zu jeder Zeit bestanden, führte er im IV. Kapitel „Gewaltstheorie (Schluß)" näher aus: „Entscheidung von Streitigkeiten; Repression von Uebergriffen Einzelner über ihre Berechtigung hinaus; Aufsicht über Gewässer, besonders in heißen Ländern; endlich, bei der Waldursprünglichkeit der Zustände, religiöse Funktionen."[10] Hier sieht er die Anfänge der Staatsgewalt. Mit der Steigerung der Produktivkräfte und der dichteren Bevölkerung entstehen gemeinsame wie widerstreitende Interessen zwischen den einzelnen Gemeinwesen und in ihrem Gefolge eine neue Arbeitsteilung, die „Schaffung von Organen zur Wahrung der gemeinsamen, zur Abwehr der widerstreitenden Interessen hervorruft."[11] Diese Organe verselbständigen sich zunehmend, wobei „diese Verselbständigung der gesellschaftlichen Funktion gegenüber der Gesellschaft mit der Zeit sich bis zur Herrschaft über die Gesellschaft steigern konnte."[12] Überall, so stellte Engels fest, lag der politischen Herrschaft eine gesellschaftliche Amtstätigkeit zugrunde, und die politische Herrschaft habe auch nur so lange bestanden, wenn sie diese gesellschaftliche Amtstätigkeit vollzog.

---

9 *Engels*, MEGA I/27, S. 342.
10 Ebenda, S. 369.
11 Ebenda.
12 Ebenda.

Im Dritten Abschnitt Sozialismus erläuterte Engels im II. Kapitel „Theoretisches" – dem „wichtigsten Kapitel des Buchs"[13] – den Widerspruch zwischen gesellschaftlicher Produktion und kapitalistischer Aneignung und leitete aus dessen Bewegung Gesetzmäßigkeiten sowie Art und Weise der Ablösung des Kapitalismus durch eine neue Gesellschaftsordnung ab, von der er allgemeine Wesenszüge skizzierte. Dieses Kapitel wurde Bestandteil der aus dem *Anti-Dühring* ausgezogenen Broschüre, die 1880 in der französischen Übersetzung von Paul Lafargue unter dem Titel *Socialisme utopique et socialisme scientifique* erschien und die Engels 1883 (mit Erscheinungsdatum 1882) als *Die Entwicklung des Sozialismus von der Utopie zur Wissenschaft* herausbrachte. Die Schrift entsprach einem dringenden Bedürfnis nach theoretischer Fundierung des aktuellen politischen Kampfes der deutschen Sozialdemokratie unter dem Sozialistengesetz[14] und erlangte eine außerordentlich rasche Verbreitung: Sie erschien 1883 unmittelbar nacheinander in drei Auflagen von insgesamt 9.500 Exemplaren, von denen innerhalb eines halben Jahres etwa 4.500 abgesetzt waren.[15]

Hier ging Engels auch auf die Frage ein, welche Rolle der Staat aus seiner Sicht beim Übergang in eine neue Gesellschaft spielen solle. Er verfolgte zunächst die Entwicklungstendenzen der kapitalistischen Produktionsweise, die zur Vergesellschaftung größerer Massen von Produktionsmitteln in Aktiengesellschaften führten, und stellte fest, dass auf einer gewissen Entwicklungsstufe auch diese Form nicht mehr genüge und der Staat als offizieller Repräsentant der kapitalistischen Gesellschaft ihre Leitung übernehmen müsse. Ursprünglich auf eine Anregung Eduard Bernsteins zurückgreifend, fügte er an dieser Stelle in der *Entwicklung* eine längere Fußnote ein: Nur wenn

> „die Produktions- oder Verkehrsmittel der Leitung durch Aktiengesellschaften *wirklich* entwachsen sind, [...] also die Verstaatlichung *ökonomisch* unabweisbar geworden, [...] bedeutet sie, auch wenn der heutige Staat sie vollzieht, einen ökonomischen Fortschritt, die Erreichung einer neuen Vorstufe zur Besitzergreifung aller Produktivkräfte durch die Gesellschaft selbst."[16]

---

13 *Engels* 1885, S. 356.
14 Kongreßprotokoll Zürich 1882.
15 *Engels*, MEGA I/27, S. 1316.
16 *Engels*, MEGA I/27, S. 618.27–44.

Damit grenzte er sich ab vom „Staatssozialismus" Bismarcks, der Tabaksmonopol und Verstaatlichung der Eisenbahnen als sozialistische Schritte ausgab und damit in der Sozialdemokratie nicht ohne Einfluss blieb. Die Auseinandersetzung mit dem Staatssozialismus sollte Engels in den folgenden Jahren noch mehrfach beschäftigen.

Aus den Entwicklungstendenzen der kapitalistischen Produktionsweise, so wie sie sich ihm darstellten, leitete er des Weiteren ab, dass sie durch die Verwandlung der Mehrzahl der Bevölkerung in Proletarier die Macht schaffe, die bei Strafe des Untergangs diese Umwälzung zu vollziehen genötigt sei. Durch das Drängen auf die zunehmende Verwandlung der großen vergesellschafteten Produktionsmittel in Staatseigentum zeige sie selbst den Weg an zur Vollziehung dieser Umwälzung: „Das Proletariat ergreift die Staatsgewalt und verwandelt die Produktionsmittel zunächst in Staatseigentum."[17] In der *Entwicklung* spitzte Engels diese Aussage noch zu, indem er sie durch Kursivierung hervorhob.[18] Dann schlussfolgerte er weiter, damit hebe das Proletariat sich selbst, alle Klassenunterschiede und Klassengegensätze auf, und damit auch den Staat als Staat.

Im Sinne der von ihm vertretenen materialistischen Auffassung der Geschichte, derzufolge die letzten Ursachen aller gesellschaftlichen und politischen Veränderungen nicht in den Köpfen der Menschen und in ihrer Einsicht zu suchen sind, sondern in Veränderungen der Produktions- und Austauschweise, entwickelte Engels in einer längeren Passage bereits in der französischen Fassung *Socialisme utopique et socialisme scientifique* die ökonomischen Bedingungen der Klassenspaltung: Sie hing von der Entwicklung der Produktion ab, und er gelangte zu dem Schluss: „Das Gesetz der Arbeitstheilung ist es also, was der Klassentheilung zu Grund liegt."[19]

Anknüpfend an die früher geäußerten Erkenntnisse, legte er dar, dass die bisherige sich in Klassengegensätzen bewegende Gesellschaft den Staat benötigte als eine Organisation der ausbeutenden Klasse zur Aufrechterhaltung ihrer äußeren Produktionsbedingungen, also namentlich zur gewaltsamen Niederhaltung der ausgebeuteten Klasse in den durch die bestehende Produktionsweise gegebenen Bedingungen der Unterdrückung, und er nannte in diesem Zusammenhang Sklaverei, Leibeigenschaft oder Hörigkeit und Lohnarbeit. Er kennzeichnete den Staat als offiziellen Repräsentanten der ganzen Gesellschaft, aber nur für die Zeit, in der er Staat derje-

---

17 *Engels*, MEGA I/27, S. 444.25-27. Dass der Staat zunächst das Eigentum an den Produktionsmitteln behalten müsse, betonte Engels auch, als er die Anwendung des genossenschaftlichen Betriebs beim Übergang in die volle kommunistische Wirtschaft erörterte. (Siehe *Engels* 1886, S. 426.)
18 *Engels*, MEGA I/27, S. 620.8–9.
19 Ebenda, S. 621.21–22. Siehe *Engels*, MEGA I/27, S. 577.3–4: „C'est donc la loi de la division du travail, quit gît au fond de cette division de la société en classes."

nigen Klasse war, welche selbst die ganze Gesellschaft vertrat. Indem er endlich, so schlussfolgerte Engels weiter, tatsächlich Repräsentant der ganzen Gesellschaft werde, mache er sich selbst überflüssig:

> „Der erste Akt, worin der Staat wirklich als Repräsentant der ganzen Gesellschaft auftritt – die Besitzergreifung der Produktionsmittel im Namen der Gesellschaft – ist zugleich sein letzter selbstständiger Akt als Staat."[20]

Hier fügte er in der *Entwicklung* den erklärenden Satz ein:

> „Das Eingreifen einer Staatsgewalt in gesellschaftliche Verhältnisse wird auf einem Gebiete nach dem anderen überflüssig und schläft dann von selbst ein."[21]

Dieser Gedanke erfuhr 1882 eine weitere Präzisierung. An den Satz: „An die Stelle der Regierung über Personen tritt die Verwaltung von Sachen und die Leitung von Produktionsprozessen" hatte er im *Anti-Dühring* den Gedanken geknüpft: „Die freie Gesellschaft kann keinen ‚Staat' zwischen sich und ihren Mitgliedern brauchen oder dulden."[22] In der *Entwicklung* heißt es: „Der Staat wird nicht ‚abgeschafft', *er stirbt ab*."[23]

An dieser Stelle wandte sich Engels von der Abstraktion aktuellen politischen Diskussionen und Auseinandersetzungen zu, wenn er schrieb:

> „Hieran ist die Phrase vom ‚freien Volksstaat' zu messen, also sowohl nach ihrer zeitweiligen agitatorischen Berechtigung, wie nach ihrer endgültigen wissenschaftlichen Unzulänglichkeit"[24].

Die Losung vom „freien Volksstaat" wurde in Deutschland zuerst von radikalen Republikanern erhoben und war schon 1848 verbreitet.[25] In den 1860er Jahren wurde sie von verschiedenen politischen Richtungen vertreten, die ihr jeweils eine andere Bedeutung gaben. Sie erschien in programmatischen Dokumenten der demokratischen Volkspartei, wurde von revolutionären Sozialisten propagiert und später von

---

20 *Engels*, MEGA I/27, S. 445.3–6.
21 *Engels*, MEGA I/27, S. 620.32–34.
22 *Engels*, MEGA I/27, S. 445.7–9.
23 *Engels*, MEGA I/27, S. 620.36. Siehe auch ebenda, S. 625.34–36 die Zusammenfassung: „In dem Maß wie die Anarchie der gesellschaftlichen Produktion schwindet, schläft auch die politische Autorität des Staates ein."
24 *Engels*, MEGA I/27, S. 445.9–11.
25 Siehe *Hecker* 1848, S. 35: „... und wir zogen aus mit dem Banner der deutschen Republik; wir wollten vertilgen die despotischen Reste des Mittelalters und gründen den freien Volksstaat."

den Lassalleanern übernommen. Die Errichtung des „freien Volksstaats" stand 1869 an der Spitze des Eisenacher Programms der Sozialdemokratischen Arbeiterpartei.[26]

1875 setzten sich Marx und Engels mit der Losung anlässlich der Kritik des Gothaer Programmentwurfs auseinander. Darin hieß es, die deutsche Arbeiterpartei erstrebe „mit allen gesetzlichen Mitteln den freien Staat und die sozialistische Gesellschaft".[27] „Der freie Volksstaat ist in den freien Staat verwandelt", schrieb Engels in seinem Brief an August Bebel vom 18./28. März 1875,[28] und er wies die Unsinnigkeit dieses Begriffes nach: Ein freier Staat sei ein solcher, wo der Staat frei gegenüber seinen Bürgern ist, also ein Staat mit despotischer Regierung. Und Marx verortete den Staatsbegriff in seinen „Randglossen zum Programm der deutschen Arbeiterpartei" in der unterschiedlichen geschichtlichen Entwicklung der verschiedenen Kulturländer auf dem Boden der modernen bürgerlichen Gesellschaft. Da die deutsche Arbeiterpartei sich innerhalb ihres Staats, des preußisch-deutschen Reichs bewege, durfte sie die Hauptsache nicht vergessen, dass alle ihre schönen Forderungen „daher nur in einer *demokratischen Republik* am Platz sind."[29] Die zeitweilige agitatorische Berechtigung der Losung vom „freien Volksstaat" bestand in der Orientierung auf den Sturz des junkerlich-bourgeoisen Ausbeuterstaates, ihre wissenschaftliche Unzulänglichkeit darin, dass die Forderung nach der demokratischen Republik nicht offen ausgesprochen wurde.

Dass am Absterben des Staates die Phrase vom „freien Volksstaat" zu messen sei, ergänzte Engels in der *Entwicklung* durch den Hinweis, das gelte ebenfalls für die „Forderung der sogenannten Anarchisten, der Staat solle von heute auf morgen abgeschafft werden."[30] Auch in seinem Brief an Bebel ging Engels auf diese Frage ein. „Der *Volksstaat* ist uns von den Anarchisten bis zum Überdruß in die Zähne geworfen worden," schrieb er,

> „obwohl schon die Schrift Marx' gegen Proudhon und nachher das ‚Kommunistische Manifest' direkt sagen, daß mit Einführung der sozialistischen Gesellschaftsordnung der Staat sich von selbst auflöst und verschwindet."[31]

---

26 Siehe Protokoll Eisenach, S. 28.
27 *Marx*, MEGA I/25, S. 515.
28 *Engels* 1875, S. 128.
29 *Marx*, MEGA I/25, S. 22.
30 *Engels*, MEGA I/27, S. 620.39–41.
31 *Engels* 1875, S.128/129.

Engels bezeichnete den „freien Volksstaat" als puren Unsinn, denn solange das Proletariat den Staat noch gebrauche, tue es das nicht im Interesse der Freiheit, sondern der Niederhaltung seiner Gegner.

Mit den zitierten Passagen aus der *Entwicklung* über die historische Funktion des Staates und die Lassalleschen Phrasen vom „freien Volksstaat" argumentierte Bernstein, bestärkt von Engels, in einer Polemik mit dem Redakteur der *New Yorker Volkszeitung* Wilhelm Ludwig Rosenberg. Dieser hatte behauptet, der Staat sei ein abstrakter Begriff, ein Bund von Individuen. In der Folge suchte Rosenberg nachzuweisen, dass Engels und Bebel mit der Idee vom Absterben des Staates den Anarchisten Zugeständnisse an ihr Ideal der Herrschaftslosigkeit gemacht hätten.[32]

Die entschiedenste Abgrenzung von den Anarchisten findet sich 1883 in einem Briefentwurf von Engels an Philip Van Patten. Marx und er, so schrieb er, hätten seit 1845 die Ansicht gehabt,

> „daß *eine* der schließlichen Folgen der künftigen proletarischen Revolution [...] die allmähliche Auflösung und schließlich das Verschwinden der mit dem Namen *Staat* bezeichneten politischen Organisation, einer Organisation, deren Hauptzweck von jeher war, durch bewaffnete Gewalt, die ökonomische Unterdrückung der arbeitenden Mehrzahl durch die begüterte Minderzahl sicherzustellen."

Mit deren Verschwinden verschwinde auch die Notwendigkeit einer bewaffneten Unterdrückungs- oder Staatsgewalt. „Gleichzeitig", fuhr er fort,

> „war es immer unsere Ansicht, daß, um zu diesem und den anderen weit wichtigeren Zielen der künftigen sozialen Revolution zu gelangen, die Arbeiterklasse zuerst die organisierte politische Gewalt des Staates in Besitz nehmen und mit ihrer Hilfe den Widerstand der Kapitalistenklasse niederstampfen und die Gesellschaft neu organisieren muß. [...] Die Anarchisten stellen die Sache auf den Kopf. Sie erklären, die proletarische Revolution müsse damit *anfangen*, daß sie die politische Organisation des Staates abschafft. Aber die einzige Organisation, die das siegende Proletariat fertig vorfindet, ist eben der Staat. Er mag der Änderung bedürfen, ehe er seine neuen Funktionen erfüllen kann. Aber ihn in einem solchen Augenblick zerstören, das hieße, den einzigen Organismus zerstören, vermittelst dessen das siegende Proletariat seine eben eroberte Macht geltend machen, seine kapitalistischen Gegner niederhalten und diejenige ökonomische Revolution der Gesellschaft durchsetzen kann, ohne die der ganze Sieg enden müßte in einer Niederlage und in einer Massenabschlachtung der Arbeiterklasse, ähnlich derjenigen nach der Pariser Kommune."[33]

---

32 Siehe *Engels* 1883 und 1884, S. 77, 92, 97 und Anm. 120.
33 *Engels* 1883, S. 11/12. Auf die Notwendigkeit der Umformung der alten bürokratischen, administrativ-zentralisierten Staatsmacht durch das siegreiche Proletariat verwies Engels mit Bezug auf den „Bürgerkrieg in Frankreich" auch in *Engels* 1884, S. 79.

1883 bis 2. Hälfte der 1880er Jahre: Theoretische Arbeiten

In dieser Zeit ist das Spätwerk von Engels dadurch gekennzeichnet, dass er in seinen Arbeiten überwiegend theoretische Fragen behandelte, im geschichtlichen Rückblick und unter zeitbedingten Erfordernissen. Dabei flossen vielfach eigene Erfahrungen in die Texte ein. Überlegungen zu der von der deutschen Sozialdemokratie unter den Bedingungen des Sozialistengesetzes zu befolgenden Politik und Taktik finden sich zu dieser Zeit vor allem im Briefwechsel.[34]

Aus der Distanz des Londoner Exils – dem jahrzehntelangen Aufenthalt in der Metropole eines Landes mit entwickeltem Kapitalismus – im Verein mit der intensiven Lektüre von bis zu 20 Titeln der sozialistischen, liberalen und konservativen Presse verschiedener Länder sowie umfangreichen Kontakten mit Briefpartnern und Gästen war es Engels möglich, eine breitere vergleichende Sicht auf die Entwicklungen in Europa und den USA zu gewinnen und die Vorgänge in der Weltwirtschaft und Weltpolitik zu beurteilen. Dabei nahmen jedoch in seinem politischen Denken Deutschland und die deutsche Sozialdemokratie eine zentrale Stellung ein. Diese war unmittelbar mit dem preußischen Staat konfrontiert. Im Oktober 1878 hatte die Regierung Bismarck das „Gesetz gegen die gemeingefährlichen Bestrebungen der Sozialdemokratie"[35] durchgesetzt, das bis 1890 insgesamt viermal verlängert wurde. In dem Ausnahmegesetz wurde verfügt, alle Vereine, d.h. Organisationen der Partei und der Gewerkschaften, sofern sie sozialistische Ziele verfolgten, zu verbieten, desgleichen alle sozialistischen Zeitungen und Druckschriften sowie Versammlungen. Der § 28 sah vor, den kleinen Belagerungszustand zu verhängen und Sozialdemokraten auszuweisen. Die Arbeiterbewegung konnte jedoch nicht mehr vollständig zerschlagen werden. Den Abgeordneten der Sozialistischen Arbeiterpartei blieb die Möglichkeit der Agitation im Wahlkampf und des Auftretens im Reichstag. Hier gaben allerdings jene Kräfte den Ton an, die durch eine gemäßigte Haltung eine Milderung beziehungsweise Rücknahme des Sozialistengesetzes zu erreichen hofften.

---

34 Eduard Bernstein gab er Hinweise zur Haltung im Konflikt zwischen der Reichstagsfraktion und der Redaktion des „Sozialdemokrat" (siehe u.a. *Engels* 1885, S. 233/234 und 311–313). Er bestärkte Bernstein in seiner Position in der Redaktion des *Sozialdemokrat* und erläuterte die wechselnde Bedeutung des Begriffs „Demokratie" (siehe *Engels* 1884, S. 128). Mit Bebel erörterte er unter anderem die Lage in Deutschland und die Haltung der Fraktion im Dampfersubventionskonflikt (siehe *Engels* 1884, S. 260–262).
35 Deutscher Reichsanzeiger, 22. Oktober 1878, S. 1.

Die Jahre 1883 bis 1886, die ersten Jahre nach Marx' Tod, fallen in die Phase der „milden Praxis". Seit Anfang des Jahrzehnts setzte Bismarck der Repression seine Sozialpolitik zur Seite, die er selbst als „Staatssozialismus" bezeichnete. Sie fand zunächst in den Gesetzen zur Krankenversicherung (1883) und Unfallversicherung (1884) Niederschlag, mit denen das erste moderne System staatlicher sozialer Sicherungen in Angriff genommen wurde. Weitere Maßnahmen verschafften der Sozialdemokratie etwas Bewegungsfreiheit in Wort und Schrift; durch diese Politik erhielten die gemäßigten Kräfte in der Reichstagsfraktion Auftrieb. Die Auseinandersetzung zwischen der reformerischen Mehrheit in der Fraktion und der radikalen Minderheit in der Redaktion des *Sozialdemokrat* entzündete sich an der Frage des Charakters der Partei und ihrer prinzipiellen Haltung zum Staat. In diese Auseinandersetzung mischte sich Engels gezielt ein. Als er in seinem Brief an August Bebel vom 30. April 1883 Schwerpunkte seiner geplanten theoretischen Arbeiten skizzierte, hatte er unter anderem „Marx' Biographie nebst Geschichte der deutschen sozialistischen Bewegung von 43 bis 63" genannt.[36] In diesem Sinne betreute er Neuauflagen und Übersetzungen, für die er Vorworte mit aktuellem Bezug verfasste, wobei er Einzelaspekte der Geschichte der sozialistischen Bewegung und der Biografie von Marx behandelte und dessen Leistung würdigte.

Hierzu gehören Vorreden zu Neudrucken von zwei Texten aus der Revolutionszeit 1848/49, in denen er den jeweiligen historischen Kontext skizzierte und an der Haltung zum Staat Bezüge zur Gegenwart unter dem Sozialistengesetz herstellte. Das war zum einen der Bericht über den Prozess vom 9. Februar 1849 gegen den Ausschuss der rheinischen Demokraten wegen „Aufreizung zur Rebellion" unter der Überschrift *Karl Marx vor den Kölner Geschwornen*. Darin charakterisierte Engels die Aktualität der Verteidigungsrede von Marx dahingehend, dass sie „den revolutionären Standpunkt gegenüber der heuchlerischen Gesetzlichkeit der Regierung in einer Weise" wahrte, „woran Mancher sich noch heute ein Beispiel nehmen könnte."[37] Eingehend setzte er sich mit dem Vorwurf auseinander, die sozialdemokratische Arbeiterpartei wolle den 1866 und 1871 geschaffenen Rechtsboden nicht anerkennen und stelle sich außerhalb der Gesetzlichkeit. Dieser Vorwurf sei gleichbedeutend mit der Forderung, eben jenen Rechtsboden anzuerkennen, den man gerade – mit dem Sozialistengesetz – für sie abgeschafft habe.[38]

---

36 *Engels* 1883, S. 21.
37 *Engels*, MEGA I/30, S. 77.34–36.
38 Siehe hierzu auch *Engels* 1884, S. 238.

In ähnlicher Weise äußerte sich Engels gegenüber Hermann Schlüter im Zusammenhang mit dem geplanten Vorwort zur Wiederveröffentlichung der *Enthüllungen über den Kommunistenprozeß zu Köln*, da „das damalige Verfahren der Preußen ja schon das Vorbild desjenigen" sei, „was jetzt unter den Sozialistengesetz herrscht."[39] Dieses Vorwort unter der Überschrift *Zur Geschichte des Bundes der Kommunisten* war seine umfassendste Arbeit über die Traditionen der revolutionären Bewegung. Beide Texte erschienen vorab als Teil- bzw. Vorabdruck im *Sozialdemokrat*. Das war Ausdruck des besonderen Verhältnisses von Engels zur deutschen Sozialdemokratie, das sich von anfänglicher Verweigerung[40] zu engagierter Mitarbeit an ihrem Organ wandelte.

Wenn Engels seinen Lesern Ereignisse der Revolutionszeit schilderte, ging es ihm um mehr als die Pflege und Vermittlung von Traditionen. Er nutzte eigene Erfahrungen und Einsichten, um der deutschen Sozialdemokratie in ihrem Kampf gegen den Bismarckstaat und im Widerstand gegen das Ausnahmegesetz den Rücken zu stärken. Dabei stand für ihn nicht die minutiöse Rekonstruktion des historischen Geschehens im Vordergrund – bisweilen unterliefen ihm, zumal aus dem Abstand von mehr als 35 Jahren, Ungenauigkeiten im Detail und eigenwillige Wertungen. Es ging ihm nicht um historische Reminiszenzen, sondern um gezieltes Eingreifen in die aktuellen politischen Auseinandersetzungen, wobei er gleichzeitig die Deutungshoheit über die revolutionäre Vorgeschichte der deutschen Arbeiterpartei beanspruchte.

Ein wichtiger Markstein in den staatstheoretischen Aussagen von Engels war Anfang der 1880er Jahre sein Beitrag zur Auseinandersetzung mit dem Staatssozialismus. Er revidierte von Dezember 1883 bis Oktober 1884 die von Eduard Bernstein und Karl Kautsky angefertigte Übersetzung von Marx' Werk *Misère de la philosophie* und ging in seinem Vorwort hierzu auf die aktuelle Bedeutung dieser Schrift in Deutschland ein. Desweiteren unterstützte er Kautsky in der Kontroverse mit Carl August Schramm, einem der Redakteure des *Jahrbuchs für Sozialwissenschaft und Sozialpolitik*, in der *Neuen Zeit*.

Vor dem Hintergrund der von Bismarck eingeleiteten Verstaatlichungs- und Sozialpolitik und von deutschen Nationalökonomen – „Kathedersozialisten" wie Adolph Wagner – in dem Bemühen aufgegriffen, die Lösung der „sozialen Frage" als Aufgabe des Staates zu behandeln, erlebten die Ideen von Johann Karl Rodbertus eine Konjunktur. Dieser hatte Grundzüge der Arbeitswerttheorie von David Ricardo zu einer „Theorie des Arbeitseigentums" erweitert, daran seine Kapitalismuskritik

---

39 *Engels* 1885, S. 333.
40 Siehe *Engels* 1883, S. 21: „Sogar vom ‚Soz[ialdemokrat]' muß ich mich möglichst zurückziehn."

geknüpft und eine Geschichtskonzeption entwickelt, in der er seine alternativen Gesellschaftsvorstellungen ansiedelte.[41] Nach der Veröffentlichung der Schriften von Rodbertus erregten dessen Ideen in der neueren volkwirtschaftlichen Literatur beträchtliche Aufmerksamkeit. Ihr Autor wurde als „Begründer des wissenschaftlichen Sozialismus" gefeiert und gewann zeitweilig Einfluss auf die akademische Jugend in Deutschland. Auch in der Sozialdemokratie fielen seine Vorstellungen auf fruchtbaren Boden. Dies wurde durch das nachhaltige Wirken der Ideen Ferdinand Lassalles begünstigt, der die Schaffung eines Weges zur Emanzipation der Arbeiterschaft als Aufgabe des Staates betrachtet wissen wollte.[42] Lassalle hatte sich als Schüler von Rodbertus bezeichnet und diesen „den größten deutschen Nationalökonomen" genannt.[43] Insofern besaß der Name Rodbertus in der Arbeiterbewegung noch einen guten Klang.

Engels empörte besonders, dass Rodbertus gegen Marx ausgespielt und letzterer des Plagiats an Rodbertus bezichtigt wurde. Wenn Rodbertus vom preußischen Staat verlange, den Arbeitern einen Anteil von nicht unter einem Drittel des Gesamtprodukts zu garantieren, so sei das „Zukunftsmusik auf der Kindertrompete".[44] Anlässlich der Veröffentlichung von Auszügen aus dem Schlusskapitel der Übersetzung von *Misère de la philosophie* fasste Eduard Bernstein deren Aktualität in die Worte:

> „Es wird sich dabei nicht nur zeigen, wie sehr der Verlauf der Geschichte Marx Recht gegeben hat, sondern auch, wie sehr gewisse Leute, die sich heute einbilden, die vorgeschrittensten, die radikalsten aller Sozialisten zu sein, noch in jener Auffassung befangen sind, die Marx schon 1846 als utopistisch charakterisirte."[45]

Als Muster für das Studium des Staatssozialismus empfahl Engels Java.[46] „Das ist ja gerade der wunde Punkt", schrieb er dann 1891, „daß, solange die besitzenden Klassen am Ruder bleiben, jede Verstaatlichung nicht eine Abschaffung, sondern nur eine Formveränderung der Ausbeutung ist."[47]

In der Tradition der Auseinandersetzung mit konkurrierenden Sozialismuskonzeptionen, insbesondere mit dem Vorwurf, Marx habe Grundgedanken älterer englischer und französischer Theoretiker plagiiert, steht auch der im November 1886 gemeinsam

---

41 Siehe *Rudolph* 1991, S. 50/51.
42 Siehe *Euchner* [u.a.] 2005, S. 133.
43 *Rudolph* 1984, S. 59.
44 *Engels*, MEGA I/30, S. 39.31–32.
45 *[Bernstein]* 1885, S. 1. Zur Bezeichnung des Staatssozialismus als eine der Kinderkrankheiten des proletarischen Sozialismus in Deutschland unter dem Sozialistengesetz siehe auch *Engels* 1894, S. 215.
46 Siehe *Engels* 1884, S. 88 und 109.
47 *Engels* 1891, S. 64.

mit Karl Kautsky verfasste Artikel *Juristen-Sozialismus*. Er richtet sich gegen den österreichischen Juristen und Sozialtheoretiker Anton Menger, dessen im Herbst des Jahres erschienene Schrift *Das Recht auf den vollen Arbeitsertrag* – Vorstudie zu seinem geplanten Hauptwerk *Neue Staatslehre* – sofort starke Beachtung fand. Menger lehnte jegliches arbeitsloses Einkommen sowie das System des Privateigentums ab und verknüpfte die Forderung nach Umgestaltung der privatrechtlichen Ordnung im Interesse der Unterprivilegierten mit der Beibehaltung des Staats als Instrument zur friedlichen Konfliktbeseitigung. Die zukünftige Ordnung war für ihn das Ergebnis gedanklicher Konstruktion, der Sozialismus sollte aus Rechtsbegriffen begründet werden. Demgegenüber zeigten Engels und Kautsky, dass im 18. Jahrhundert in der klassischen Weltanschauung der Bourgeoisie die wirtschaftlichen und sozialen Verhältnisse, die man sich früher durch die Kirche geschaffen vorstellte, jetzt als auf das Recht begründet und durch den Staat geschaffen erschienen und folglich der politische Kampf der aufstrebenden Klasse um den Besitz des Staates, um Rechtsforderungen geführt werden musste. Jede um die politische Macht kämpfende Klasse – so wurde gefolgert – muss ihre Ansprüche in Gestalt von Rechtsforderungen formulieren.[48] Indem Menger im bewussten Gegensatz zur Marxschen Theorie mit seiner Sozialismuskonzeption einer friedlichen Reform das Wort redete, vertrat er Auffassungen, die geeignet waren, Teile der deutschen Sozialdemokratie, insbesondere der Reichstagsfraktion, theoretisch zu stärken.

Bei der Sichtung des Nachlasses von Marx stieß Engels auf einen umfangreichen Konspekt zu dem 1877 in London erschienenen Hauptwerk von Lewis H. Morgan *Ancient society; or researches in the lines of human progress from savagery through babarism to civilization*. Er enthielt zahlreiche eingestreute Bemerkungen von Marx und führte Engels zu der Schlussfolgerung, dass dieser sich vorbehalten hatte,

„die Resultate der Morgan'schen Forschungen im Zusammenhang mit den Ergebnissen seiner – ich darf innerhalb gewisser Grenzen sagen unserer – materialistischen Geschichtsuntersuchung darzustellen und dadurch erst ihre ganze Bedeutung klar zu machen."[49]

Binnen kurzer Zeit – von Anfang April bis 26. Mai 1884 – verfasste Engels auf der Grundlage des Konspekts seine Arbeit „Der Ursprung der Familie, des Privateigentums und des Staats" und betrachtete diese Arbeit gewissermaßen als „die Vollfüh-

---

48 Siehe *Engels/Kautsky*, MEGA I/31, S. 413.
49 *Engels*, MEGA I/29, S. 11.

rung eines Vermächtnisses."⁵⁰ Damit erhielt seine Staatsauffassung eine weitere theoretische Fundierung.

Er ging wiederum von der allgemeinen Feststellung aus, dass der Staat eine von der Gesamtheit der jedesmaligen Beteiligten getrennte, besondere öffentliche Gewalt voraussetzt, und sprach von der Notwendigkeit einer Einrichtung, die die neuerworbenen Reichtümer der einzelnen nicht nur gegen die kommunistischen Traditionen der Gentilordnung sicherstellte, das Privateigentum heiligte, sondern die auch die nacheinander sich entwickelnden neuen Formen der Eigentumserwerbung, also der stets beschleunigten Vermehrung des Reichtums mit dem Stempel allgemein gesellschaftlicher Anerkennung versah. Wiederum leitete er über zur Spaltung der Gesellschaft in Klassen und sprach von einer Einrichtung, welche diese nicht nur verewigte, sondern auch das Recht der besitzenden Klasse auf Ausbeutung der nicht besitzenden und die Herrschaft jener über diese. „Und diese Einrichtung kam", schloss er seinen Gedankengang: „Der *Staat* wurde erfunden."⁵¹

Gegründet auf die konkrete Analyse historischer Epochen, untersuchte Engels am Beispiel von indianischen Stämmen, Griechen, Römern, Kelten und Germanen, wie deren Übergang von der Gentilverfassung zu Klassengesellschaft und Staat vor sich ging. Bezüglich der Formverwandlungen, schrieb er im Zusammenhang mit der Entstehung des athenischen Staates, konnte er sich auf Morgan stützen; den sie erzeugenden ökonomischen Inhalt musste er großenteils hinzufügen.

Hatte Engels Entstehung und Entwicklung des Staates nunmehr als Produkt der Gesellschaft auf einer bestimmten Entwicklungsstufe verfolgt, wobei unterschiedliche Staatsformen unterschiedlichen Bedingungen der gesellschaftlichen Auseinandersetzung entsprachen, so bediente er sich hinsichtlich seiner Perspektiven wiederum weitreichender Abstraktion. Das Absterben des Staates leitete er daraus ab, dass die Spaltung der Gesellschaft in Klassen ein Hindernis der Produktion wird. Mit den Klassen fällt unvermeidlich der Staat, und er schloss mit den Worten:

> „Die Gesellschaft, die die Produktion auf der Grundlage freier und gleicher Association der Produzenten neu organisiert, versetzt die ganze Staatsmaschine dahin, wohin sie dann gehören wird: in's Museum der Alterthümer, neben das Spinnrad und die bronzene Axt."⁵²

Gleichzeitig orientierte er auf die aktuellen Erfordernisse des politischen Kampfes und griff den Gedanken auf, den Marx und er bereits in der Programmdiskussion der

---

50 Ebenda.
51 Ebenda, S. 63.
52 Ebenda, S. 110.

Sozialistischen Arbeiterpartei hervorgehoben hatten: Als höchste Staatsform bezeichnete er die demokratische Republik, „in der der letzte Entscheidungskampf zwischen Proletariat und Bourgeoisie allein ausgekämpft werden kann", und charakterisierte in diesem Zusammenhang das allgemeine Stimmrecht als den „Gradmesser der Reife der Arbeiterklasse."[53] Diese Gedanken wurden in der Folgezeit weiter ausgeführt.

Ein Höhepunkt im theoretischen Schaffen von Engels nach dem Tode von Marx war seine Arbeit *Ludwig Feuerbach und der Ausgang der klassischen deutschen Philosophie*, in der er sich der Geschichte der Theorie zuwandte. Anlass bot eine Rezension der Feuerbach-Monografie des dänischen Philosophen Nicolaj Starcke. Wie er später bekannte, erschien ihm 1886 „eine kurze, zusammenhängende Darlegung unsres Verhältnisses zur Hegel'schen Philosophie, unsres Ausgangs wie unsrer Trennung von ihr, mehr und mehr geboten."[54]

Starckes Buch ermöglichte ihm, sich mit neueren Tendenzen im philosophischen Denken – Positivismus, Ablehnung Hegels, Neukantianismus – auseinanderzusetzen, die auch in der Arbeiterbewegung Einfluss erlangten. Entgegen der durch letzteren vertretenen Begründung des Sozialismus als ethisches Postulat sah Engels seine Aufgabe darin, den gemeinsam mit Marx formulierten Standpunkt, für den Feuerbach eine theoriegeschichtliche Quelle bildete, von allen idealisierenden Richtungen abzugrenzen und zugleich den grundlegenden Unterschied zu Feuerbach herauszustellen. Sein zentrales Anliegen war, in den aktuellen politischen Grundlagendiskussionen der deutschen Sozialdemokratie die Notwendigkeit einer historisch-materialistischen Begründung des Sozialismus bewusst zu machen. Später bezeichnete er *Ludwig Feuerbach* neben *Herrn Eugen Dührings Umwälzung der Wissenschaft* als „die ausführlichste Darlegung des historischen Materialismus"[55], die seines Wissens existiere.

Im ersten Abschnitt der Schrift untersuchte Engels zunächst die Hegelsche Philosophie in ihrem Wesen und ihren Wirkungen und behandelte die Frage des Staates aus philosophischer Sicht. Er polemisierte gegen die aus dem Satz, dass alles, was wirklich ist, vernünftig und alles, was vernünftig ist, wirklich sei, abgeleitete Heiligsprechung alles Bestehenden, insonderheit des Polizeistaats und seiner Instrumentarien. Dagegen argumentierte er, dass nach Hegel das Attribut der Wirklichkeit nur demjenigen zukomme, was zugleich notwendig sei, woraus folgt, dass der preußische Staat nur insoweit vernünftig ist, als er notwendig ist. Daraus ergibt sich impli-

---
[53] Ebenda, S. 109.
[54] *Engels,* MEGA I/31, S. 122, 123.
[55] *Engels* 1890, S. 464.

zit die Vergänglichkeit alles Bestehenden, die Unmöglichkeit endgültiger Ergebnisse im menschlichen Denken und Handeln:

„[...] eine vollkommene Gesellschaft, ein vollkommener ‚Staat' sind Dinge, die nur in der Phantasie bestehen können; im Gegentheil sind alle nacheinander folgenden geschichtlichen Zustände nur vergängliche Stufen im endlosen Entwicklungsgang der menschlichen Gesellschaft vom Niedern zum Höhern."[56]

Die konsequente Anwendung der Hegelschen dialektischen Methode führte auf dem Gebiet der Politik zum direkten Kampf um die Vernichtung des bestehenden Staats.

Engels schloss seine Darstellung mit einem „allgemeinen Umriß der Marx'schen Geschichtsauffassung"[57]. Hier bezeichnete er es nun als in der modernen Geschichte bewiesen, dass alle politischen Kämpfe Klassenkämpfe und alle Emanzipationskämpfe von Klassen trotz ihrer notwendig politischen Form schließlich die ökonomische Emanzipation zum Inhalt haben. Entgegen der Auffassung Hegels, der im Staat das bestimmende, in der bürgerlichen Gesellschaft das durch ihn bestimmte Element sah, ist der Staat das untergeordnete, die bürgerliche Gesellschaft, das Reich der ökonomischen Beziehungen, das entscheidende Element.[58] Wenn Engels feststellen konnte, die Aussage, dass Bestand und Entwicklung des Staates in letzter Instanz zu erklären sind aus den ökonomischen Lebensbedingungen der Gesellschaft, gelte viel mehr noch für frühere Zeiten, so flossen hier Gedanken aus dem *Ursprung der Familie* ein.[59] Im Jahre 1890 sprach er dann von der „Wechselwirkung zweier ungleicher Kräfte" und ging auf die Rückwirkung der Staatsmacht auf die ökonomische Entwicklung ein. Sie kann dreierlei Art sein: „in derselben Richtung vorgehn, dann geht's rascher, sie kann dagegen angehn, [...] oder sie kann der ökonomischen Entwicklung bestimmte Richtungen abschneiden und andre vorschreiben."[60] Dabei gelangte er zu dem Schluss: „Die Gewalt (d.h. die Staatsmacht) ist auch eine ökonomische Potenz!"[61]

Zu den geplanten theoretischen Arbeiten zählte Engels eine Geschichte Deutschlands, für die er bereits seit Ende 1873 Vorstudien betrieben hatte. Aussagen zu

---

56 *Engels*, MEGA I/30, S. 126.
57 Ebenda, S. 161.
58 Siehe ebenda, S. 156.
59 Siehe ebenda. Hier hatte er die Erkenntnis, dass der Staat ein Produkt der Gesellschaft auf bestimmter Entwicklungsstufe ist, auch gegen Hegels Auffassung gekehrt, der Staat sei „die Wirklichkeit der sittlichen Idee", „das Bild und die Wirklichkeit der Vernunft" (*Engels*, MEGA I/29, S. 106).
60 *Engels* 1890, S. 490/491. – Siehe auch *Engels* 1892, S. 365, *Engels* 1893, S. 96/97, *Engels* 1894, S. 205/206.
61 *Engels* 1890, S. 493.

seiner Staatsauffassung enthält ein Ende 1884 entstandenes unvollendetes Manuskript, das wohl im Zusammenhang mit einer geplanten Überarbeitung seiner Schrift *Der deutsche Bauernkrieg* entstand. Hier behandelte er die Staatenbildung im Mittelalter und ging davon aus, dass die abgegrenzten Sprachgruppen der Staatenbildung zu gegebener Zeit als Grundlage dienten. Die „Tendenz, nationale Staaten herzustellen, die immer klarer und bewußter hervortritt, bildet einen der wesentlichen Fortschrittshebel des Mittelalters."[62] Einzig mögliche Form des nationalen Staates war seinerzeit die Monarchie.[63]

Von Ende 1887 bis April 1888 unternahm er einen umfassenderen Versuch, die historisch-materialistische Staatstheorie auf die deutsche Geschichte anzuwenden. Hermann Schlüter hatte Engels 1886 vorgeschlagen, die drei Kapitel über „Gewaltstheorie" aus dem *Anti-Dühring*, in denen er 1876/1877 seine Konzeption über das Verhältnis von Ökonomie und Politik in der Auseinandersetzung mit Dühring entwickelt hatte, als Broschüre zu veröffentlichen.[64] Engels meinte, der deutsche Leser könne Aufschluss darüber verlangen, welche „sehr bedeutende Rolle" die Gewalt in den letzten dreißig Jahren gerade in seiner eigenen Geschichte gespielt habe,[65] und wollte in einem vierten Kapitel die Entstehung des deutschen Nationalstaats skizzieren. Seine Kritik sollte die Gewaltspraxis Bismarcks, die Ursachen ihres momentanen Erfolgs untersuchen und in dem Nachweis münden, weshalb diese Praxis von Blut und Eisen schließlich zu Grunde gehen müsse. Der Titel der Broschüre sollte lauten *Die Rolle der Gewalt in der Geschichte*.

Engels zeichnet hier erstmals ein zusammenhängendes Bild der kleindeutschen Einigung und der Politik Bismarcks. Vor dem Hintergrund der Konstituierung Europas aus großen Nationalstaaten seit dem Mittelalter geht er von drei Wegen zur Beendigung der deutschen Kleinstaaterei und zur Herstellung der staatlichen Einheit Deutschlands aus. Während er dem offen revolutionären Weg immerhin eine gewisse Möglichkeit zubilligt, wenn es zu einem Krieg um das linke Rheinufer gekommen wäre, ist für ihn die Einigung unter der Vorherrschaft Österreichs lediglich „ein romantischer Traum".[66] Die Einigung unter der Hegemonie Preußens betrachtet er als historischen Fortschritt, ohne dass er von seiner und Marx' Kritik an Preußen als

---

62 *Engels*, MEGA I/30, S. 47.
63 Zum unterschiedlichen Verlauf von Bildung und Verfall des Nationalstaats in Frankreich und Deutschland siehe *Engels* 1893, S. 99/100.
64 Siehe *Schlüter* 1886.
65 *Engels*, MEGA I/31, S. 57.
66 *Engels*, MEGA I/31, S. 77.

einem Staat, der sich auf Kosten Deutschlands und in Abhängigkeit von Russland konsolidiert habe, Abstand nimmt.

Die Einschätzung Bismarcks ist ambivalent. Er ist für Engels „nur preußischer Revolutionär von Oben"[67], der vor allem die notwendige Willenskraft aufgebracht habe, um gegen innere und äußere Widerstände die nationale Einheit durchzusetzen. Den Krieg von 1866 und die Bildung des Norddeutschen Bundes bezeichnet er als „eine vollständige Revolution", die Bismarck bereit gewesen sei, „mit revolutionären Mitteln" durchzusetzen.[68] Engels meint allerdings, Bismarck habe „nie auch nur die Spur einer eignen politischen Idee" zustande gebracht.[69] Wie er in seiner Gliederung für das Kapitel feststellt, sei Bismarck nach 1870 „reaktionär, blödsinnig" geworden,[70] und die Beschränktheit seiner Politik sei immer mehr in den Vordergrund getreten.

Auf die Zeit nach 1871, den inneren Ausbau des Reiches, ging Engels nur kurz ein. Bei aller Kritik an den Reichsorganen und der Reichsverfassung kam er zu dem Schluss, dass die neue Reichsverfassung keinen direkten Rückschritt ausmache. Der einzige Weg, auf dem sich die Aussicht bot, dem neuen Reich eine feste Grundlage und eine ruhige innere Entwicklung zu sichern, war seiner Ansicht nach „die Anbahnung eines der englischen Verfassung entsprechenden Zustands".[71]

Engels hatte beabsichtigt, den Abriss der deutschen politischen Geschichte von 1848 bis 1888 zu führen. Das Manuskript bricht jedoch ab und blieb ein Torso. Andere Verpflichtungen und Erkrankungen, die das Arbeitsvermögen einschränkten, ließen das Vorhaben ins Stocken geraten. Engels äußerte, er wolle aktuelle Entwicklungen abwarten und zusätzliches Material berücksichtigen. Aber es waren wohl auch die Fülle und Kompliziertheit des Stoffes, die ihm die Arbeit aus den Händen gleiten ließen. Wenngleich bisweilen nicht frei von Einseitigkeiten, verselbständigte sich der Entwurf des IV. Kapitels zur bis dahin umfassendsten Darstellung der deutschen Geschichte des 19. Jahrhunderts aus Engels' Feder.

---

67 Ebenda, S. 89.
68 Ebenda.
69 Ebenda, S. 83.
70 *Engels*, MEGA I/31, S. 58.
71 *Engels*, MEGA I/31, S. 108.

Anfang der 1890er Jahre: Arbeiterbewegung und ihre praktische Politik

In den nachfolgenden Jahren verlagerte sich das Schwergewicht der Arbeiten Engels' von Fragen der Geschichte und Theorie auf Probleme der Arbeiterbewegung und ihrer praktischen Politik.[72] Eine neue Phase in seinem staatstheoretischen Denken begann, als es 1890 nach dem Sieg der deutschen Sozialdemokratie über Bismarck und das Sozialistengesetz notwendig wurde, die Frage nach den positiven Zielen der Partei zu beantworten. Das musste auch ein Anliegen des neu zu formulierenden Programms sein. Mit Aufsätzen und im Briefwechsel griff Engels in die Debatten ein und setzte dabei seine theoretischen Überlegungen um.

Hierbei rückten zunächst die Erfahrungen der Pariser Kommune von 1871 ins Blickfeld, ihre Stellung in der Entwicklung des bisherigen und des zukünftigen Staatswesens. In seiner Einleitung zur dritten deutschen Auflage von Karl Marx' *Der Bürgerkrieg in Frankreich* vom März 1891 skizzierte Engels Verlauf und Maßnahmen der Kommune, schilderte in einem ausdrücklich als „Zusätze" benannten zweiten Teil ökonomische Unterlassungen und politische Fehler und stellte dem das viele Richtige gegenüber, das trotzdem geleistet wurde. „Die Kommune", lautete seine Schlussfolgerung, „mußte gleich von vornherein anerkennen, daß die Arbeiterklasse, einmal zur Herrschaft gekommen, nicht fortwirthschaften könne mit der alten Staatsmaschine."[73] Anknüpfend an die Überlegungen im *Ursprung der Familie*, umriss er die Verwandlung des Staats und seiner Organe aus Dienern der Gesellschaft in Herren über dieselbe und zeigte, wie die Pariser Kommune mit zwei unfehlbaren Mitteln gegen die Gefahr der Verselbständigung des proletarischen Staates anging: durch Besetzung der staatlichen Stellen auf der Grundlage der Wahl nach allgemeinem Stimmrecht, was die Abberufung der betreffenden Personen einschloss, sowie durch ein Gehalt, das dem der anderen Arbeiter entsprach und 6.000 Francs nicht überschreiten durfte. Berührungspunkte zum *Ursprung der Familie* gibt es in zwei weiteren Fragen: dem Verweis auf die Besonderheiten der nordamerikanischen Demokratie[74] und dem Bezug auf die Staatsauffassung Hegels.

Gerade in Deutschland erschien es Engels wichtig, auf diese Sprengung der alten Staatsmacht und ihre Ersetzung durch eine neue, in Wahrheit demokratische einzugehen: weil gerade hier der Aberglaube an den Staat aus der Philosophie sich in das allgemeine Bewusstsein der Bourgeoisie und selbst vieler Arbeiter übertragen habe,

---

72 Siehe *Merkel-Melis* 2008, S. 35.
73 *Engels*, MEGA I/32, S. 14.
74 Siehe ebenda, S. 14.26–15.5 und *Engels*, MEGA I/29, S. 109.13–20.

und er bezog sich auf Hegel, nach dessen philosophischer Vorstellung der Staat „die Verwirklichung der Idee" oder das ins Philosophische übersetzte Reich Gottes auf Erden sei.[75]

„In Wirklichkeit aber", stellte er fest, „ist der Staat nichts als eine Maschine zur Unterdrückung einer Klasse durch eine andre, und zwar in der demokratischen Republik nicht minder als in der Monarchie".[76]

Die schlimmsten Seiten dieses Übels wird das Proletariat, wie die Kommune, möglichst beschneiden müssen, „bis ein in neuen, freien Gesellschaftszuständen herangewachsenes Geschlecht im Stande sein wird, den ganzen Staatsplunder von sich abzuthun."[77] Ausdrücklich bezeichnete Engels die Pariser Komme als „Diktatur des Proletariats". An diesem Begriff stießen sich sowohl konservative Kreise wie Vertreter der Reichstagsfraktion.[78]

In der Diskussion um das neue, 1891 in Erfurt zu beschließende Parteiprogramm stellte Engels zum Programmpunkt II. Politische Forderungen fest, dass das, was eigentlich gesagt werden sollte, nicht darin steht. Er entwickelte nun, unter welcher politischen Form allein die Arbeiterklasse zur Herrschaft kommen könne: unter der Form der demokratischen Republik. „Diese ist sogar die specifische Form für die Diktatur des Proletariats."[79] Wenn dies zu formulieren angesichts der politischen Bedingungen in Deutschland nicht möglich sei, müsse die Forderung nach der *„Konzentration aller politischen Macht in den Händen der Volksvertretung"*[80] erhoben werden. Ein weiterer Programmpunkt wäre eine einheitliche Republik mit vollständiger Gemeindeselbstverwaltung, wie sie 1792–98 in Frankreich bestand, nach amerikanischem Muster. Als Andeutung des nicht Sagbaren formulierte er die Forderung:

---

75 *Engels*, MEGA I/32, S. 15.22–26 und *Engels*, MEGA I/29, S. 106.30–31.
76 *Engels*, MEGA I/32, S. 15.
77 Ebenda, S. 15.41–16.2. – Siehe auch *Engels*, MEGA I/32, S. 265/266: „... eine Partei, ... deren politisches letztes Endziel die Ueberwindung des ganzen Staates, also auch der Demokratie ist."
78 Siehe Norddeutsche Allgemeine Zeitung, 10. April 1891, S. 2, zit. in *Engels*, MEGA I/32, S. 607. Karl Grillenberger erklärte am 28. Februar 1891 im Deutschen Reichstag, die deutsche Sozialdemokratie distanziere sich von der in der „Kritik des Gothaer Programms" enthaltenen Idee der Diktatur des Proletariats (siehe Stenographische Berichte, S. 1805).
79 *Engels*, MEGA I/32, S. 50.
80 Ebenda.

„Vollständige Selbstverwaltung in Provinz, Kreis und Gemeinde durch nach allgemeinem Stimmrecht gewählte Beamte. Abschaffung aller von Staatswegen ernannten Lokal- und Provinzialbehörden."[81]

Engels gestand zu, nicht beurteilen zu können, ob dies als Programmforderungen formuliert werden könne, hielt aber die Diskussion darüber in der Partei für wünschenswert.

Auf die bürgerliche Republik als der Form nach erstes und unmittelbares Resultat der Revolution hatte Engels in der Vergangenheit wiederholt verwiesen. Sie war für ihn einerseits „nur ein kurzes Durchgangsmoment", sie diene zunächst „*zur Eroberung der großen Massen der Arbeiter für den revolutionären Sozialismus*" – das sei in einem oder zwei Jahren abgemacht – „und zur gründlichen Abarbeitung und Selbstruinierung aller außer uns noch möglichen Mittelparteien."[82] Auch hatte er bekräftigt, dass die demokratische Republik „immer die *letzte* Form der Bourgeoisherrschaft" sei, in der sie kaputtgehe.[83] Andererseits bezeichnete er es als großen Fehler der Deutschen, dass sie „sich die Revolution als ein über Nacht abzumachendes Ding" vorstellten, die vielmehr „ein mehrjähriger Entwicklungsprozeß der Massen unter beschleunigenden Umständen" sei.[84] Gegenüber August Bebel, der meinte, dass der bürgerliche Radikalismus in Deutschland tot sei, von einem bürgerlichen, radikalen Zwischenstadium hier keine Rede mehr sein könne und wir „mit Riesenschritten der Revolution entgegengehen"[85], verwies er darauf, dass die Demokratie „im Moment der Revolution, als äußerste *bürgerliche* Partei" Bedeutung bekommen kann.[86] In diesem Sinne betonte er, dass

„zwischen der sozialistischen Republik, die unsre erste Stufe sein wird, und dem heutigen preußischen Bonapartismus auf halbfeudaler Grundlage noch viele Mittelstufen durchzujagen sind."[87]

Den Gedanken der demokratischen Republik als Staatsform und Schritt auf dem Wege zur politischen Machteroberung durch das Proletariat entwickelte Engels in den 1890er Jahren mehrfach in Verbindung mit Problemen der sozialistischen Partei

---

81 Ebenda, S. 51. Bereits 1886 hatte er gegenüber Ferdinand Domela Nieuwenhuis betont, dass in Ländern wie Holland, England und der Schweiz sich mit wenigen Änderungen „hier die freie Selbstverwaltung durch das arbeitende Volk herstellen" lässt, „die unser bestes Werkzeug bei der Umgestaltung der Produktionsweise sein muß." (*Engels* 1886, S. 434.)
82 *Engels* 1883, S. 55.
83 *Engels* 1884, S. 128; siehe auch mit Berufung auf Marx: *Engels* 1886, S. 509.
84 *Engels* 1883, S. 55.
85 *Bebel* 1884, S. 199.
86 *Engels* 1884, S. 252.
87 *Engels* 1886, S. 526. Hier sprach Engels von der „sozialistischen Republik" als unserer ersten Stufe.

in Italien. Zunächst verteidigte er ihn gegenüber dem italienischen Journalisten Giovanni Bovio, Mitglied der extremen Linken. Dieser hatte in der Diskussion über die Ursachen der Krise dieser parlamentarischen Gruppe unter Bezug auf Engels' Artikel *Le socialisme en Allemagne* in der *Critica sociale* vom 16. Januar 1892 unterstellt, die deutschen Sozialisten hätten mit Engels von der unmittelbar bevorstehenden Ergreifung der Macht gesprochen, dabei aber die Form dieser Macht – Monarchie, Republik oder Utopie Weitlings – außer Betracht gelassen. „Marx et moi," erwiderte Engels,

„depuis quarante ans, nous avons répété jusqu'à satiété que pour nous la république démocratique est la seule forme politique dans laquelle la lutte entre la classe ouvrière et la classe capitaliste peut d'abord s'universaliser et puis arriver à son terme par la victoire décisive du prolétariat."[88]

Zwei Jahre später, im Januar 1894, äußerte er sich zur Rolle der sozialistischen Partei Italiens angesichts der im Lande entstandenen Situation, in einer sich möglicherweise anbahnenden demokratischen Revolution. Hier verwies er ausdrücklich auf die Taktik, die im *Kommunistischen Manifest* dargelegt worden war und die seit 1848 den Sozialisten die häufigsten Erfolge gebracht hat. Danach vertreten die Sozialisten in den verschiedenen Entwicklungsstufen des Kampfes zwischen Proletariat und Bourgeoisie stets das Interesse der Gesamtbewegung, sie kämpfen für die unmittelbaren Zwecke und Interessen der Arbeiterklasse, vertreten aber in der gegenwärtigen Bewegung zugleich deren Zukunft. „Ils prennent donc", fuhr Engels fort,

„une part active dans chacune des phases évolutives que parcourt la lutte des deux classes, sans jamais perdre de vue que ces phases ne sont qu'autant d'étapes menant au premier grand but : la conquête du pouvoir politique par le prolétariat, comme moyen de réorganisation sociale."[89]

Angewandt auf Italien, würde die Gründung einer bürgerlichen Republik das Aktionsfeld für die Sozialisten ausdehnen, und wiederum mit Bezug auf Marx stellte Engels fest, dass die bürgerliche Republik die politische Form ist, worin der Kampf zwischen Proletariat und Bourgeoisie allein seine Lösung finden kann.[90] Wenige Monate später, im Oktober 1894, bekräftigte er in einem Brief an die Redaktion der

---

88 *Engels*, MEGA I/32, S. 102.
89 *Engels*, MEGA I/32, S. 270.
90 Siehe ebenda, S. 271. Siehe aber auch den Gedanken, dass die bürgerliche Republik wie jede Regierungsform durch ihren Inhalt bestimmt wird und daher als Herrschaftsform der Bourgeoisie der Arbeiterschaft feindlich sei und man ihr keine sozialistischen Aufgaben übertragen könne (*Engels* 1894, S. 216).

Critica Sociale seine Überzeugung: Wenn die italienischen Sozialisten eine politische Partei bilden zur Eroberung der politischen Macht und zur Leitung der nationalen Angelegenheiten, dann betreiben sie im wahrsten Sinne des Wortes marxistische Propaganda, wie sie im *Manifest der Kommunistischen Partei* vorgezeichnet wurde.[91]

Der wiederholte Bezug auf das *Kommunistische Manifest* ist vielleicht kein Zufall. 1894 konnte Laura Lafargue in der Zeitschrift *L'Ère Nouvelle* eine französische Übersetzung des *Manifests* veröffentlichen, die sich von der 1886 erschienenen durch über 570 Textänderungen – Varianten – unterschied und eine neue Fassung darstellte. Engels zeigte sich davon sehr angetan. „Ich bin der ‚Ère nouvelle' wirklich sehr dankbar," schrieb er,

„daß sie Dir die Möglichkeit gibt, jene Stellen in dem vom ‚Socialiste' veröffentlichten französischen ‚Manifeste' wiederherzustellen, wo die Pariser Textbearbeiter dans l'intérêt et de la langue française et des auteurs du ‚Manifeste', einige Begriffe reichlich eng gefaßt hatten."[92]

Inwieweit die Änderungen auf Laura Lafargue zurückgingen oder von Engels vorgenommen wurden und wann dies erfolgte, ist nicht bekannt. Jedenfalls ist diese Fassung der Vorbemerkung zufolge autorisiert. Wichtige Gedanken, die 1885 in der ersten Übersetzung Lauras in der Zeitung *Le Socialiste* vorhanden und 1886 in der Veröffentlichung des bürgerlichen Publizisten Mermeix verlorengegangen waren, wurden wiederaufgenommen. Dazu gehört auch der Gedanke von der politischen Machteroberung durch das Proletariat.[93]

1895: Änderung des Konzepts

Veränderte gesellschaftliche Bedingungen veranlassten Engels im Rahmen seiner staatstheoretischen Auffassungen zu neuen Erkenntnissen. Die zuvor gewonnenen theoretischen Positionen wandte er nun speziell auf die Politik und Taktik der deutschen Sozialdemokratie an und gelangte verallgemeinernd zu neuen Überlegungen, wie die Arbeiterklasse zur politischen Macht gelangen könne. Dafür finden sich seit

---

91 Siehe *Engels*, MEGA I/32, S. 305.
92 *Engels* 1894, S. 279.
93 Siehe *Marx/Engels*, MEGA I/30, S. 996. Zur Notwendigkeit der Eroberung der politischen Herrschaft durch das Proletariat, „die einzige Tür in die neue Gesellschaft" auf dem Wege der gewaltsamen Revolution, wozu es einer besonderen selbstbewußten Klassenpartei bedürfe, siehe auch *Engels* 1889, S. 326. – Bei Einigkeit über die Eroberung der politischen Macht als nächstes Ziel der Arbeiterbewegung werde der Weg über die dabei anzuwendenden Mittel und Methoden zweitrangig (*Engels* 1893, S. 46).

den 1880er Jahren in seinem Spätwerk Ansatzpunkte, sie kulminierten 1895 in den diesbezüglichen Ausführungen in seiner Einleitung zu Marx' Schrift *Die Klassenkämpfe in Frankreich 1848 bis 1850*.

Engels ging davon aus, dass die in den Revolutionen von 1848/49 entwickelte Vorstellung, der große Entscheidungskampf zwischen Bourgeoisie und Proletariat müsse „in einer einzigen langen und wechselvollen Revolutionsperiode" ausgefochten werden, die nur „mit dem endgültigen Sieg des Proletariats" enden könne, sich als Illusion erwiesen habe und die Kampfweise von 1848 „in jeder Beziehung veraltet" sei.[94] Ausgangspunkt seiner Überlegungen waren wiederum die ökonomischen Bedingungen: Er stellte fest, „daß der Stand der ökonomischen Entwicklung auf dem Kontinent damals noch bei weitem nicht reif war für die Beseitigung der kapitalistischen Produktion"[95] und verwies auf die industrielle Revolution in einer Reihe von Ländern Europas als Zeugnis für die ausdehnungsfähige Grundlage des Kapitalismus.

Die industrielle Entwicklung in Deutschland[96] betrachtete er als Grundlage für einen weiteren Faktor bei der Bestimmung der neuen Bedingungen für den Kampf der Arbeiterklasse: das „staunenerregende Wachsthum"[97] der deutschen Sozialdemokratie, das sich in den Wahlergebnissen von 1871 bis 1890 manifestierte. Daraus leitete Engels ab, die deutschen Arbeiter hätten „ihren Genossen aller Länder eine neue, eine der schärfsten Waffen geliefert, indem sie ihnen zeigten wie man das allgemeine Stimmrecht gebraucht."[98] Das habe den Arbeitern aller Länder als Vorbild gedient; das allgemeine Wahlrecht wurde „unser bestes Propagandamittel".[99] Gleichzeitig bot sich damit die Möglichkeit der Agitation im Wahlkampf und der Nutzung der Tribüne des Reichstags, um zu den Massen zu sprechen.[100] Daraus leitete Engels die Erfahrung ab, dass die „Staatseinrichtungen, in denen die Herrschaft der Bour-

---

94 *Engels*, MEGA I/32, S. 335.
95 Ebenda, S. 337.
96 Zu der gründlicheren und umfassenderen industriellen Umwälzung in Deutschland siehe bereits *Engels* 1884, S. 252.
97 *Engels*, MEGA I/32, S. 340.
98 Ebenda, S. 341.
99 Ebenda. Siehe auch bereits *Engels* [1887], S. 632: „Der unaufhaltsame, stetig mit beschleunigter Geschwindigkeit fortschreitende Stimmenzuwachs, das ist die Hauptsache." Siehe auch die überhöhte Einschätzung in *Engels* 1892, S. 513, dass das allgemeine Wahlrecht langsamer und langweiliger sei als der Aufruf zur Revolution, dafür aber zehnmal sicherer und mit absoluter Genauigkeit den Tag anzeige, an dem man für die Revolution zu den Waffen greifen müsse.
100 Bereits im *Ursprung der Familie* hatte Engels das allgemeine Stimmrecht als „Gradmesser der Reife der Arbeiterklasse" bezeichnet (*Engels*, MEGA I/29, S. 109). Wahlrecht und Parlament hatte er als nächste zu erobernde Position genannt, als er den österreichischen Arbeitern zum täglichen Erscheinen der *Arbeiter-Zeitung* gratulierte (siehe *Engels*, MEGA I/32, S. 329).

geoisie sich organisirt, noch weitere Handhaben bieten, vermittelst deren die Arbeiterklasse dieseselben Staatseinrichtungen bekämpfen kann."[101] Diese ganz neue Kampfweise des Proletariats führte dazu, dass Bourgeoisie und Regierung sich weit mehr vor den gesetzlichen als vor den ungesetzlichen Aktionen der Arbeiterpartei fürchteten.

Das veränderte Konzept von Engels beinhaltete demnach, dass die Arbeiterklasse auf demokratischem, friedlichem Weg an die politische Macht herangeführt werden kann durch Ausnutzung der Instrumentarien des bürgerlichen Staates. Hinzu kommt als weitere Bedingung – auch das eine Lehre der letzten 50 Jahre – die Gewinnung der Mehrheit des Volkes:

> „Wo es sich um eine vollständige Umgestaltung der gesellschaftlichen Organisation handelt, da müssen die Massen selbst mit dabei sein, selbst schon begriffen haben, worum es sich handelt, für was sie mit Leib und Leben eintreten."[102]

Das deutsche Beispiel der Benutzung des Wahlrechts, der Eroberung aller zugänglichen Posten habe bereits in anderen Ländern Schule gemacht. Gleichzeitig machte Engels deutlich, dass dieses veränderte Konzept keinen Verzicht auf das Recht auf Revolution, „das einzig *wirklich* ‚historische Recht'" bedeutet.[103]

Das wird durch die Diskussionen, die der Veröffentlichung vorausgingen, bestätigt.[104] Engels' ursprünglich formulierter Text war beim Parteivorstand auf Bedenken gestoßen, man befürchtete, dass eine allzu radikale Rhetorik den Reichstag zur Annahme der Umsturzvorlage veranlassen könnte, die bereits im Dezember 1894 vorgelegt worden war und die legalen Wirkungsmöglichkeiten der Sozialdemokratie erheblich eingeschränkt hätte. Das teilte Richard Fischer nach Beratung mit August Bebel, Paul Singer und Ignaz Auer am 6. März 1895 mit. Engels, der seinerseits im Manuskript den Ausdruck stellenweise gemildert hatte, nahm daraufhin weitere Änderungen vor. In seinem Brief vom 8. März ging er ausführlich auf die Korrekturwünsche ein. Er begann mit den Worten:

> „Ich habe Euren schweren Bedenken nach Möglichkeit Rechnung getragen, obwohl ich beim besten Willen nicht einsehen kann, worin die Bedenklichkeit bei etwa der Hälfte besteht", und er schloss: „Gesetzlichkeit so lange und so weit sie uns paßt, aber keine Gesetzlichkeit um jeden Preis, selbst nicht in der Phrase!"[105]

---

101 *Engels*, MEGA I/32, S. 342.
102 Ebenda, S. 347. – Siehe auch *Engels* 1891, S. 64/65.
103 *Engels*, MEGA I/32, S. 348.
104 Siehe *Engels*, MEGA I/32, S. 1200-1206.
105 *Engels* 1895, S. 424 und 426.

Vehement wandte er sich gegen eine von Wilhelm Liebknecht initiierte Veröffentlichung von Auszügen der Einleitung im *Vorwärts*[106] und verwahrte sich in einem Brief an Karl Kautsky dagegen, „als friedfertigen Anbeter der Gesetzlichkeit quand même" dazustehen.[107]

Engels hatte den Weg, auf dem das Proletariat an die politische Macht gelangen konnte, stets als einen internationalen Prozess angesehen.[108] Die Fortschritte der Arbeiterbewegung in den europäischen Ländern und in den USA in den 1880er und zu Beginn der 1890er Jahre weckten in ihm Genugtuung und hohe Erwartungen. Er sah darin den fortschreitenden Siegeszug der Ideen von Marx, an deren Ausarbeitung und Verbreitung er entscheidend beteiligt war, und das Näherrücken des Zieles, dem er sein Lebenswerk gewidmet hatte. Die Erfolge der Sozialdemokratie im Kampf gegen das Sozialistengesetz, die Ergebnisse der Reichstagswahlen 1890 in Deutschland, die Konsolidierung des Parti ouvrier nach dem Internationalen Arbeiterkongress in Paris 1889 und das Wiedererscheinen des Organs der Partei *Le Socialiste* seit September 1890 in Frankreich, der New Unionism und Anzeichen für die Herausbildung eines sozialistischen Bewusstseins in Großbritannien, die Streikbewegungen und die Organisationsbestrebungen der Arbeiterbewegung in den USA, die Anfänge einer sozialdemokratischen Bewegung in Russland – das alles nährte in Engels eine Revolutionserwartung, die sich im Laufe der Jahre verdichtete und die er mit Sozialisten seiner Zeit – etwa August Bebel – teilte.[109]

Vor allem die Wahlerfolge der deutschen Sozialdemokratie in den Jahren 1871 bis 1890 bestärkten ihn in der Annahme, dass sich nach dem Deutsch-Französischen Krieg und der Pariser Kommune der Schwerpunkt der europäischen Arbeiterbewegung von Frankreich nach Deutschland verlagert hatte, und ließen ihn zu der Schlussfolgerung gelangen, dass für die deutsche Partei die politische Macht in Reichweite sei.[110] Wenn er meinte, dass der Zuwachs der sozialdemokratischen Stimmen bei jeder Neuwahl mit der „Unwiderstehlichkeit eines Naturprozesses"[111] vor sich gehe, so folgte er damit Vorstellungen, wie sie zu dieser Zeit über die Gesetzmäßigkeit in den Naturwissenschaften verbreitet waren. Im Januar 1892 schrieb er, die deutsche Partei könne „mit fast mathematisch genauer Berechnung die Zeit

---

106 Siehe Vorwärts, 30. März 1895, S. 1, Sp. 2.
107 *Engels* 1895, S. 452.
108 Siehe z.B. *Engels* 1889, S. 325, und *Engels* 1893, S. 89.
109 Siehe *Steinberg* 1976, S. 18 und 67.
110 Den 20. Februar 1890, den Tag der erfolgreichen Reichstagswahlen, bezeichnete er als Tag des Beginns der deutschen Revolution (siehe *Engels* 1890, S. 359 und 362).
111 *Engels*, MEGA I/31, S. 216.

bestimmen [...], in der sie zur Herrschaft kommt."[112] Ähnliche Berechnungen stellte er auch später immer wieder an. Anfang April 1892 äußerte er in einem Interview mit der Zeitung *L'Éclair*: „J'espère que le parti socialiste allemand sera au pouvoir dans une dizaine d'années."[113] Am 8. Mai 1893 meinte er in einem Interview mit der Pariser Tageszeitung *Le Figaro*, für ihn nähere sich die Zeit, wo unsere Partei berufen sein wird, die Regierung in ihre Hände zu nehmen: „Vers le fin du siècle, vous verrez peut-être cet événement s'accomplir."[114] Ende Juni 1893 erläuterte er einem Korrespondenten der Londoner Tageszeitung *The Daily Chronicle* an Hand eines Diagramms über die Stimmenzahl jeder Partei bei allen Wahlen das Anwachsen der Stimmen für die Sozialdemokratie. Er führte es hauptsächlich auf ökonomische Ursachen zurück, verwies auf die industrielle Revolution und die gegenwärtige Depression sowie den daraus resultierenden größeren Druck auf die Arbeitenden aller Klassen, hob hervor: „And we place a scientific remedy before them" und „Our organisation is perfect". Nach der Möglichkeit einer sozialistischen Regierung an der Macht befragt, antwortete er: „Why not? If the growth of our party continues at its normal rage we shall have a majority between the years 1900 and 1910."[115]

Die in seinen Augen unaufhaltsame Entwicklung zum Sozialismus sah Engels durch zwei Gefahren bedroht: durch vorzeitiges Losschlagen – einen provozierten Putschversuch[116] – oder durch einen europäischen Krieg. Er würde unermessliche Opfer kosten, die Bewegung enorm zurückschlagen, aber schließlich doch die Machtübernahme durch die Arbeiterklasse beschleunigen.[117]

Diese Illusionen von Engels sollen in einer Untersuchung über die staatstheoretischen Auffassungen in seinem Spätwerk benannt werden. Sie sind nicht einfach zu verwerfen, sondern zu erklären. Er unterschätzte bei seinen Prognosen die dem Kapitalismus innewohnenden Entwicklungsmöglichkeiten, und er überschätzte das Stimmenreservoir für die deutsche Sozialdemokratie, wobei er Wahlverhalten und revolutionäre Potenz gleichsetzte. Eduard Bernstein und Karl Kautsky waren in der

---

112 *Engels*, MEGA I/32, S. 90. Zu derartigen Prognosen siehe auch *Engels* 1884, S. 230, *Engels* [1885], S. 341, mit Bezug auf Paul Singer *Engels* 1884, S. 251, zurückhaltender *Engels* 1885, S. 379; *Engels* 1890, S. 514; *Engels* 1891, S. 187, einschränkend ebenda, S. 188, 189, dagegen *Engels* 1892, S. 545, *Engels* 1893, S. 141.
113 *Engels*,. MEGA I/32, S. 361.
114 *Engels*, MEGA I/32, S. 366.
115 *Engels*, MEGA I/32, S. 371. Zur spezifischen Situation in Deutschland siehe *Engels* 1884, S. 231: „Gründlichere Umwälzung der Gesellschaft einerseits, größere Klarheit in den Köpfen andrerseits – das ist das Geheimnis des unaufhaltsamen Fortschritts der deutschen Arbeiterbewegung."
116 Siehe *Engels*, MEGA I/31, S. 215.
117 Siehe ebenda. Siehe auch *Engels* 1885, S. 391, *Engels* 1886, S. 530/531, 554, 593; *Engels* 1888, S. 6.

Deutung der Wahlergebnisse wesentlich zurückhaltender.[118] Auch die staatstheoretischen Aussagen des alten Engels zeigen, wie er seine und Marx' Ideen verbreitete, verteidigte und weiterentwickelte, und sie weisen ihn zugleich als eine eigenständige Persönlichkeit aus. Einen maßgebenden Aspekt für die Einschätzung dieser Lebensleistung benannte der Mitbegründer der österreichischen Sozialdemokratie Victor Adler, als er Engels am 21. Januar 1890 schrieb:

> „Du wirst es nicht übelnehmen, wenn ich Dir einmal ausdrücklich sage, wie wir in Oesterreich alle an Dir hängen u. wie wir, ich vor allem, davon durchdrungen sind, was wir Dir zu danken haben. In einem Sinne Dir mehr, oder sagen wir: Anderes als Marx: Politik und Taktik. Anwendung der Theorie in corpore vivo."[119]

Literatur

Adler, Victor, an Friedrich Engels, 21. Januar 1890, VGA, Adler Archiv, Sign. M 113/T1.

Bebel, August, an Friedrich Engels, 24. November 1884, in: August Bebels Briefwechsel mit Friedrich Engels, 1965. Herausgegeben von Werner Blumenberg, London/The Hague/Paris, S. 196–201.

[*Bernstein, Eduard*:] Wie Karl Marx im Jahre 1846 über Streiks und Arbeiter-Koalitionen dachte. I., in: Der Sozialdemokrat, Zürich, Nr. 7, 12. Februar 1885, S. 1.

Bürgi, Markus, 1996: Die Anfänge der Zweiten Internationale, Frankfurt a.M./New York.

Conversation avec Frédéric Engels. Aus der Zeitung „Le Figaro", in: MEGA I/32, S. 363–367.

Engels, Friedrich, A la rédaction de la „Critica Sociale". 27 octobre 1894, in: MEGA I/32, S. 305/306.

Engels, Friedrich, an August Bebel, 18./28. März 1875, in: MEW, Bd. 34, S. 125–131.

Engels, Friedrich, an Karl Marx, 23. November 1882, in: MEW, Bd. 35, S. 118/119.

Engels, Friedrich, an Karl Marx, 8. Dezember 1882, in: MEW, Bd. 35, S. 125/126.

Engels, Friedrich, an Philip Van Patten (Entwurf), 18. April 1883, in: MEW, Bd. 36, S. 11/12.

Engels, Friedrich, an August Bebel, 30. April 1883, in: MEW, Bd. 36, S. 21/22.

Engels, Friedrich, an Eduard Bernstein, 27. August 1883, in: MEW, Bd. 36, S. 53–55.

Engels, Friedrich, an Eduard Bernstein, [22. Dezember 1883], in: MEW, Bd. 36, S. 77.

Engels, Friedrich, an Eduard Bernstein, 1. Januar 1884, in: MEW, Bd. 36, S. 78–80.

Engels, Friedrich, an August Bebel, 18. Januar 1884, in: MEW, Bd. 36, S. 86–88.

Engels, Friedrich, an Eduard Bernstein, 28. Januar 1884, in: MEW, Bd. 36, S. 91/92.

Engels, Friedrich, an Eduard Bernstein, 5. Februar 1884, in: MEW, Bd. 36, S. 97/98.

Engels, Friedrich, an Karl Kautsky, 16. Februar 1884, in: MEW, Bd. 36, S. 108–110.

Engels, Friedrich, an Eduard Bernstein, 24. März 1884, in: MEW, Bd. 36, S. 127/128.

---

118 Siehe [*Schelz-Brandenburg,*] MEGA I/32, S. 563/654.
119 *Adler* 1890.

Engels, Friedrich, an Johann Philipp Becker, 15. Oktober 1884, in: MEW, Bd. 36, S. 218/219.

Engels, Friedrich, an Karl Kautsky, 8. November 1884, in: MEW, Bd. 36, S. 229–231.

Engels, Friedrich, an Eduard Bernstein, 11. November 1884, in: MEW, Bd. 36, S. 233–235.

Engels, Friedrich, an August Bebel, 18. November 1884, in: MEW, Bd. 36, S. 238–241.

Engels, Friedrich, an August Bebel, 11./12. Dezember 1884, in: MEW, Bd. 36, S. 250–254.

Engels, Friedrich, an August Bebel, 30. Dezember 1884, in: MEW, Bd. 36, S. 260–262.

Engels, Friedrich, an Eduard Bernstein, 15. Mai 1885, in: MEW, Bd. 36, S. 311–313.

Engels, Friedrich, an Hermann Schlüter, 16. Juni 1885, in: MEW, Bd. 36, S. 333/334.

Engels, Friedrich, an Gertrud Guillaume-Schack (Entwurf), [um den 5. Juli 1885], in: MEW, Bd. 36, S. 341.

Engels, Friedrich, an Hermann Schlüter, 26. August 1885, in: MEW, Bd. 36, S. 356.

Engels, Friedrich, an August Bebel, 28. Oktober 1885, in: MEW, Bd. 36, S. 376–379.

Engels, Friedrich, an August Bebel, 17. November 1885, in: MEW, Bd. 36, S. 390/391.

Engels, Friedrich, an August Bebel, 20.-23. Januar 1886, in: MEW, Bd. 36, S. 424–428.

Engels, Friedrich, an Ferdinand Domela Nieuwenhuis, 4. Februar 1886, in: MEW, Bd. 36, S. 434/435.

Engels, Friedrich, an F.H. Nestler & Melle's Verlag (Entwurf), 13. Mai 1886, in: MEW, Bd. 36, S. 484/485.

Engels, Friedrich, an August Bebel, 18. August 1886, in: MEW, Bd. 36, S. 507–510.

Engels, Friedrich, an Laura Lafargue, 13. September 1886, in: MEW, Bd. 36, S. 529–531.

Engels, Friedrich, an August Bebel, 13./14. September 1886, in: MEW, Bd. 36, S. 524–528.

Engels, Friedrich, an August Bebel, 23.–25. Oktober 1886, in: MEW, Bd. 36, S. 553–555.

Engels, Friedrich, an Ferdinand Domela Nieuwenhuis, 11. Januar 1887, in: MEW, Bd. 36, S. 592/593.

Engels, Friedrich, an Hermann Schlüter, [19. März 1887], in: MEW, Bd. 36, S. 632.

Engels, Friedrich, an Ion Nădejde, 4. Januar 1888, in: MEW, Bd. 37, S. 3–6.

Engels, Friedrich, an Conrad Schmidt, 9. Dezember 1889, in: MEW, Bd. 37, S. 324/325.

Engels, Friedrich, an Gerson Trier (Entwurf), 18. Dezember 1889, in: MEW, Bd. 37, S. 326–328.

Engels, Friedrich, an Laura Lafargue, 26. Februar 1890, in: MEW, Bd. 37, S. 359–361.

Engels, Friedrich, an Paul Lafargue, 7. März 1890, in: MEW, Bd. 37, S. 362–364.

Engels, Friedrich, an Joseph Bloch, 21./22. September 1890, in: MEW, Bd. 37, S. 462–465.

Engels, Friedrich, an Conrad Schmidt, 27. Oktober 1890, in: MEW, Bd. 37, S. 488–495.

Engels, Friedrich, an Édouard Vaillant, 5. Dezember 1890, in: MEW, Bd. 37, S. 513/514.

Engels, Friedrich, an Max Oppenheim, 24. März 1891, in: MEW, Bd. 38, S. 63–65.

Engels, Friedrich, an August Bebel, 24.–26. Oktober 1891, in: MEW, Bd. 38, S. 185–189.

Engels, Friedrich, an Nikolai Franzewitsch Danielson, 18. Juni 1892, in: MEW, Bd. 38, S. 363–368.

Engels, Friedrich, an Paul Lafargue, 12. November 1892, in: MEW, Bd. 38, S. 513/514.

Engels, Friedrich, an Laura Lafargue, 5. Dezember 1892, in: MEW, Bd. 38, S. 544–546.

Engels, Friedrich, an F. Wiesen, 14. März 1893, in: MEW, Bd. 39, S. 46.

Engels, Friedrich, an Paul Lafargue, 27. Juni 1893, in: MEW, Bd. 39, S. 88–92.

Engels, Friedrich, an Franz Mehring, 14. Juli 1893, in: MEW, Bd. 39, S. 96–100.

Engels, Friedrich, an August Bebel, 12. Oktober 1893, in: MEW, Bd. 39, S. 138–142.

Engels, Friedrich, an W. Borgius, 25. Januar 1894, in: MEW, Bd. 39, S. 205–207.

Engels, Friedrich, an Paul Lafargue, 6. März 1894, in: MEW, Bd. 39, S. 214–216.

Engels, Friedrich, an Laura Lafargue, 28. Juli 1894, in: MEW, Bd. 39, S. 278–280.

Engels, Friedrich, an Richard Fischer, 8. März 1895, in: MEW, Bd. 39, S. 424– 426.

Engels, Friedrich, an Karl Kautsky, 1. April 1895, in: MEW, Bd. 39, S. 452.

Engels, Friedrich, Den österreichischen Arbeitern zum täglichen Erscheinen der „Arbeiter-Zeitung", in: MEGA I/32, S. 329.

Engels, Friedrich : Einleitung zur dritten deutschen Auflage (1891) von Karl Marx' „Der Bürgerkrieg in Frankreich", in: MEGA I/32, S. 3–16.

Engels, Friedrich: Einleitung zur dritten deutschen Auflage (1891) von Karl Marx' „Der Bürgerkrieg in Frankreich", Entstehung und Überlieferung, in: MEGA I/32, S. 603–608.

Engels, Friedrich: Einleitung (1895) zu Karl Marx' „Die Klassenkämpfe in Frankreich 1848 bis 1850", in: MEGA I/32, S. 330–351.

Engels, Friedrich: Einleitung (1895) zu Karl Marx' „Die Klassenkämpfe in Frankreich 1848 bis 1850", Entstehung und Überlieferung, in: MEGA I/32, S. 1195–1215.

Engels, Friedrich: Die Entwicklung des Sozialismus von der Utopie zur Wissenschaft, in: MEGA I/27, S. 583–627.

Engels, Friedrich: Die Entwicklung des Sozialismus von der Utopie zur Wissenschaft, Entstehung und Überlieferung, in: MEGA I/27, S. 1307–1319.

Engels, Friedrich: Entwurf des Kapitels IV der Broschüre „Die Rolle der Gewalt in der Geschichte", in: MEGA I/31, S. 66–116.

Engels, Friedrich: Entwurf des Vorworts zur Broschüre „Die Rolle der Gewalt in der Geschichte", in: MEGA I/31, S. 57.

Engels, Friedrich: Gliederung des Kapitels IV der Broschüre „Die Rolle der Gewalt in der Geschichte", in: MEGA I/31, S. 58.

Engels, Friedrich: Herrn Eugen Dührings Umwälzung der Wissenschaft (Anti-Dühring), in: MEGA I/27, S. 217–483.

Engels, Friedrich: Ludwig Feuerbach und der Ausgang der klassischen deutschen Philosophie, in: MEGA I/30, S. 122–162.

Engels, Friedrich: Réponse à l'honorable Giovanni Bovio, in: MEGA I/32, S. 101/102.

Engels, Friedrich: La situation en Italie, in: MEGA I/32, S. 269–272.

Engels, Friedrich: Socialisme utopique et socialisme scientifique, in: MEGA I/27, S. 545–580.

Engels, Friedrich: Der Sozialismus in Deutschland, in: MEGA I/32, S. 88–100.

Engels, Friedrich: Über den Verfall des Feudalismus und das Aufkommen der Bourgeoisie, in: MEGA I/30, S. 43–53.

Engels, Friedrich: Der Ursprung der Familie, des Privateigentums und des Staats. Im Anschluß an Lewis H. Morgans Forschungen, in: MEGA I/29, S. 7–117.

Engels, Friedrich: Vorbemerkung zu „Ludwig Feuerbach und der Ausgang der klassischen deutschen Philosophie", in: MEGA I/31, S. 122/123.

Engels, Friedrich: Vorwort zu „Internationales aus dem ‚Volksstaat'" (1871–75)", in: MEGA I/32, S. 262–266.

Engels, Friedrich: Vorwort zu „Karl Marx vor den Kölner Geschworenen", in: MEGA I/30, S. 75–81.

Engels, Friedrich: Vorwort zur ersten deutschen Auflage von Karl Marx' „Das Elend der Philosophie", in: MEGA I/30, S. 28–40.

Engels, Friedrich: Was nun? In: MEGA I/31, S. 213–216.

Engels, Friedrich: Zur Kritik des sozialdemokratischen Programmentwurfs 1891, in: MEGA I/32, S. 42–54.

Engels, Friedrich/Kautsky, Karl: Juristen-Sozialismus, in: MEGA I/31, S. 397–413.

Euchner, Walter/Grebing, Helga/Stegmann, F.-J./Langhorst, Peter/Jähnichen, Traugott/Friedrich, Norbert, 2005: Geschichte der sozialen Ideen in Deutschland. Sozialismus – Katholische Soziallehre – Protestantische Sozialethik, herausgegeben von Helga Grebing, 2. Aufl., Wiesbaden.

Gesetz gegen die gemeingefährlichen Bestrebungen der Sozialdemokratie, in: Deutscher Reichsanzeiger und Königlich Preußischer Staats-Anzeiger, Berlin, Nr. 249, 22. Oktober 1878. Abends, S. 1, Sp. 1–4.

Hecker, Friedrich, 1848: Die Erhebung des Volkes in Baden für die deutsche Republik im Frühjahr 1848, Basel.

Hirsch, Joachim/Kannankulam, John/Wissel, Jens, 2008: Einleitung: Marx, Marxismus und die Frage des Staates, in: Der Staat der Bürgerlichen Gesellschaft. Zum Staatsverständnis von Karl Marx, Baden-Baden, S. 9–22.

Hunt, Tristram, 2009: The frock-coated communist. The revolutionary life of Friedrich Engels, London.

Interview de Frédéric Engels. Aus der Zeitung „L'Éclair", in: MEGA I/32, S. 358–361.

Interview with Frederick Engels. Aus der Zeitung "The Daily Chronicle", in: MEGA I/32, S. 368–371.

Kongreßprotokoll Zürich 1882, IISG, Nachlaß Julius Motteler, Sign. 1479/5.

Marx, Karl, Kritik des Gothaer Programms, in: MEGA I/25, S. 3–25.

Marx, Karl, Kritik des Gothaer Programms, Entstehung und Überlieferung, in: MEGA I/25, S. 515–535.

Marx, Karl/Engels, Frédéric, Le Manifeste du parti communiste, Entstehung und Überlieferung, in: MEGA I/30, S. 990–1000.

Merkel-Melis, Renate, 2008: Zur Edition des Spätwerks von Engels in der MEGA, in: Beiträge zur Marx-Engels-Forschung, N.F. Hamburg, S. 18–35.

Norddeutsche Allgemeine Zeitung, Berlin, Nr. 165, 10. April 1891, Morgenausgabe, S. 2: Die Sozialdemokratie beabsichtigt ... .

Protokoll über die Verhandlungen des Allgemeinen Deutschen sozial-demokratischen Arbeiterkongresses zu Eisenach am 7., 8. und 9. August 1869, 1869: Leipzig.

Rudolph, Günther, 1984: Karl Rodbertus und die Grundrententheorie, Berlin.

Rudolph, Günther, 1991: Karl Rodbertus (1805–1875) und die soziale Frage, in: Alternativen denken, Berlin.

[*Schelz-Brandenburg, Till*:] Einführung, in: MEGA I/32, S. 555–586.

Schlüter, Hermann, an Friedrich Engels, 4. November 1886, IISG, Marx-Engels-Nachlaß, Sign. K 175.

Steinberg, Hans-Josef, 1976: Sozialismus und deutsche Sozialdemokratie. Zur Ideologie der Partei vor dem 1. Weltkrieg, 4. Aufl. Berlin/Bonn.

Stenographische Berichte über die Verhandlungen des Deutschen Reichstages, 1891, 8. Legislaturperiode, 1. Session 1890/91, Bd. 3, Berlin.

Vorwärts, Berlin, Nr. 76, 30. März 1895, S. 1: Wie man heute Revolutionen macht.

Herfried Münkler
Der gesellschaftliche Fortschritt und die Rolle der Gewalt
Friedrich Engels als Theoretiker des Krieges[1]

Im Rahmen einer Auseinandersetzung mit den Überlegungen von Friedrich Engels zur Politik liegt es nahe, auch dessen Kriegstheorie sowie die dazugehörigen Überlegungen zur Organisation des Militärwesens in Augenschein zu nehmen. Die marxistische Kriegstheorie in ihrer Gänze darzustellen würde freilich den zur Verfügung stehenden Rahmen sprengen.[2] Ich will mich im Folgenden darum auf Friedrich Engels als den Begründer der marxistischen Kriegstheorie konzentrieren. Die marxistischen Militärtheoretiker jedenfalls haben Engels immer als ihren Stammvater gefeiert. „Das militärtheoretische Erbe von Karl Marx und Friedrich Engels", so Alexej I. Babin im Jahre 1981,

„ist von unschätzbarem Wert für den Aufbau und die Stärkung der Streitkräfte der sozialistischen Staaten, es ist das sichere methodologische Fundament für die Entwicklung der Theorie und Praxis der sowjetischen Militärstrategie. Es dient als ständige Anleitung zum Handeln bei der Organisation des bewaffneten Schutzes des Sozialismus vor den Angriffen der imperialistischen Aggressoren [...]."[3]

Sieht man einmal vom liturgischen, gebetsmühlenartigen Charakter solcher Formulierungen ab, so ist darin die grundlegende Bedeutung der Engelsschen Arbeiten zur Kriegsgeschichte und Militärorganisation für das sozialistische Militärwesen und die marxistische Kriegstheorie deutlich formuliert. Mit diesem Urteil steht Babin[4] nicht

---

1 Bei dem Aufsatz handelt es sich um eine leicht überarbeitete Fassung eines Beitrages, der zuerst erschienen ist in dem Band *Über den Krieg. Stationen der Kriegsgeschichte im Spiegel ihrer theoretischen Reflexion* (Weilerswist 2002). Nachdruck mit freundlicher Genehmigung von Velbrück Wissenschaft.
2 Vgl. hierzu *Wette* 1971; *Blasius* 1966; *Kondylis* 1988, S. 242ff.
3 *Babin* 1981, S. 271.
4 Babin darf als der wohl beste Kenner der militärtheoretischen und kriegsgeschichtlichen Arbeiten von Engels in der früheren Sowjetunion gelten; vgl. dazu auch seinen kleinen Aufsatz *Die schöpferische Zusammenarbeit von Marx und Engels auf militärgeschichtlichem Gebiet* sowie die Monografie *Die Herausbildung und Entwicklung der militärtheoretischen Ansichten von Friedrich Engels*. Aus der Forschung der DDR sind zu nennen: *Zirke* 1957 sowie *Helmert* 1960, S. 1447ff., 1966, S. 72ff. u. 1973.

allein, sondern ihm haben auch die sogenannten bürgerlichen Militärhistoriker beigepflichtet. So schreibt etwa Werner Hahlweg:

„Alles in allem bietet sich bei Engels das Spektrum einer kritischen, stets auf die Belange der proletarischen Revolution und damit des Klassenkampfes bezogenen Militärwissenschaft in ihren theoretischen wie praktischen Aspekten auf der Grundlage des dialektischen Materialismus."[5]

Oder auch Jehuda Lothar Wallach, bei dem es heißt:

„Alle späteren Schichten der kommunistischen Militär- und Kriegstheorie – Lenins Theorie und Praxis, die Stalinsche Kriegslehre, Mao Tse-tungs Lehre des revolutionären Krieges und andere – stützen sich auf die Engelssche Basis. Ohne Kenntnis der Lehre von Engels muß jedes Studium der kommunistischen Kriegstheorie mangelhaft bleiben!"[6]

Diese Feststellungen eines Russen, eines Deutschen und eines Israeli zur Bedeutung von Engels für die marxistische Theorie des Krieges mögen Begründung genug sein, warum die Frage nach der fortbestehenden oder aber geschwundenen Relevanz der marxistischen Kriegstheorie hier nicht in Auseinandersetzung mit späteren Autoren, sondern in einer kritischen Beschäftigung mit den Arbeiten von Friedrich Engels beantwortet werden soll.

Engels' Kriegstheorie – ein wenig erforschtes Themenfeld

Beginnen wir mit der Frage, welchen Stellenwert die Engelsschen Schriften zur Kriegsgeschichte und Militärorganisation innerhalb des Gesamtwerkes von Marx und Engels haben. Zunächst fällt auf, dass von sozialdemokratischer Seite die Engelssche Beschäftigung mit Kriegsgeschichte und Militärwesen stets eher heruntergespielt als herausgestellt worden ist. Paradigmatisch hierfür ist eine Bemerkung Willi Brandts, wonach es sich bei Engels' Beschäftigung mit dem Krieg eher um eine persönliche Marotte als um einen konstitutiven Beitrag zur Theoriebildung gehandelt habe.[7] Diese Auffassung war keineswegs neu, sondern findet sich bereits 1925 in einem Aufsatz von Hugo Schulz, in dem es heißt: „Gewiß kann man sich einen Engels auch ohne 'militärische Schrullen' vorstellen."[8] Schrullen und Marot-

---

5 *Hahlweg* 1971, S. 63.
6 *Wallach* 1968, S. 8; ähnlich ders. 1972, S. 268.
7 Vgl. *Borgart* 1977, S. 70 u. 75, Anm. 7.
8 *Schulz* 1925, S. 353.

ten – indem man Engels' Beschäftigung mit Krieg und Militärwesen als eine persönliche Eigenheit marginalisierte, schaffte man sich dieses aus pazifistischer oder doch friedenspolitischer Perspektive heikle Thema vom Halse.

Diese Marginalisierungs der Engelsschen Beschäftigung mit militärgeschichtlichen Fragen dürfte auch der Grund dafür sein, warum die westliche Auseinandersetzung mit der Theorie von Marx und Engels den kriegsgeschichtlichen und militärtheoretischen Studien kaum Beachtung geschenkt hat.[9] Man sah darin eher eine persönliche Neigung von Engels, die auf seine einjährige Dienstzeit bei einer Garde Artillerie-Brigade in Berlin sowie seine Beteiligung an den militärischen Auseinandersetzungen im Rahmen der Reichsverfassungskampagne von 1849 zurückgeführt wurde,[10] und spielte die Bedeutung der entsprechenden Schriften, die im Engelsschen Gesamtwerk einen beachtlichen Anteil einnehmen, eher peinlich berührt herunter. So geriet die Engelssche Kriegstheorie im Westen zwischen die Stühle: Diejenigen, die sich mit der Geschichte der Arbeiterbewegung und des Marxismus auseinandersetzten, nahmen von Engels' kriegsgeschichtlichen und militärtheo-

---

9 Das zeigt sich u.a. auch darin, dass die Kriegs- und Militärfrage in den einschlägigen Textsammlungen und Darstellungen keinen oder kaum Niederschlag gefunden hat; vgl. etwa *Fetscher* 1976/77 u. 1987; einige kurze Hinweise auf Engels' militärwissenschaftliche Studien finden sich bei Fetscher *Friedrich Engels, seine Bedeutung für die Entwicklung des Marxschen Denkens*, S. 69f.; unter den westlichen Marxismusforschern bei eingehendsten *Kernig* noch 1971, S. 77ff.

10 Unter dem unmittelbaren Eindruck der Ereignisse hat Engels in der *Neuen Rheinischen Zeitung. Politisch-ökonomische Revue* veröffentlichte Artikelserie *Die deutsche Reichsverfassungskampagne* (MEGA², Bd. I/10, S. 37–118; MEW, Bd. 7, S. 109–197) geschrieben; ein bis zwei Jahre später hat er für die in New York erscheinende *Daily Tribune* die Ereignisse in einer größeren Artikelserie, die später unter dem Titel *Revolution und Konterrevolution in Deutschland* (MEGA², Bd I/11, 3-85; MEW, Bd. 8, S. 3–108) zusammengefasst wurde, nochmals beschrieben. Engels, der an den Kämpfen als Adjutant im Freikorps des früheren preußischen Leutnants und späteren amerikanischen Generals August Willich teilgenommen hat, hat seinen Entschluss, zu den Waffen zu eilen, folgendermaßen erläutert: „Von Homburg aus rückten gleichzeitig die Preußen ein, und da hiermit die Sache eine interessante Wendung bekam, da ich die Gelegenheit, ein Stück Kriegsschule durchzumachen, nicht versäumen wollte, und da endlich die 'Neue Rheinische Zeitung' honoris causa auch in der pfälzisch-badischen Armee vertreten sein mußte, so schnallte ich mir auch ein Schlachtschwert um und ging zu Willich." (MEGA², Bd. I/10, S. 84; MEW, Bd. 7, S. 161). Engels' zusammenfassendes Urteil über den Verlauf der Kämpfe lautet: „Wie bei jedem Insurrektionskrieg, wo sich die Truppen aus geschulten Soldaten und aus ungeübten Aufgeboten zusammensetzen, gab es in der revolutionären Armee zahlreiche Fälle von Heldenmut und zahlreiche Fälle von unsoldatischer, oftmals unbegreiflicher Panik; aber so unvollkommen diese Armee notwendigerweise auch sein mußte, sie hatte wenigstens die Genugtuung, daß man eine vierfache Überzahl nicht für ausreichend hielt, um sie zu schlagen, und daß der Einsatz von hunderttausend Mann regulärer Truppen in einem Feldzug gegen zwanzigtausend Aufständische militärisch eine so hohe Einschätzung bekundete, wie wenn es sich um einen Kampf mit der alten Garde Napoleons gehandelt hätte." (MEW, Bd. 8, S. 102).

retischen Arbeiten keine Notiz, und die professionalisierte Militärgeschichtsschreibung beschäftigt sich allenfalls beiläufig mit den Arbeiten von Engels.[11]

Erstaunlicherweise hat sich nun aber auch die offizielle marxistische Theorie mit Engels' kriegsgeschichtlichen und militärtheoretischen Arbeiten allen anderslautenden Einleitungsdeklarationen zum Trotz nur am Rande auseinandergesetzt. Jedenfalls stößt man auf der Suche nach in der DDR entstandener einschlägiger Sekundärliteratur keineswegs auf eine Flut von einschlägigen Aufsätzen und Büchern, sondern eher auf ein dünnes Rinnsal, und dieses Rinnsal verzweigt sich auch noch, als könne es sich nicht entschließen, in welche Richtung der Strom der Geschichte gehen soll. Ausschlaggebend bei dieser Verzweigung der Engels-Forschung war die Frage, mit welchen Mitteln der für eine sozialistisch gewordene Welt prognostizierte allgemeine Frieden erreicht werden sollte: mit militärischen, und zwar *unvermeidlich* mit militärischen, so dass ein Dritter Weltkrieg bei der Entscheidung der Frage ‚Sozialismus oder Kapitalismus' eher wahrscheinlich, wenn nicht gar unvermeidlich war, wie die chinesische Auffassung lautete, oder aber als militärische Verteidigung der sozialistischen Länder, falls sie angegriffen würden, aber im Prinzip unter den Bedingungen friedlicher Koexistenz von Sozialismus und Kapitalismus, wie die seit Chruschtschow vorherrschende sowjetische Doktrin festlegte, oder aber mit den Mitteln friedlicher Überzeugungsarbeit, die schließlich in eine sozialistische Welt hineinführen werden, wie in den letzten Jahren des Bestehens der staatssozialistischen Länder vermehrt zu lesen war. So heißt es, die militärische Überlegenheit des Sozialismus akzentuierend, in dem bereits zitierten Text von Babin:

> „Engels hatte erkannt, daß der Kommunismus eine kolossale Entwicklung der Produktivkräfte hervorbringen werde, wodurch grandiose Ergebnisse in der Technik erzielt und die Kampfkraft des siegreichen Proletariats auf eine unvorhersehbare Höhe gehoben werden könne. Er sagte voraus, daß die Rolle der Massenarmeen nach dem Sieg der proletarischen Revolution wächst, was wiederum die weitere Ausarbeitung der strategischen Prinzipien notwendig mache. Die sozialistische Produktionsmethode gewährleiste voll und ganz die Voraussetzungen, um Massenarmeen zu schaffen und einzusetzen. Wenn die neue Gesellschaft ein hohes ökonomisches Niveau erreicht haben wird und die Klassen abgeschafft sind, ‚so ist nur die Limite der waffenfähigen Bevölkerung die Schranke der wirklichen Aushebung'. Diese Voraussage von Engels hat sich in der UdSSR voll bestätigt."[12]

---

11 Zu den wenigen Ausnahmen gehört der von Sigmund *Neumann* und Mark von *Hagen* (1986) verfasste Aufsatz Kapitel Engels and Marx on Revolution, War, and the Army in Society".
12 *Babin* 1981, S. 270f.

Der Sozialismus hat danach nicht nur zur Steigerung der industriellen Produktion und des gesellschaftlichen Reichtums, sondern zugleich der verfügbaren militärischen Kräfte geführt, ja mehr noch: diese Steigerung galt als ein wesentliches Charakteristikum des Sozialismus, wobei zunächst offenblieb, ob dieses erhöhte militärische Potential sozialistischer Staaten auch für offensive oder nur für defensive Zwecke eingesetzt werden konnte oder sollte.

Dem stehen freilich Aussagen gegenüber, die Marx und insbesondere Engels als unermüdliche Streiter gegen Militarismus und Krieg präsentieren, wie etwa bei Rolf Dlubek im Jahre 1990, der Engels' Interesse an Kriegsgeschichte marginalisiert und die nicht nur bei ihm, sondern auch bei Marx gelegentlich auftauchende Forderung nach Forcierung bewaffneter Konflikte zwecks Beschleunigung der sozialen Revolution als eine sozialchauvinistische Legende zurückgewiesen hat.[13] Das Problem der parteioffiziellen marxistischen Forschung lag unübersehbar darin, dass in ihr die Engelssche Kriegstheorie nach den jeweiligen politischen Erfordernissen und der gerade geltenden Generallinie der Partei modelliert worden ist. Eine kohärente Erforschung der militärtheoretischen und kriegsgeschichtlichen Schriften von Engels war unter diesen Umständen kaum möglich, denn tatsächlich lassen sich sowohl für die eher pazifistische als auch für die eher belligerente Sicht im Engelsschen Werk hinreichend Belege finden. Die Aufgabe der Forschung hätte also zunächst darin bestanden, dieses Schwanken zu konstatieren und auf seine möglichen Ursachen hin zu untersuchen;[14] so aber ist die Engels-Forschung in der Sowjetunion und der DDR in die Geiselhaft der Politik genommen worden. Dies betrifft natürlich keineswegs nur die Engels-Forschung, sondern gilt für die Wissenschaftskultur der staatssozialistischen Länder generell, aber im Unterschied zu Marx, der aufgrund der größeren Kohärenz seines Werks zumindest gegen tagespolitische Vereinnahmungen eher geschützt war, boten sich die teilweise aus journalistischen Zusammenhängen entstandenen Schriften von Engels, gerade auch die zur Kriegsgeschichte und Militärpolitik, für eine unmittelbar politische Verwendung an und wurden dementsprechend ausgebeutet. Dass trotz der Benennung einer Militärakademie nach Engels es in der DDR keine systematische Erforschung der militärtheoretischen Arbeiten von Engels gegeben hat,[15] dürfte darin eine seiner wesentlichen Ursachen haben.

---

13 *Dlubek* 1990, S. 11–31; ähnlich *Seidel* 1990, S. 78-90; sehr viel differenzierter, wenngleich affirmativ gegenüber den Theorien von Marx und Engels und zwischen beiden nicht unterscheidend, *Steiner* 1989, S. 92–116.
14 So etwa *Soell* 1972, S. 109–184.
15 An diesem Urteil ändern auch einige bemerkenswerte Detailstudien zur Engelsschen Militärtheorie nichts; vgl. etwa *Rumjanzewa* 1984, S. 80–105 oder *Rjabow* 1987, S. 235–271.

Während von Babin nun einige Äußerungen von Engels zu einer proletarischen Militärorganisation sowie die in der Tat zentrale These von der Steigerung der kriegsverwendungsfähigen Anteile der Gesamtbevölkerung im Sozialismus zur Grundlage einer sozialistischen Militärtheorie und Militärorganisation aufgewertet werden,[16] treten bei Dlubek unter der Überschrift des Kampfs gegen Militarismus und Krieg alle anders lautenden Äußerungen von Marx und Engels zurück. Etwa wenn Marx und Engels 1854 in dem für die *New York Daily Tribune* verfassten Artikel *Der langweilige Krieg* schreiben:

> „Mag Europa verfault sein, ein Krieg hätte jedoch die gesunden Elemente aufrütteln müssen; ein Krieg hätte manche verborgenen Kräfte wecken müssen, und sicherlich wäre unter 250 Millionen Menschen so viel Energie vorhanden gewesen, daß wenigstens ein ordentlicher Kampf zustande gekommen wäre, in dem beide Parteien etwas Ehre geerntet hätten, soviel wie Mut und Tatkraft eben auf dem Schlachtfeld zu erringen vermögen. Aber nein. Nicht nur das England der Bourgeoisie und das Frankreich der Bonaparte ist zu einem ordentlichen, frischen, kräftig ausgefochtenen Krieg untauglich geworden, sondern auch Rußland, dasjenige Land Europas, das von der entnervenden, Treue und Glauben verachtenden Zivilisation am wenigsten angekränkelt ist, bringt derartiges nicht zuwege. [...] Unter Regierungen, wie wir sie gegenwärtig haben, kann dieser orientalische Krieg noch dreißig Jahre fortgeführt werden und doch zu keinem Ende kommen."[17]

Und bereits vorher heißt es in einem von Engels verfassten Beitrag in der *Neuen Rheinischen Zeitung* vom 15./16. Februar 1849, die Erfahrung habe gezeigt,

> „daß die ‚europäische Völkerverbrüderung' nicht durch bloße Phrasen und fromme Wünsche zustande kommt, sondern nur durch gründliche Revolutionen und blutige Kämpfe; daß es sich nicht um eine Verbrüderung aller europäischen Völker unter einer republikanischen Fahne, sondern um die Allianz der revolutionären Völker gegen die *konterrevolutionären* handelt, eine Allianz, die nicht auf dem *Papier*, sondern nur auf dem Schlachtfeld zustande kommt".[18]

---

16 Es ist nicht ganz klar, worin die spezifische Differenz zwischen einer sozialistischen und einer nationalistischen Bevölkerungsmobilisierung liegen soll, wenn es allein um quantitative Fragen der Bevölkerungsmobilisierung geht, denn schließlich hatte die Nationalisierung Europas seit der Französischen Revolution zu einer bis dahin unvorstellbaren Ressourcenmobilisierung geführt. Sollte sich dahinter eine Militärdoktrin der Kompensation technischer Überlegenheit durch den Einsatz größerer Menschenmassen verbergen, was als Vermutung naheliegt, explizit aber nicht ausgesprochen wird, so ist nicht recht einsichtig, was daran spezifisch sozialistisch sein sollte, wenn Sozialismus nicht von vornherein als Kompensation technologischer Rückständigkeit durch rücksichtslosen Gebrauch von Humanressourcen definiert werden soll.
17 *Marx/Engels*: Der langweilige Krieg, in: MEW, Bd. 10, S. 379; MEGA², Bd. I/13, S. 373.
18 *Engels*: Der demokratische Panslawismus, in: MEW, Bd. 6, S. 270f.

Derlei Zitate ließen sich bis in die 1870er und 1880er Jahre hinein mehren. Noch 1887 hat in Engels das düstere Bild eines heraufzielenden Weltkrieges entworfen, damit aber durchweg optimistische Perspektiven für den Sieg der Arbeiterklasse verbunden:

> „Acht bis zehn Millionen Soldaten werden sich untereinander abwürgen [...]; rettungslose Verwirrung unsres künstlichen Getriebs in Handel, Industrie und Kredit, endend im allgemeinen Bankerott; Zusammenbruch der alten Staaten [...], derart, daß die Kronen zu Dutzenden über das Straßenpflaster rollen und niemand sich findet, der sie aufhebt."[19]

Dann aber fährt er fort: „absolute Unmöglichkeit, vorherzusehn, wie das alles enden und wer als Sieger aus dem Kampf hervorgehen wird; nur ein Resultat absolut sicher: die allgemeine Erschöpfung und die Herstellung der Bedingungen des schließlichen Siegs der Arbeiterklasse."[20] Erst 1893 in der für den *Vorwärts* geschriebenen Artikelserie *Kann Europa abrüsten?* hat Engels seine vorherige Hoffnung auf die Dialektik des Militarismus endgültig verabschiedet.[21]

Wir können also festhalten: Engels hat, obwohl – oder vielleicht auch gerade weil – er in der Sowjetunion wie der DDR als Begründer der marxistischen Kriegstheorie und der sozialistischen Militärwissenschaft gefeiert worden ist, innerhalb des parteioffiziellen Marxismus im Hinblick auf seine militärtheoretischen Arbeiten wenig interpretatorische Aufmerksamkeit erfahren. Wo man auf ihn Bezug genommen hat, hat man dies eher in allgemeinen, wenig aussagekräftigen Formeln getan. Eine gründlichere Auseinandersetzung fehlt weitgehend. Als Gründe für diese bemerkenswerten Zurückhaltung möchte ich einige Hypothesen formulieren, die hier freilich nur umrissen, aber nicht eingehend entwickelt und überprüft werden können:

Erstens: Es ist Engels nicht gelungen, die Geschichte des Krieges in Analogie zur Geschichte der Entfaltung der Produktivkräfte und ihrer Organisation in den jeweiligen Produktionsverhältnissen systematisch darzustellen, wiewohl er Anläufe in diese Richtung, nicht zuletzt auf Drängen von Marx hin, mehrfach unternommen hat. So schrieb Marx am 25. September 1857 an Engels nach der Lektüre von dessen Text *Armee*:

---

19 *Engels*: Einleitung [zu Sigismund Borkheims Broschüre ‚Zur Erinnerung an die deutschen Mordspatrioten. 1806-1807], in: MEW, Bd. 21, S. 350f.
20 Ebd., S. 351.
21 *Engels*: Kann Europa abrüsten?, in: MEW, Bd. 22, S. 369–399; vgl. dazu auch *Münkler* 2003, S. 69f.; die Formel bezieht sich auf jene Passage in Engels' *Anti-Dühring*, die lautet: „Der Militarismus geht unter an der Dialektik seiner eignen Entwicklung." (MEGA², Bd. I/27, S. 361; MEW, Bd. 20, S. 158).

„Die Geschichte der *army* hebt anschaulicher als irgend etwas die Richtigkeit unsrer Anschauung von dem Zusammenhang der Productivkräfte und der socialen Verhältnisse hervor. [...] Wenn du einmal Zeit hast, mußt Du einmal die Sache von diesem Standpunkt ausarbeiten."[22]

Sechs Jahre später ist Marx auf die Frage einer systematischen Darstellung der Militärgeschichte durch Engels noch einmal zurückgekommen:

„Unsre Theorie von der Bestimmung der Arbeits*organisation durch das Produktionsmittel*, bewährt sie sich irgendwo glänzender als in der Menschenabschlachtungsindustrie? Es wäre wahrhaftig der Mühe wert, daß Du etwas hierüber schriebst (mir fehlt Kenntnis dazu), was ich mit Deinem Namen als Appendix eintragen könnte. Überleg Dir das. Soll es geschehn, so muß es aber pour le premier volume geschehn, wo ich dies Thema ex professo behandle. Du begreifst, welche große Freude es mir machen würde, wenn Du auch in meinem Hauptwerk (bisher habe ich nur Kleinigkeiten gemacht) als Kollaborateur direkt, nicht nur durch Zitat, erschienest!"[23]

Sieben Tage später, am 12. Juli 1866, antwortete Engels, nachdem er sich zuvor mit Marx' Karbunkeln, Napoleons III. Plänen und Bismarcks Politik beschäftigt hatte, auf Marxens Anregung knapp: „Die Geschichte wegen der Massakrierungsindustrie werde ich Dir zu machen suchen."[24] Dass es dazu dann trotz verschiedentlicher Anläufe nicht gekommen ist, hat nicht nur mit Engels' vielfachen Belastungen zu tun, sondern auch und gerade mit dem Umstand, dass er sich angesichts der Widerständigkeit des historischen Materials nicht in der Lage sah, eine durchgängige Vereindeutigung der Militärgeschichte im Sinne der von Marx vorgeschlagenen Bestimmung der Arbeitsorganisation durch das Produktionsmittel, hier also der Militärorganisation durch die Art der Bewaffnung, vorzunehmen. Erst die Epigonen haben dies versucht. Bei Engels findet sich diese Vereindeutigung oder Vereinseitigung allenfalls in rudimentärer Form[25] – aber was sich bei ihm ebenso findet, ist der

---

22 *Marx* an Engels, 25. September 1857, in: MEGA², Bd. III/8, S. 175; MEW, Bd. 29, S. 192.
23 *Marx* an Engels, 7. Juli 1866, in: MEW, Bd. 31, S. 23, Herv. i. Orig.
24 *Engels* an Marx, 12. Juli 1866, in: MEW, Bd. 31, S. 237.
25 Eine solche Monokausalität in der Beziehung zwischen Produktivkraftentfaltung und Produktionsverhältnissen bzw. Militärorganisation findet sich bei Engels zwar gelegentlich – etwa in der 1851 geschriebenen Studie *Bedingungen und Aussichten eines Krieges der Heiligen Allianz gegen ein revolutionäres Frankreich im Jahre 1852* (MEGA², Bd. I/10, S. 511–534; MEW, Bd. 7, S. 468–493), wo es heißt: „Die Voraussetzung der napoleonischen Kriegführung waren vermehrte Produktivkräfte; die Voraussetzung jeder neuen Vervollkommnung in der Kriegführung müssen ebenfalls neue Produktivkräfte sein." (S. 523) – aber in größeren, von ihm selbst als grundlegend begriffenen Arbeiten hat sich Engels eines multifaktoriellen Ansatzes bedient; vgl. etwa die Artikel *Die Armeen Europas* (MEW, Bd. 11, S. 409–480) sowie *Armee* (MEW, Bd. 14, S. 5–48).

Widerspruch dagegen: dass nämlich die politische Verfasstheit eines Staates ausschlaggebend für die Militärverfassung sei und alles daran anschließende, von der Bewaffnung bis zur Gefechtstaktik.[26]

Zweitens: Mit der Konsolidierung der Oktoberrevolution und dem Entschluss der Bolschewiki, nach dem Ausbleiben des revolutionären Brandes in Westeuropa den Versuch zu unternehmen, den Sozialismus in einem Land aufzubauen, war die Fülle der abschätzigen Bemerkungen, die sich bei Engels über Russland und insbesondere die russische Armee finden, ein Problem für die systematische Beschäftigung mit seiner Militärtheorie, zumal den abfälligen Bemerkungen über Russland bei Engels zahllose überaus anerkennende Äußerungen bezüglich der preußischen bzw. deutschen Armee gegenüberstehen. Als Beispiel hierfür mag eine Formulierung aus dem im April 1854 geschriebenen Artikel *Die russische Armee* genügen, in der Engels über die russische Militärliteratur schreibt:

> „Die Nüchternheit der Fakten geht unter in Fluten von schwülstigem Bombast, Ereignisse werden verzerrt gemäß den Bedürfnissen der nationalen Eitelkeit, die auf dem Schlachtfeld erkämpften Siege werden in den Schatten gestellt von größeren Siegen, die von den Autoren auf dem Papier errungen wurden, und Verleumdung des Charakters des Feindes, wer immer es sei, überwiegt von Anfang bis Ende."[27]

Prinzipiell war Engels der Auffassung, dass Russland aufgrund seines rückständigen Charakters, das heißt der Leibeigenschaft der Bauern und des geringen politischen Einflusses der Bourgeoisie, das in Europa mit der Französischen Revolution erreichte Niveau der militärischen Entwicklung bei weitem noch nicht erreicht habe, sondern in einem halbbarbarischen Zustand verblieben sei. Indikator dieses Zustands war, wie Engels in dem Aufsatz *Bedingung und Aussichten eines Krieges der heiligen Allianz gegen ein revolutionäres Frankreich* aus dem Jahre 1852 schrieb, dass Frankreich und Preußen fünf Prozent ihrer Bevölkerung leicht und im Notfall selbst sieben Prozent unter die Waffen rufen konnten, wohingegen Österreich allerhöchstens fünf und Russland kaum drei Prozent zu mobilisieren vermochten.[28] Das war nichts anderes als eine Anwendung der für Engels zentralen Überzeugung vom Zu-

---

26 Dieser Gedanke liegt *Delbrücks* (2000) nach wie vor bemerkenswerter Darstellung der Kriegs- und Militärgeschichte zugrunde; ebenso *Hintze* (1906) in dem Aufsatz *Staatsverfassung und Heeresverfassung*.
27 *Engels*: Die russische Armee, in: Marx-Engels-Forschungsberichte Nr. 2, Karl-Marx-Universität Leipzig 1984, S. 80. Der Artikel wurde 1977 in russischer und 1980 erstmals in englischer Sprache (Original) veröffentlicht; vgl. MEGA², Bd. I/13, S. 173–177.
28 *Engels*: Bedingungen und Aussichten eines Krieges, S. 533; Ganz offenkundig hat Babin seine Überlegungen zur erhöhten Mobilisierungsfähigkeit des Sozialismus an diese Passagen geknüpft.

sammenhang zwischen der Organisation der Produktionsverhältnisse und der Militärverfassung auf die Frage, ob es der ‚barbarischen Despotie' aus dem Osten gelingen werde, wie im Gefolge der Befreiungskriege durch die Bildung der sogenannten ‚Heiligen Allianz' das fortschrittliche Westeuropa noch einmal unter seine Knute zu zwingen.[29] Aus seiner zentralen These, wonach die Militärverfassung von der Organisation der Produktionsverhältnisse abhängig sei, folgert Engels, dass eine dauernde Unterjochung Westeuropas durch Rußland unmöglich sei und mit jedem Tage unmöglicher werde. Und in dem Text *Die Armeen Europas* schrieb er,

> „daß sich die russische Armee, obwohl sie sich durch viele erstklassige soldatische Qualitäten auszeichnet, niemals einer anderen Armee des zivilisierten Europas überlegen erweisen könnte. Bei gleichen Möglichkeiten würden die Russen verzweifelt kämpfen; aber zumindest bis zum gegenwärtigen Krieg wurden sie mit Sicherheit geschlagen, gleichviel, ob ihre Gegner Franzosen, Preußen, Polen oder Engländer waren."[30]

Nun waren alle diese Bemerkungen zweifellos auf das zarische Rußland bezogen, weswegen die Sowjetunion sich davon nicht betroffen zu fühlen brauchte, aber mit dem Vordringen großrussischer Elemente und einer zunehmenden Renationalisierung des kollektiven Gedächtnisses, wie sie von der politischen Führung schon vor der Proklamation des ‚Großen Vaterländischen Krieges' betrieben worden war,[31] waren derlei Feststellungen eher misslich, weil für die sowjetische Militärdoktrin kaum anschlussfähig. Diesen Engelsschen Bemerkungen über die Rückständigkeit Russlands steht nun aber auch noch ein exzessiver Gebrauch des Possessivpronomens in der ersten Person Plural gegenüber, wenn es um preußische oder deutsche Truppen geht. „Was sagst Du aber zu unsren Soldaten", so Engels an Marx nach der Erstürmung von Weißenburg durch preußische Truppen im August 1870, „die eine verschanzte Position gegen Mitrailleusen und Hinterlader mit dem Bajonett nehmen?"[32] Und noch im März 1893 schrieb er in der im *Vorwärts* veröffentlichten

---

29 Zur Furcht von Marx wie Engels vor einer russischen Dominanz in Europa vgl. *Soell* 1972, S. 128ff.; zu den Rußland betreffenden späteren Revolutionshoffnungen, S. 151ff. Der seit den 1970er Jahren entwickelte affirmative Bezug der DDR zu den preußischen Befreiungskriegen und der darin entwickelten ‚deutschrussischen Waffenbrüderschaft', der für die Traditionspflege der NVA von großer Bedeutung war, hat in den Schriften von Marx und Engels also keine Unterstützung finden können – im Gegenteil; zur Thematisierung der Befreiungskriege vgl. *Bluhm* 1996, S. 71–95, 1997, S. 162–174.
30 *Engels*: Die Armeen Europas, S. 414.
31 Vgl. *Fetscher* 1987, S. 146ff. u. 213ff.; in diese Zeit gehört auch Stalins Verdikt über Clausewitz, der sich sowohl bei Marx und Engels als auch bei Lenin großer Wertschätzung erfreute; vgl. hierzu *Rose* 1995, S. 95ff. (Lenin) u. 196ff. (Stalin).
32 *Engels* an Marx, 5. August 1870; in: *MEW*, Bd. 33, S. 30.

Artikelfolge *Kann Europa abrüsten?* zu einer sozialdemokratischen deutschen Militärpolitik:

> „Wir brauchen frischere, kühnere Köpfe, und ich müßte mich sehr täuschen, wenn es deren nicht genug gäbe unter unsern fähigsten Offizieren, nicht genug, die sich nicht sehnten nach Befreiung aus der Routine und Kamaschenwirtschaft, die in den zwanzig Friedensjahren wieder üppig emporgewuchert."[33]

Ganz ähnlich hatte er in den Schriften *Po und Rhein* sowie *Savoyen, Nizza und der Rhein*,[34] in denen er die militärstrategischen Interessen eines politisch vereinigten Deutschlands analysiert hatte, immer wieder das Possessivpronomen gebraucht und etwa von „unsern Interessen" gesprochen. Bereits in dem Artikel *Artilleristisches aus Amerika*, den er für die in Darmstadt erscheinende *Allgemeine Militärzeitung* verfasst hatte und in dem er sich mit den Neuerungen im Kriegsschiffbau auseinandersetzte, heißt es:

> „Lernt Kanonen von amerikanischem Kaliber gießen und Turmschiffe bauen. Zwei solcher Schiffe in der Elbe oder der Weser halten die ganze Nordseeküste frei. Vier derselben in der Ostsee unterwerfen uns dies Meer und zwingen, wenn es sein muß, Kopenhagen zur Kapitulation; von der jetzigen dänischen Flotte spricht dann kein Mensch mehr."[35]

Bei all diesen Bemerkungen ist nicht grundsätzlich in Abrede zu stellen, dass hier und da auch rhetorisch-propagandistische Überlegungen Engels die Feder geführt haben mögen, aber die Häufigkeit, mit der er das Possessivpronomen in diesem Zusammenhang gebraucht hat, ist doch gar zu auffällig, als dass die Fülle der Verwendungen auf bloße propagandistische Formeln reduziert werden könnte. Hatten also die großrussisch inspirierten Theoretiker ob Engels' abschätziger Bemerkungen über Russland wenig Anlass, sich mit seinen militärtheoretischen Arbeiten zu beschäftigen, so hatten die eher internationalistisch inspirierten Autoren in der marxistischen Tradition ob der verschiedentlich unüberhörbaren Nähe zu Deutschland und Preußen in militärischen Fragen zumindest ebensowenig Anlass dazu. Zur Ehre der Wissenschaftler in der DDR und auch der Sowjetunion wird man aber festhalten müssen, dass keiner der zitierten Texte unterdrückt wurde und sie zum großen Teil

---

33 *Engels*, Kann Europa abrüsten?, S. 381.
34 *Engels*, Po und Rhein"; in: MEW, Bd. 13, S. 225–268; ders.: Savoyen, Nizza und der Rhein, in: MEW, Bd. 13, S. 571–612; vgl. dazu auch *Wallach* 1968, S. 18.
35 *Engels*: Artilleristisches aus Amerika, veröffentlicht als Beigabe zu *Hahlweg* 1971, S. 69–71, Zitat 71.

in der MEW erschienen sind bzw. vollständig in der MEGA² erscheinen sollten.³⁶ Zu den publizierten und nicht unterdrückten Texten gehören schließlich auch jene bemerkenswerten Äußerungen in der *Neuen Rheinischen Zeitung* vom 13. Januar 1849, in der es heißt:

> „Es ist kein Land in Europa, das nicht in irgendeinem Winkel eine oder mehrere Völkerruinen besitzt, Überbleibsel einer früheren Bewohnerschaft, zurückgedrängt und unterjocht von der Nation, welche später Trägerin der geschichtlichen Entwicklung wurde. Diese Reste einer vom Gang der Geschichte, wie Hegel sagt, unbarmherzig zertretenen Nation, diese *Völkerabfälle* werden jedesmal und bleiben bis zu ihrer gänzlichen Vertilgung oder Entnationalisierung die fanatischen Träger der Kontrerevolution, wie ihre ganze Existenz überhaupt schon ein Protest gegen eine große geschichtliche Revolution ist."³⁷

Das Lumpenproletariat und die Völkertrümmer, bei denen Engels vorzugsweise die Südslawen im Auge hatte, spielen in seiner Sicht identische politische Rollen: Sie stellen sich Mal für Mal der Konterrevolution zur Verfügung.

Das ausschlaggebende Element der Militärgeschichte: Produktivkraftentfaltung oder politische Verfassung

Engels folgte, wie bereits erwähnt, der Vorstellung, die Militärgeschichte lasse sich in Analogie zur Dialektik von Produktivkraftentfaltung und Produktionsverhältnissen erfassen und darstellen. Dass ihm die Umsetzung dieser Vorstellung in ein kohä-

---

36 Dass dies freilich nicht immer ganz einfach war, zeigt das sachlich unrichtige und offenbar wider besseres Wissen abgefasste Vorwort zu Bd. 14 der *Marx-Engels-Werke*: „Es muß auch gesagt werden, daß Engels an der gebührenden Berücksichtigung der Kriegserfahrung einer Reihe von Völkern behindert war, weil die Geschichte der Kriegskunst vieler Länder in jener Zeit noch nicht ausgearbeitet war. So erwähnt Engels in seinen Artikeln z. B. nur flüchtig die russische Kriegskunst und berührt die Geschichte der russischen Armee hauptsächlich in den von ihm gemeinsam mit Marx verfaßten Biographien einiger militärischer Führer Rußlands (in den Artikeln ‚Barclay de Tolly' und ‚Benningsen'). In einzelnen Fällen unterliefen Engels, da er die tendenziösen Arbeiten der westeuropäischen Historiker benutzte und keine Möglichkeit hatte, sie mit objektiveren Untersuchungen zu vergleichen, Ungenauigkeiten in der Darstellung einiger Seiten der russischen Kriegsgeschichte. Solche Ungenauigkeiten sind z. B. in dem Artikel ‚Borodino' enthalten. In diesem Artikel wird eine einseitige Beurteilung der Ergebnisse der Schlacht von Borodino gegeben und, wie in dem Aufsatz ‚Barclay de Tolly', die Rolle des großen russischen Feldherrn M. I. Kutusow herabgesetzt." (S. XIIf.). Tatsächlich hat Engels über subtile Kenntnisse der russischen Heeresorganiation verfügt, wobei er sich auf die beste Arbeit, die damals vorhanden war, stützte: August von Haxthausens Studie *Die Kriegsmacht Rußlands in ihrer historischen, ethnographischen und politischen Beziehung*, vgl. MEGA², Bd. I/13, S. 638. Zur Schlacht von Borodino vgl. *Münkler* 2006, S. 75–102.
37 *Engels*: Der magyarische Kampf, in: MEW, Bd. 6, S. 172.

rentes Werk nicht gelungen ist, hängt nicht zuletzt mit der Akribie und Skrupulösität zusammen, in der er die Kriegs- und Militärgeschichte durchgearbeitet hat. So interessierte er sich nicht nur für Details beim Bau von Kriegsschiffen, für Spezialfragen ihrer Panzerung und Armierung, für die Belüftung von Kasematten, die verhindern sollte, dass die Geschützbedienungen bei Dauerfeuer im Qualm erstickten, sondern auch für Details der Entwicklung von Gewehren, für Ladekammern von Kanonen und dergleichen mehr.[38] Es war diese fast manisch zu nennende Detailversessenheit, die ihn daran hinderte, ein vorgegebenes Schema auf die Geschichte des Militärwesens durchgängig anzuwenden. Dies hat ihn auch, etwa in den Artikeln für die *Cyclopaedia* und in dem Artikel *Armee*, zu einem erstaunlich positiven Urteil über die Armee Friedrichs II. von Preußen kommen lassen. Anhand der Einführung der Lineartaktik durch Leopold von Dessau, den alten Dessauer, die Reorganisation der Kavallerie durch Seydlitz und schließlich die von Friedrich selbst erprobte schiefe Schlachtordnung sei es dem König gelungen,

„daß er mit den Mitteln eines Königreiches, das kleiner war, als Sardinien heute ist, und mit der kärglichen finanziellen Unterstützung Englands einen Krieg gegen fast ganz Europa führen konnte".[39]

Weder vom Stand der Produktivkraftentfaltung noch von der politischen Verfasstheit des Staates ist hier die Rede, sondern nur vom Exerzierreglement der Infanterie, von der Angriffstaktik der Kavallerie und vom Feldherrngenie des Königs. Diese Akribie hat Engels zugleich aber auch instandgesetzt, die französische Niederlage bei Sedan mitsamt ihrem Verlauf mehr als eine Woche vorher vorauszusagen, ja, es hat ihn sogar befähigt, jene Strategie im amerikanischen Bürgerkrieg zu antizipieren, mit der schließlich die Generäle Grant bzw. Sherman die Südstaaten in die Knie zwangen.[40] Freilich ist Engels' militärische Prognostik auch von Fehlern nicht verschont geblieben: So war er am Anfang des Sezessionskrieges in Amerika der Auf-

---

38 Vgl. etwa *Engels*: Geschichte des gezogenen Gewehrs, in: MEW, Bd. 15, S. 195–226; ders.: Schiffe und Festungen, in: *Marx-Engels-Forschungsberichte* 2, Karl-Marx-Universität Leipzig 1984, S. 64–68; der am 13. Juni 1854 in der *New York Daily Tribune* veröffentlichte Text wurde erst im Zuge der Editionsarbeiten an Band I/13 der MEGA (S. 259–263) als von Engels stammend identifiziert; *Engels*: Taktik der Infanterie aus den materiellen Ursachen abgeleitet. 1700–1870, in: MEGA², Bd. I/27, S. 100–107; MEW, Bd. 20, S. 597–603. Hierzu gehören auch die für den *Manchester Guardian* geschriebene Artikelserie über den preußisch-österreichischen Krieg mit dem Titel *Betrachtungen über den Krieg in Deutschland* (MEW, Bd. 16, S. 167–189) sowie die für die *Pall Mall Gazette* verfasste Artikelserie zum deutsch-französischen Krieg unter dem Titel *Über den Krieg* (MEW, Bd. 17, S. 9–163); vgl. Mayer 1975, Bd. 2, S. 189ff. sowie Wallach 1971, S. 73–76.
39 *Engels*: Infanterie, in: MEW, Bd. 14, S. 360.
40 Vgl. *Mayer* 1975, S. 192f.; *Wallach* 1971, S. 74ff., 1968, S. 26ff.; *Babin* 1978, S. 181ff.

fassung, die Südstaaten würden den Sieg davontragen – übrigens hat ihn Marx als erster darin korrigiert –, und vor Königgrätz, der vernichtenden Niederlage der Österreicher gegen die Preußen, meinte er, dass die österreichische Seite gewinnen werde, weil Moltke bei seinem Aufmarsch jene Fehler wiederhole, die die Österreicher einst gegen Napoleon ins Verderben geführt hätten. Aber Engels hat schnell gelernt und begriffen, dass die veränderten logistischen Voraussetzungen, insbesondere die Nutzung der Eisenbahn, gegenüber der napoleonischen Strategie Neuerungen ermöglichten, die das Operieren auf der äußeren Linie erfolgversprechend und Einkreisungsschlachten möglich machten. Engels hat diese Schlachten schon früh mit Cannae verglichen. Bekanntlich hat der Mythos von Cannae sich in der Ägide Schlieffens im preußischen Generalstab durchgesetzt,[41] und der so genannte Schlieffenplan, die sich unter Bruch der belgischen Neutralität vollziehende Entfaltung des deutschen Angriffs auf Frankreich, durch den mit einem ausgreifenden rechten Flügel die französischen Armeen, die zur Verteidigung von Paris aufmarschiert waren, umfasst, auf den Rhein geworfen und dort vernichtet werden sollten, ist orientiert an dem Mythos von Cannae entwickelt worden. Dieser Vergleich drängt sich auch darum auf, weil zu Engels' bemerkenswerten militärtheoretischen Antizipationen auch seine geniale Vorwegnahme des Schlieffenplans gehört, in der er die Sinnlosigkeit von Fortifikationssystemen analysierte und voraussagte, dass sich ein deutscher Angriff auf Frankreich nach 1870/71 über Belgien entwickeln werde.[42] Gleichzeitig beschrieb er auf der Grundlage des französischen Eisenbahnsystems um Paris aber auch die möglichen Gegenmaßnahmen und sagte voraus, dass ein erfolgversprechender französischer Widerstand erst an der Marne erfolgen werde. Wie kaum ein anderer seiner Zeitgenossen hatte Engels begriffen, dass unter den veränderten Bedingungen seit der Industrialisierung die Schlüsselbedeutung, die einst Festungen besessen hatten, auf die Eisenbahn übergegangen war. Jehuda Wallach hat diese Überlegungen von Engels so kommentiert:

„Es hätte sich vielleicht doch gelohnt, wenn die preußischen Generalstäbler dem anonymen Verfasser von ‚Po und Rhein' auch nach dem Kriege von 1870/71 noch etwas Gehör

---

41 Die Vorstellung des Verlaufs der Schlacht von Cannae hat Schlieffen wahrscheinlich den kriegsgeschichtlichen Studien Hans Delbrücks entnommen; vgl. *Schlieffen* 1913, S. 27–30; vgl. dazu auch *Ritter* 1956 u. *Wallach* 1970, S. 62ff., insbes. S. 74ff., 1972, S. 89ff.
42 *Engels*: Po und Rhein, S. 254–262; dort findet sich auch die Bemerkung, es müsse sich noch herausstellen, ob die belgische Neutralität „bei einem europäischen Kriege mehr ist als ein Blatt Papier" (S. 260), die nicht zuletzt deswegen so bemerkenswert ist, weil Reichskanzler von Bethmann Hollweg bei seiner Reichstagsrede zur Kriegserklärung an Frankreich diese Wendung vom „Blatt Papier" dann tatsächlich gebraucht hat.

geschenkt hätten! Vielleicht wären dann die Ereignisse der Marne-Schlacht 1914 nicht so überraschend gekommen!"[43]

Dass man von seinen Militäranalysen in Amerika glaubte, sie stammten aus der Feder des General Scott und dass man schließlich selbst in Berliner Kreisen der Auffassung war, die Analyse von *Po und Rhein* stamme von einem preußischen General, wie Marx an Engels nach einem Besuch bei Lassalle und der Gräfin Hatzfeldt schrieb,[44] hat Engels mit Zufriedenheit aufgenommen. Seine Freunde und Bekannten nannten ihn gern „the General", und Jenny Marx machte ihm zu Beginn des deutsch-französischen Krieges 1870 sogar die Ehre, ihn als „jeune Moltke" zu bezeichnen. Das war keineswegs ironisch gemeint, denn Jenny Marx war, im Unterschied zu ihren Töchtern, die in diesem Krieg von Anfang an profranzösisch eingestellt waren, mit ihren Sympathien eher auf preußisch-deutscher Seite: „denn alle Franzosen", so schrieb sie an Engels, „selbst das winzige Häufchen der Bessern, haben doch alle im fernsten Winkel des Herzens den Chauvinismus stecken. Der wird einmal herausgeklopft."[45]

In einem Selbstempfehlungsschreiben an den zuständigen Redakteur der *Daily News*, in dem sich Engels um die Stelle eines festangestellten Autors zum Krimkrieg bewarb, hat er von sich selbst bemerkt:

„Ich erlaube mir daher mitzuteilen, daß ich meine militärische Schule in der preußischen Artillerie durchgemacht habe, die, wenn sie auch nicht so ist, wie sie sein könnte, doch die Männer hervorgebracht hat, welche ‚die türkische Artillerie zu einer der besten Europas' machten, wie unser Freund Nikolaus das ausgedrückt hat. Später hatte ich Gelegenheit, aktiv an den Kampfhandlungen während des Insurrektionskrieges in Süddeutschland 1849 teilzunehmen. Viele Jahre hindurch ist das Studium der Militärwissenschaft in allen ihren Zweigen eine meiner Hauptbeschäftigungen gewesen, und der Erfolg, den meine damals in der deutschen Presse veröffentlichten Artikel über den Ungarischen Feldzug erfreulicherweise hatten, bestärkt mich in dem Glauben, daß ich nicht vergeblich studiert habe."[46]

Engels sagte nicht zuviel, wenn er darauf verwies, er habe viele Jahre hindurch sich eingehend mit dem Studium der Militärwissenschaft beschäftigt. In einem auf den 19. Juni 1851 datierten Brief an Joseph Weydemeyer hat er sein Arbeits- und Forschungsprogramm eingehend beschrieben:

---

43 *Wallach* 1968, S. 22.
44 *Marx* an Engels, 7. Mai 1861, in: MEW, Bd. 30, S. 162.
45 Jenny *Marx* an Engels, 10. August 1870, in: MEW, Bd. 33, S. 675.
46 *Engels* an den Redakteur der *Daily News* H.J. Lincoln (Entwurf), 30. März 1854, in: MEW, Bd. 28, S. 600f.; MEGA², Bd. III/7, S. 77.

„Ich habe, seit ich hier in Manchester bin, angefangen Militaria zu ochsen, für die ich hier ein wenigstens für den Anfang ziemlich ausreichendes Material gefunden habe. Die enorme Wichtigkeit, die die partie militaire bei der nächsten Bewegung bekommen muß, eine alte Inclination, meine ungarischen Kriegsartikel von der Ztg. her, schließlich meine glorreichen Abenteuer in Baden, Alles das hat mich darauf geworfen und ich will es wenigstens soweit in der Geschichte bringen, daß ich theoretisch einigermaßen mitsprechen kann ohne mich zu sehr zu blamieren. Was ich nun hier an Material vorfinde – napoleonische und stellenweise Revolutionscampagnen betreffend – setzt eine Masse Detailgeschichten voraus die ich gar nicht oder nur sehr oberflächlich kenne, und über die man entweder gar keine oder nur sehr oberflächliche, mühsam zusammenzusuchende Aufklärung bekommt. Das Autodidaktenwesen ist aber überall Unsinn und wenn man das Ding nicht systematisch betreibt so kommt man zu nichts Ordentlichem. Was ich nun eigentlich brauche, wirst Du besser verstehn, wenn ich Dich erinnere, daß ich – von meinem badischen Avancement natürlich abgesehn – es nicht über den königlichpreußischen Landwehrbombardier gebracht habe, und mir zum Verständniß des Details der Campagnen das Mittelglied fehlt, das in Preußen durch das Leutnantsexamen hergestellt wird, und zwar in den verschiednen Waffengattungen."[47]

Natürlich wolle er nicht „Gamaschendetails" erfahren, aber die Details, die zum Verständnis und zur richtigen Beurteilung militärischer Entwicklungen nötig seien, die wolle er jetzt lernen. Es ist ein umfängliches Programm, das Engels Weydemeyer gegenüber aufführt und worum er ihn um Literaturhinweise bittet, von der Elementartaktik über die Befestigungstheorie bis zur Anlage von Feldverschanzungen, schließlich die Konstruktion von Feldlafetten, das Verpflegungswesen, die Lazarette usw. Es ist ganz offensichtlich dieses Interesse am Detail gewesen, das Engels daran gehindert hat, aus seinen militärtheoretischen Kenntnissen eine so eingängige Schrift zu machen, wie er dies etwa in der Schrift *Der Ursprung der Familie, des Privateigentums und des Staates* oder im *Anti-Dühring* getan hat,[48] beides Schriften, die zur Verbreitung dessen, was dann sehr bald Marxismus genannt worden ist, viel entscheidender beigetragen haben als die großen Schriften von Marx selbst. Ob seiner brillanten journalistischen Fähigkeiten wäre Engels ganz zweifellos dazu in der Lage gewesen, eine mit historischen Details gespickte und dennoch eingängige Darstellung der Militärgeschichte abzuliefern, die ganz in das von Marx ihm gegenüber angemahnte Schema gepasst hätte. Dass er dies nicht getan hat oder ihm dies trotz verschiedener Anläufe nicht gelungen ist, ist bemerkens-

---

47 *Engels* an Joseph Weydemeyer, 19. Juni 1851, in: MEGA, Bd. III/4, S. 132.
48 In den Kapiteln über die *Gewaltstheorie* im *Anti-Dühring* (MEGA², Bd. I/27, S. 350ff.; MEW, Bd. 20, S. 154ff.) hat Engels versucht, eine solche Theorie der Militärgeschichte auf der Grundlage der Geschichte technologischer Innovationen zu umreißen, aber gerade darin bleibt er deutlich unterhalb des Komplexitätsgrades seiner sonstigen Überlegungen zu militärtheoretischen Fragen.

wert und für die Interpretation seiner Schriften hochbedeutsam. So hat Engels nicht nur die lange in die „Dialektik des Militarismus" gesetzten Erwartungen gegen Ende seines Lebens verabschiedet und sie durch eine ohne alle dialektischen Umschläge zu verstehende Politik der Abrüstung ersetzt, sondern hat auch darauf verzichtet, den Prozess der revolutionären Veränderungen in Europa auf militärischer Konfliktaustragung zu begründen, wie er dies 1848 und auch später noch immer wieder getan hat. Gibt es dafür eine über Engels' Detailversessenheit in militärischen Dingen und sein daraus resultierendes literarisches Scheitern hinausgehende Erklärung, so liegt sie darin, dass Marx wie Engels nach dem Erscheinen des 1. Bandes des *Kapital* in der ökonomischen Entwicklung des Kapitalismus ein hinreichendes Fundament ihrer revolutionären Erwartungen gesehen haben.

Einen kleinen Einblick in Engels' Denk- und Arbeitsweise in kriegsgeschichtlichen und militärtheoretischen Fragen gibt ein Absatz aus dem bereits erwähnten Brief an den Redakteur der *Daily News*: „Was die Politik anbelangt", bemerkt Engels über die von ihm angebotenen Artikel über den Krimkrieg,

> „so würde ich sie so wenig wie möglich mit der militärischen Kritik vermischen. Es gibt im Krieg nur eine richtige politische Linie: mit der größten Schnelligkeit und Energie daranzugehen, den Gegner zu schlagen und ihn zu zwingen, sich den Bedingungen des Siegers zu unterwerfen. Wenn die verbündeten Regierungen das tun [gemeint sind England und Frankreich, Anm. H. M.], werde ich es anerkennen; wenn sie ihren Befehlshabern die Hände binden oder sie knebeln, werde ich mich dagegen äußern. Ich wünschte wirklich, die Russen bekämen eine tüchtige Tracht Prügel, aber wenn sie sich gut schlagen, so bin ich Soldat genug, ihnen Gerechtigkeit widerfahren zu lassen. Im übrigen würde ich mich an den Grundsatz halten, daß die Militärwissenschaft, ebenso wie Mathematik und Geographie, keine besondere politische Meinung hat."[49]

Auf dieser Grundlage hat Engels dann seine Analysen des Krimkriegs, des amerikanischen Bürgerkriegs sowie der Kriege zwischen Frankreich und Österreich um Oberitalien, zwischen Preußen und Österreich und schließlich zwischen Deutschland und Frankreich geschrieben, die zum besten und eindrucksvollsten gehören, was die militärhistorische Literatur des 19. Jahrhunderts hervorgebracht hat.[50] Das vielleicht Bemerkenswerteste daran ist, dass er seine Fixierung auf die napoleonische Strate-

---

49 *Engels* an den Redakteur der *Daily News* H. J. Lincoln, S. 602; MEGA², Bd. III/7, S. 78.
50 Vgl. über die in Fn. 38 aufgeführten Hinweise zu Engels' Analysen des preußisch-österreichischen und des deutsch-französischen Krieges hinaus auch seine in der *New-York Daily Tribune* erschienenen Artikel über den Krimkrieg in MEGA², Bd. I/13, S. 503–567; MEW, Bd. 10, S. 507–582. In der frühen DDR ist eine von umfassenden Gesamteditionen unabhängige Ausgabe dieser Schriften als *Ausgewählte militärische Schriften* veranstaltet worden.

gie, wie sie auch in der zitierten Stelle des Briefs an den *Daily News*-Redakteur hervortritt („Es gibt im Krieg nur eine richtige politische Linie: mit der größten Schnelligkeit und Energie daranzugehen, den Gegner zu schlagen [...]."), immer wieder zu relativieren oder gar zu überwinden verstand. Diese Fixierung auf die napoleonische Strategie des schnellen Operierens auf der inneren Linie und des Suchens der mit großen Massen geführten Entscheidungsschlacht hatte ihn zu den beiden oben erwähnten Fehlurteilen hinsichtlich eines Erfolgs der sezessionistischen Südstaaten und der Österreicher gegen Preußen im Jahre 1866 veranlasst. Engels hat dies schnell korrigiert. Er war bereit, seine allgemeinen Vorstellungen durch Ereignisse und Entwicklungen korrigieren zu lassen. Immer wieder hat er dabei seine analytische Fähigkeit und prognostische Klarsicht gezeigt, etwa wenn er im Falle der Belagerung von Sewastopol schrieb, dass „in dem selben Maße, wie sich während der langen Friedensperiode das Kriegs*material* durch den industriellen Fortschritt verbessert hat, die Kriegs*kunst* heruntergekommen ist",[51] oder wenn er anläßlich der Schlacht von Inkerman, wo sich nach der Überlegenheit der französisch-englischen Artillerie und Kavallerie auch die der verbündeten Infanterie über die sieggewohnte russische Infanterie erwies, die Überlegenheit moderner Produktionsmethoden über primitive Produktionsformen auch für das Kriegsgeschehen bedeutsam machte.[52] Beides zeigt sich auch in seinen Analysen des amerikanischen Bür-

---

51 *Engels*: Die Belagerung Sewastopols, in: MEW, Bd. 10, S. 543; MEGA², Bd. I/13, S. 534.
52 „Die Standhaftigkeit der Truppen, die jenes volle Vertrauen in sich selbst besitzen, das nur Menschen einer hochzivilisierten Nation haben können, und die Überlegenheit der Waffen und des Feuers der Briten taten das übrige. Die Russen sind die schlechtesten Schützen aller uns bekannten Truppen, und hier haben sie es bewiesen, sonst hätten sie jeden vorhandenen Engländer niederstrecken müssen. Das war der Charakter und das ist das Bedeutsame der Schlacht bei Inkerman. Es zeigt sich, daß der Ruhm der russischen Infanterie dahinschwindet. Es zeigt sich, daß sich der Westen, wie groß auch der Fortschritt Rußlands sein mag, zweimal so schnell entwickelt und daß Rußland in einem Kampf mit gleichstarken westlichen Truppen keinerlei Chancen haben kann, nicht einmal bei einer solchen Überlegenheit, wie Rußland sie bei Inkerman hatte." (*Engels*: Die Schlacht bei Inkerman, in: MEW, Bd. 10, S. 567; MEGA², Bd. I/13, S. 554f.). Eine derart zugespitzte Gegenüberstellung von russischen und westlichen Truppen konnte der Herausgeber der MEW, das Institut für Marxismus-Leninismus beim ZK der SED, unter den Bedingungen des Kalten Krieges und der militärischen Konfrontation der Blöcke (der einschlägige Band erschien 1962) nicht unkommentiert passieren lassen. So findet sich in dem vom Institut für Marxismus-Leninismus beim ZK der KPdSU unverändert übernommenen Vorwort nach den üblichen Floskeln, wie „wichtige Etappe in der Herausbildung der marxistischen Militärwissenschaft" etc., die Einschränkung: „Beim Lesen der militärischen Artikel von Engels muß man jedoch berücksichtigen, daß er oft nur über tendenziöse Informationen der westeuropäischen bürgerlichen Presse verfügte und weder die Zeit noch die Möglichkeit hatte, die Meldungen über den Verlauf der Kriegshandlungen zu überprüfen, da er die militärischen Übersichten unmittelbar nach den Ereignissen schrieb, so daß er manchmal einige militärische Operationen einseitig einschätzte, [...]." (MEW, Bd. 10, S. XI). Diese Einschränkung ist den Herausgebern so

gerkriegs, etwa in der vernichtenden Kritik an der sogenannten Anakondastrategie des Generals McClelland, die Engels mit jener Cordon-Strategie verglich, wie sie Österreich in den Kriegen gegen Napoleon angewandt und mit der es regelmäßige Niederlagen eingesteckt hatte.[53] Was aber folgt aus alledem hinsichtlich einer Theorie des Krieges?

Produktivkraftentfesselung und Heeresverfassung

Spätestens im Verlaufe des Krimkriegs ist Engels zu dem Ergebnis gekommen, dass eine Nation, welche mit primitiven Produktionsformen gegen Nationen mit moderner Produktion kämpfe, einen hoffnungslosen Kampf führe. Nun seien die Zeiten vorbei, da rückständige Völker aufgrund ihrer Gewöhnungen an Entbehrung und ein hartes Leben sich in kriegerischen Konflikten verstädterten Zivilisationen ein ums andere Mal als überlegen erwiesen hatten, denn diese Zivilisationen verfügten nun über Militärtechnologien, denen die halbbarbarischen Völker nicht gewachsen seien; obendrein könnten sie auf moderne Transportmittel zurückgreifen, die ihnen die Dislozierung ihrer Kräfte innerhalb kürzester Zeit erlaubten. Zugleich wies Engels darauf hin, dass Nationen mit fortgeschritteneren Produktionsmethoden auch größere Teile ihrer Bevölkerung für den Kriegsdienst mobilisieren könnten, und er war der Überzeugung, dass nach einer sozialistischen Revolution der Bevölkerungsanteil, der zu den Waffen gerufen werden konnte, noch weiter anwachsen werde. Eine auf Clausewitz geprägte Formulierung des englischen Militärtheoretikers Liddell Hart variierend, wird man sagen können, dass Engels der eigentliche „Mahdi der Massen" gewesen ist.[54] In dieser Frage ist ihm, wie unter Bezug auf Babin oben gezeigt, die sowjetische Militärdoktrin ziemlich genau gefolgt. Die in England immer wieder diskutierte Konzeption kleiner, hochprofessionalisierter Eliteeinheiten,[55] wie sie auch von dem deutschen General Hans von Seeckt entwickelt worden ist[56] und zu der angesichts der veränderten weltpolitischen Konstellationen die gegenwärtige Entwicklung tendiert, ist von Engels jedenfalls nicht antizipiert und auch nicht für möglich gehalten worden. Dass gerade die militärtechnologische Entwick-

---

wichtig, daß sie sie an anderer Stelle wiederholen (S. XXI–XXII; ähnlich auch MEW, Bd. 11, S. XXIIf.); vgl. hierzu auch *Mayer* 1975, S. 51ff.
53 *Marx/Engels*: Der Amerikanische Bürgerkrieg, in: MEW, Bd. 15, S. 493; vgl. *Wallach* 1968, S. 26f.
54 *Liddell Hart* 1933, S. 120.
55 Vgl. *Wallach* 1972, S. 195ff.
56 Ebd., S. 167ff.

lung zu professionalisierten Armeen und zum Abschied von der Wehrpflicht führen könne, blieb offenbar außerhalb seines Erwartungsrahmens. In dieser Hinsicht blieb Engels den spezifischen Konstellationen des 19. Jahrhunderts, wie sie im Gefolge der Französischen Revolution eingetreten waren, zutiefst verhaftet.

Engels hat dabei jedoch nicht die Möglichkeiten des Widerstandes auch rückständiger Völker gegen produktionstechnisch überlegene Völker bestritten, diese aber wesentlich auf dem Verteidigungskrieg beschränkt. So notierte er mit Blick auf den Krieg des zarischen Russlands gegen die Bergbewohner des nördlichen Kaukasus:

„Die Russen fangen an naiv zu werden; sie behaupten, der Krieg gegen die Tscherkessen habe noch nicht so viel Menschenleben gekostet wie eine der kleineren napoleonischen Schlachten. Solche Naivität hätte ich einem Barbaren wie Nikolaus nicht zugetraut."[57]

Auch später war Engels der Überzeugung, dass „die tapferen stadtfremden Viehzüchter" den Krieg in vertrautem Gelände in einer Intensität zu führen vermögen, die sie in die Lage versetzt, auch zivilisatorisch überlegenen Eindringlingen zu widerstehen. Eine genauere Lektüre dieser Bemerkungen von Engels hätte die sowjetisch-russische Generalität von Einmärschen bzw. ‚militärischen Lösungen' zwischen Afghanistan und Tschetschenien gewarnt. Gleichwohl hat Engels' Fixierung auf die napoleonische oder später auch auf die Moltkesche Strategie der Entscheidungsschlacht und der Konzentration der Kräfte in Raum und Zeit ihn daran gehindert, die Perspektiven eines Guerilla-Krieges im Sinne der maoistischen Doktrin des lange auszuhaltenden Krieges[58] zu antizipieren. Im Gegenteil: den Krieg der Dörfer gegen die Städte im Sinne der strategischen Einkreisung der Städte durch die Dörfer, also den erfolgreichen Widerstand der historisch zurückgebliebenen Produktionsformen gegen die historisch fortgeschritteneren Produktionsformen, wie er der marxistischen Guerillakonzeption zugrundeliegt, hätte Engels für aussichtslos und im Ansatz völlig verfehlt gehalten. Dass dies von China über Algerien bis Vietnam nicht der Fall war,[59] zeigt zugleich die Grenzen seiner Militärtheorie.

Gleichzeitig bleibt ein grundsätzliches Problem bestehen, das in der Engelsschen Theorie aus der Parallelisierung von Produktivkraftentfaltung und Mobilisierungsfähigkeit der Bevölkerung für die Armee erwächst: Die Frage nämlich, wie es überhaupt zum Eintritt in eine friedliche Weltgesellschaft, die keine Kriege mehr kennt, kommen soll, wenn doch durch die weitere Entfesselung der Produktivkräfte gleich-

---

57 *Engels*: Kriegführung im Gebirge einst und jetzt (MEW, Bd. 12, S. 108–114).
58 Vgl. *Mao* 1966 sowie allgemein *Münkler* 1990 u. 2006, S. 139ff. u. 184ff.
59 Vgl. *Aron* 1963.

zeitig eine stetige Vergrößerung der Massenheere sowie die Verfügbarmachung immer höherer Vernichtungskapazitäten in Gang gesetzt wird. Bekanntlich hat Engels nicht jene Erwartung geteilt, die von Immanuel Kant, Auguste Comte, Herbert Spencer und schließlich noch Joseph Schumpeter vorgetragen wurde, dass nämlich die Ausweitung des Handels, eventuell verbunden mit größeren politischen Partizipationschancen der Bevölkerung, zu einem allmählichen Verschwinden der kriegerischen Konflikte führen würden.[60] Im Gegenteil hat Engels die Entfesselung der Produktivkräfte als bedingenden Faktor bei der Steigerung der militärischen Potenzen gesehen, und parallel dazu hat er die dem jeweiligen Stand der Produktivkraftentfaltung entsprechenden politischen Verhältnisse als zusätzliche Ermöglichungsbedingung für die Vergrößerung der militärischen Potenzen betrachtet. Wie kann unter solchen Umständen eine Wende von einer gleichsam selbstläufigen Extensivierung und Intensivierung der Kriegführung zu einer prinzipiell friedlichen Gesellschaftsordnung gefunden werden? Mit Blick auf die Ereignisse am Beginn des Ersten Weltkrieges wird man sicherlich sagen können, dass Engels die nationale Binde- und Prägekraft unterschätzt und dem Internationalismus der Arbeiterbewegung eine größere Bedeutung beigemessen hat, als sie ihm tatsächlich zukam. Aber selbst wenn man die Entwicklung zum Ersten Weltkrieg als eine bei einer anderen Politik vermeidbare politische Katastrophe in Rechnung stellt – eine Sicht, der Engels ganz offenkundig am Ende seines Lebens zugeneigt hat, als er auf Abrüstung in Europa setzte –, so bleibt doch systematisch das Problem, wie die erst einmal entfesselten Potentiale des Krieges dauerhaft domestiziert werden können. Hier bloß auf den Übergang in eine sozialistische Produktionsweise zu verweisen, bei der mit dem Verschwinden der Konkurrenz durch die Einführung gesamtgesellschaftlicher Planung auch der Krieg zum Verschwinden gebracht würde, ist theoretisch wie praktisch gleichermaßen unbefriedigend, nachdem Engels zuvor die weitere Entfesselung der Produktivkräfte als Faktor einer weiteren Steigerung der militärischen Potentiale angenommen hat. Ein Umschlag von der ökonomischen Steigerung in die politische Selbstfesselung wird nirgendwo entwickelt. Man wird dies vielleicht dahingehend pointieren können, dass Engels' Erwartungen hinsichtlich des Verschwindens der Konkurrenz im Sozialismus und durch den Sozialismus getrogen haben, weil seine Prognosen hinsichtlich der weiteren Steigerung militärischer Potenzen infolge der ökonomischen Entwicklung eingetroffen sind. Tatsächlich hat er den hier auftretenden Widerspruch theoretisch nicht zu bewältigen vermocht, und

---

60 Dazu *Münkler* 1985, S. 288ff.

seine aus dem Jahre 1892 bis 1895 stammenden Schriften über die Möglichkeiten einer Abrüstung in Europa setzen gerade nicht auf eine revolutionäre Veränderung in der Organisation der Produktionsverhältnisse und der politischen Verfassungen der Staaten als Ursache der Vermeidung weiterer Kriege, sondern auf die politische Vernunft der Regierenden, von der er zu diesem Zeitpunkt hoffte, dass es bald Sozialdemokraten sein würden. Hatte Engels längere Zeit gleichsam auf eine Dialektik des Militarismus gesetzt, wie er sie noch im *Anti-Dühring* propagiert hat, durch die das bestehende System sich infolge der immer weiteren Steigerung seiner militärischen Potenzen selbst zerstört, so machte er nun Vorschläge zu einer allgemeinen Abrüstung in Europa und der Durchsetzung dessen, was man heute als strukturelle Nichtangriffsfähigkeit der Staaten bezeichnen würde. In der bereits erwähnten Artikelserie im *Vorwärts*, die er gern als sozialdemokratische Militärvorlage umgesetzt gesehen hätte, propagierte er eine Heeresverfassung, die gleichsam eine Mischung aus schweizerischem und preußischem System darstellt, was eine hinreichende Verteidigungs- bei gleichzeitig fehlender Angriffsfähigkeit der Staaten sicherstellen sollte.[61]

Woher aber waren solche politische Einsicht und Vernunft zu gewinnen? Hier taucht noch einmal ein grundlegendes Problem der Engelsschen Theorie auf, das mit der Zuspitzung des Kriegsbegriffs auf soziale Konflikte zu tun hat. Wenn nämlich, wie es im *Kommunistischen Manifest* heißt, alle bisherige Geschichte die Geschichte von Klassenkämpfen ist, so wäre auch die Geschichte des Krieges ein Ausdruck dieser Geschichte von Klassenkämpfen, und sie geht als Kriegsgeschichte zu Ende mit dem Ende der Klassenkämpfe. Damit erhebt sich freilich die Frage: Hat es vor der Entstehung von Klassengesellschaften keine Kriege gegeben? Auf der Grundlage seiner ethnologischen Arbeiten, insbesondere seiner Lektüre Morgans, ist Engels zu dem Ergebnis gekommen, dass auch in den noch nicht klassenmäßig geschichteten Gentilgesellschaften Kriege geführt worden sind.[62] Bei ihm bleibt daher der

---

61 *Engels*: Kann Europa abrüsten?, S. 371: „Ich gehe [...] von der Voraussetzung aus, die sich mehr und mehr allgemeine Anerkennung erobert: daß das System der stehenden Heere in ganz Europa auf die Spitze getrieben ist in einem Grad, wo es entweder die Völker durch die Militärlast ökonomisch ruinieren oder in einen allgemeinen Vernichtungskrieg ausarten muß, es sei denn, die stehenden Heere werden rechtzeitig umgewandelt in eine auf allgemeiner Volksbewaffnung beruhende Miliz. Ich versuche, den Beweis zu führen, daß diese Umwandlung schon jetzt möglich ist, auch für die heutigen Regierungen und unter der heutigen politischen Lage."
62 Gleich zu Beginn argumentiert Engels eher waffentechnologisch als sozio-ökonomisch: „Für die Wildheit war Bogen und Pfeil, was das eiserne Schwert für die Barbarei und das Feuerrohr für die Civilisation: die entscheidende Waffe." *Engels*: Der Ursprung der Familie des Privateigentums und des Staates, in: MEGA², Bd. I/29, S. 14 u. 17; MEW, Bd. 21, S. 32.

Kriegsbegriff ambivalent, sowohl auf Klassenkonflikte als auch auf Stammeskriege bezogen, und erst die offizielle marxistische Kriegstheorie hat ihn dann auf die sozialen Konflikte restringiert. Wenn man hier Engels das gegenüber seinen marxistischen Epigonen höhere analytische Niveau attestiert, so wird damit doch die Frage, ob der Krieg mit dem Eintritt in eine nicht mehr klassenmäßig geteilte Gesellschaft zum Verschwinden kommt, um so schwieriger. Letzten Endes hat Engels auf diese Frage keine andere Antwort zu geben vermocht als jenen Appell an die politische Vernunft, den er am Ende seines Lebens formuliert hat. In dieser Frage war er einmal mehr offener und aufrichtiger als die an ihn anschließende und sich auf ihn berufende marxistische Kriegstheorie.

Literatur

Aron, Raymond 1963: Frieden und Krieg. Eine Theorie der Staatenwelt, dt. von Sigrid von Massenbach, Frankfurt.

Babin, Alexej I. 1970: Die schöpferische Zusammenarbeit von Marx und Engels auf militärgeschichtlichem Gebiet, in: Militärgeschichte, 9. Jg., Heft 4, S. 420–429.

Babin, Alexej I. 1978: Die Herausbildung der militärtheoretischen Ansichten von Friedrich Engels, aus dem Russ. von Oberstleutnant Dipl. mil. Rudolf Schellbach, Berlin.

Babin, Alexej I. 1981: Marx und Engels über Probleme der Militärstrategie und Kriegführung, in: Militärgeschichte, 20. Jg., Heft 3, S. 261–272.

Blasius, Dirk 1966: Carl von Clausewitz und die Hauptdenker des Marxismus. Ein Beitrag zum Problem des Krieges in der marxistischen Lehre, in: Wehrwissenschaftliche Rundschau, Bd. 16, S. 278–294 u. S. 335–354.

Bluhm, Harald 1996: Befreiungskriege und Preußenrenaissance in der DDR. Eine Skizze, in: Rudolf Speth/Edgar Wolfrum (Hg.): Politische Mythen und Geschichtspolitik (= Les Travaux du Centre Marc Bloch, Heft 7) Berlin, S. 71–95.

Bluhm, Harald 1997: Zur Ikonographie und Bedeutung von Darstellungen der Befreiungskriege 1813/14 in der Staatsrepräsentation der DDR, in: Dieter Vorsteher (Hg.): Parteiauftrag: Ein Neues Deutschland. Bilder, Rituale und Symbole der frühen DDR, Berlin, S. 162–174.

Borgert, Heinz-Ludger 1977: Friedrich Engels und die Militärwissenschaften, in: Dermot Bradley/Ulrich Marwedel (Hg.): Militärgeschichte, Militärwissenschaft und Konfliktforschung. Festschrift für Werner Hahlweg zum 65. Geburtstag, Osnabrück, S. 69–75.

Delbrück, Hans 2000: Geschichte der Kriegskunst im Rahmen der politischen Geschichte, 4 Bde., Berlin.

Dlubek, Rolf 1990: Marx und Engels und der Beitrag der I. Internationale zum Kampf der Arbeiterklasse gegen Militarismus und Krieg, in: Beiträge zur Marx-Engels-Forschung, Bd. 29, Berlin, S. 11–31.

Fetscher, Iring 1976/77: Der Marxismus. Seine Geschichte in Dokumenten, 3 Bde., München.

Fetscher, Iring 1987: Von Marx zur Sowjetideologie. Darstellung, Kritik und Dokumentation des sowjetischen, jugoslawischen und chinesischen Marxismus, 22. Aufl., Frankfurt.

Hahlweg, Werner 1971: Sozialismus und Militärwissenschaft bei Friedrich Engels, in: Hans Pelger (Red.): Friedrich Engels 1820–1970. Referate, Diskussionen, Dokumente, Hannover 1971, S. 63–71.

Helmert, Heinz 1960: Friedrich Engels und die Entstehung der sozialistischen Militärtheorie, in: Militärwesen, 4. Jg., Heft 8, S. 1447–1462.

Helmert, Heinz 1966: Friedrich Engels und die Aufgaben der marxistischen Militärgeschichtsschreibung, in: Zeitschrift für Militärgeschichte, 5. Jg., Heft 1, S. 72–84.

Helmert, Heinz 1973: Friedrich Engels – Adjutant der Revolution 1848/49, Leipzig u.a.

Hennis, Wilhelm: Griechentum und Pessimismus. Max Weber und Thukydides. Unveröff. Manuskript.

Hintze, Otto 1906/1941: Staatsverfassung und Heeresverfassung, in: Ders.: Staat und Verfassung. Gesammelte Abhandlungen zur Allgemeinen Verfassungsgeschichte, Leipzig, S. 42–73.

Kernig, Claus D. 1971: Das Verhältnis von Kriegslehre und Gesellschaftstheorie bei Engels. Bemerkungen zur Genesis moderner Konflikttheorien, in: Hans Pelger (Red.): Friedrich Engels 1820–1970. Referate, Diskussionen, Dokumente, Hannover, S. 77–92.

Kondylis, Panajotis 1988: Theorie des Krieges. Clausewitz – Marx – Engels – Lenin, Stuttgart.

Liddell Hart, Basil Henry 1933: The Ghost of Napoleon, London.

Mao Tse-tung 1966: Theorie des Guerilakrieges oder Strategie der Dritten Welt, eingeleitet von Sebastian Haffner, Reinbek.

Mayer, Gustav 1975: Friedrich Engels. Eine Biographie. 2 Bde., Frankfurt.

Münkler, Herfried 1985: Krieg und Frieden, in: Iring Fetscher/Herfried Münkler (Hg.): Politikwissenschaft. Begriffe – Analysen – Theorien. Ein Grundkurs, Reinbek b. Hamburg, S. 279–325.

Münkler, Herfried (Hg.) 1990: Der Partisan. Theorie, Strategie, Gestalt, Opladen.

Münkler, Herfried 2002: Clausewitz und die neuen Kriege. Über Terrorismus, Partisanenkrieg und die Ökonomie der Gewalt, in: Wilhelm Heitmeyer/Hans-Georg Söffner (Hg.): Gewalt. Neue Entwicklungen und alte Analyseprobleme, Frankfurt, S. 362–380.

Münkler, Herfried 2003: Dialektik des Militarismus, in: Ders.: Über den Krieg. Stationen der Kriegsgeschichte im Spiegel ihrer theoretischen Reflexion, Weilerswist.

Münkler, Herfried 2006: Der Wandel des Krieges. Von der Symmetrie zur Asymmetrie, Weilerswist.

Neumann, Sigmund/Mark von *Hagen* 1986: Engels and Marx on Revolution, War, and the Army in Society, in: Peter Paret (Hg.): Makers of Modern Strategy from Machiavelli to the Nuclear Age, Princeton, S. 262–280.

Ritter, Gerhard 1956: Der Schlieffen-Plan. Kritik eines Mythos, München.

Rjabow, Felix 1987: Probleme der Kriegsflotte und der Seekriegskunst im Werk von Friedrich Engels, in: Marx-Engels-Jahrbuch, Bd. 10, S. 235–271.

Rose, Olaf 1995: Carl von Clausewitz. Wirkungsgeschichte seines Werkes in Rußland und der Sowjetunion 1836–1991 (= Beiträge zur Militärgeschichte, Bd. 49), München.

Rumjanzewa, Nelly 1984: Karl Marx und Friedrich Engels über den amerikanischen Unabhängigkeitskrieg 1775–1783, in: Marx-Engels-Jahrbuch, Bd. 7, S. 80–105.

Schlieffen, Alfred Graf von 1913: Cannae, in: Ders.: Gesammelte Schriften, Bd. 1, Berlin, S. 25–266.

Schulz, Hugo 1925: The General, in: Der Kampf, XVIII. Jg., Heft 8/9, S. 352–257.

Seidel, Jutta 1990: Antimilitaristische Konzeption und Friedensbestrebungen der II. Internationale, in: Beiträge zur Marx-Engels-Forschung, Bd. 29, Berlin, S. 78–90.

Soell, Hartmut 1972: Weltmarkt – Revolution – Staatenwelt. Zum Problem einer Theorie internationaler Beziehungen bei Marx und Engels, in: Archiv für Sozialgeschichte, XII. Bd., S. 109–184.

Steiner, Helmut 1989: Krieg, Frieden und internationale Beziehungen als Vergesellschaftungsprobleme bei Karl Marx und Friedrich Engels, in: Hans Joas/Helmut Steiner (Hg.): Machtpolitischer Realismus und pazifistische Utopie. Krieg und Frieden in der Geschichte der Sozialwissenschaften, Frankfurt, S. 92–116.

Wallach, Jehuda Lothar 1968: Die Kriegslehre von Friedrich Engels (= Hamburger Studien zur neueren Geschichte, hrsg. von Fritz Fischer, Bd. 10), Frankfurt.

Wallach, Jehuda Lothar 1970: Das Dogma der Vernichtungsschlacht. Die Lehren von Clausewitz und Schlieffen und ihre Wirkung in zwei Weltkriegen, München.

Wallach, Jehuda Lothar 1971: Engels als kriegsgeschichtlicher Kommentator, in: Hans Pelger (Red.): Friedrich Engels 1820–1970. Referate, Diskussionen, Dokumente, Hannover, S. 73–76.

Wallach, Jehuda Lothar 1972: Kriegstheorien. Ihre Entwicklung im 19. und 20. Jahrhundert, Frankfurt.

Wette, Wolfram 1971: Kriegstheorien deutscher Sozialisten. Marx, Engels, Lassalle, Bernstein, Kautsky, Luxemburg. Ein Beitrag zur Friedensforschung, Stuttgart u.a.

Zirke, Gerhard 1957 Der General. Friedrich Engels, der erste Militärtheoretiker der Arbeiterklasse, in: Militärpolitik – Reihe E, Heft 2, Leipzig u.a. (= Schriftenreihe der Gesellschaft zur Verbreitung wissenschaftlicher Kenntnisse).

Rüdiger Voigt

Militärtheoretiker des Proletariats?
Friedrich Engels als Kritiker des preußischen Militärwesens

> „Die preußische Monarchie ist nicht ein Land, das eine Armee hat, sondern eine Armee, die ein Land hat, in welchem sie gleichsam nur einquartiert steht."
> (*Graf Mirabeau*)[1]

Friedrich Engels (1820–1895) war Zeit seines Lebens ein strenger Kritiker des Militarismus, zugleich aber auch fasziniert von allem Militärischen. Als Militärexperte war er aufgrund seiner militärgeschichtlichen und militärtheoretischen Arbeiten weithin anerkannt.[2] In der Engels-Forschung hat man die militärwissenschaftliche Komponente in seinem Werk jedoch erst verhältnismäßig spät gewürdigt.[3] Tatsächlich hat Engels zu diesem Themenkomplex eine ganze Reihe von Veröffentlichungen vorgelegt, die ursprünglich an verschiedenen Orten – zum Teil in englischer Sprache – veröffentlicht wurden, jetzt aber in den Werkausgaben (MEW und MEGA) zu finden sind. Engels war nicht nur – wie es in der Einleitung zum 14. Band der MEW heißt – ein „Militärhistoriker des Proletariats" und Begründer einer marxistischen Militärwissenschaft,[4] sondern er war auch einer der bedeutendsten Analytiker von Krieg und Militär seiner Zeit.[5] Wegen seiner häufig zutreffenden Prognosen wurde er von seinen Freunden „General" genannt.[6] Es versteht sich von selbst, dass er auch die Werke Carl von Clausewitz' kannte, dem er die Prädikate „Naturgenie" und „Stern erster Größe" zuerkannte.[7]

Engels' Arbeiten über Organisation und Zustand der Streitkräfte, über Methoden und Formen der Kriegführung sowie über das Zustandekommen von Kriegen wur-

---
1 Zitiert nach *Berenhorst* 1978, S. 187, Mirabeau soll dies beim Tode Friedrichs des Großen (1797) geäußert haben.
2 *Schrader* 1986, S. 148–149 [149].
3 *Halweg* 1971, S. 63.
4 Institut für Marxismus-Leninismus, 1972: Vorwort zu Band 14, S. VII.
5 Vgl. *Hennings* 2007, S. 715ff.
6 *Welsch* 1985, S. 135.
7 *Wallach* 1968, S. 13.

den auch in der englischsprachigen Welt mit großem Interesse gelesen, wovon z.B. seine Artikel in der *New American Cyclopaedia* Zeugnis ablegen.⁸ Er schrieb darin nicht nur über „Armee", „Angriff" und „Schlacht" sowie „Infanterie", Kavallerie" und „Flotte", sondern auch über einzelne Länder, „die die Gier nach Kolonisation in den kapitalistischen Räubern weckten",⁹ nämlich über Afghanistan, Algerien und Birma. Offenbar fühlte Engels mit den unterdrückten Völkern, die ständigen Attacken Großbritanniens bzw. Frankreichs ausgesetzt waren. Ausgehend von Engels' eigenen militärischen Erfahrungen (1) und seiner besonderen Rolle als Militärexperte (2) soll im Folgenden am Beispiel Preußens die Armee als Machtfaktor (3) und sodann die Frage diskutiert werden, ob Preußen tatsächlich ein „Militärstaat" war (4). Der fünfte Abschnitt ist der preußischen Militärfrage (5), so wie sie Engels behandelt hat, gewidmet, und abschließend wird die Frage nach dem Ende Preußens (6) gestellt.

Engels' militärische Erfahrungen

Engels' eigene Erfahrungen mit dem Militär beschränkten sich zunächst auf seinen Dienst als „Einjährig-Freiwilliger" bei dem Garde-Fußartillerie-Regiment in Berlin-Spandau (1. Oktober 1841 bis 30. September 1842). Während der Wehrdienst für junge Männer zwischen 17 und 45 seit der Heeresreform von 1813/14 in Preußen im Allgemeinen fünf Jahre (davon zwei Jahre aktiver Dienst) dauerte, konnten sich diejenigen, die eine höhere Bildung hatten, freiwillig für einen einjährigen Dienst melden. Der Militärdienst galt als Ehrendienst und die Armee als „Schule der Nation". „Einjährig-Freiwillige" hatten sich zwar selbst auf eigene Kosten ausrüsten, wurden dafür aber besser behandelt und leisteten einen deutlich kürzeren Militärdienst ab. Voraussetzung dafür war die Mittlere Reife („Einjähriges"), die an einem klassisch-altsprachlichen Gymnasium, an einem Realgymnasium, an einem Progymnasium, an einer höheren Bürgerschule oder an einer Gewerbeschule erworben werden konnte.

> „Eine kürzere Dienstzeit bei der Fahne ist bestimmt: Für die Einjährigen Freiwilligen. [...] Der Grund zu dieser Begünstigung ist, daß man gebildete junge Leute in ihren lange Zeit erfordernden Studien etc. möglichst wenig behindern will; und die Rechtfertigung derselben liegt darin,

---

8   So z.B. sein Artikel „Army", in: *The New American Cyclopaedia. A Popular Dictionary of General Knowledge*, New York 1857, Übersetzung, in: MEW 14, S. 3–56.
9   Vorwort zu Band 14 der MEW, S. XIII.

daß der Gebildete sich die militärische Ausbildung in kürzerer Zeit aneignen kann als der Ungebildete" („Dienstkenntnis" der Königlich-Preußischen Kriegsmacht).[10]

Nach Ableistung des Dienstjahres und zweier Militärübungen wurde der „Einjährig-Freiwillige" regelmäßig zum Reserveoffizier befördert. In einem Staat wie Preußen, in dem den Offizieren eine ganz besondere gesellschaftliche Rolle zugebilligt wurde, war das von großer, wenn nicht ausschlaggebender Bedeutung für die künftige Karriere.

Auf die Absicht eines akademischen Studiums konnte Engels zwar nicht verweisen. Formal erfüllte er jedoch die Voraussetzungen für den einjährig-freiwilligen Dienst, obwohl ihn sein Vater, der wohlhabende Elberfelder Baumwollfabrikant Friedrich Engels, ein Jahr vor dem Abitur gezwungen hatte, das liberale Gymnasium, das er bis dahin mit gutem Erfolg besucht hatte, zu verlassen. Er hatte daraufhin eine kaufmännische Lehre in Bremen, der Heimatstadt seiner Mutter, begonnen. Die Versetzung in die Obersekunda (11. Klasse) galt jedoch als ausreichender Nachweis für den Status als „Einjährig-Freiwilliger". Mit dem Zeugnis seiner Schule konnte der junge Mann bei der Prüfungskommission einen Berechtigungsschein zum Dienst als „Einjährig-Freiwilliger" erwerben. Die Wahl der Waffengattung und des Truppenteils stand ihm damit frei. Bekleidung, Verpflegung und Unterkunft sowie einen monatlichen Wechsel bezahlte der Vater. Die Grundausbildung dauerte sechs Wochen und umfasste die Ausbildung zu Fuß, mit dem Seitengewehr (Bajonett) und am Geschütz.[11] Danach konnte Engels Sonderurlaub zu Studienzwecken einreichen und ein privates Zimmer beziehen.[12] Während dieser Zeit war er Gasthörer an der Berliner Friedrich-Wilhelms-Universität[13] und verkehrte im junghegelianischen *Bund der Freien*.[14] Er wurde zum Abschluss seiner Dienstzeit – wegen schlechter Schießergebnisse (er war stark kurzsichtig) – zwar nicht zum Sergeanten ernannt, aber immerhin zum *Bombardier*, einer Art Unteroffizier.

Seine Lehre beendete Engels erst nach seiner Militärzeit im väterlichen Betrieb, der Spinnerei Ermen & Engels in Manchester.[15] Nach seiner Rückkehr aus England

---

10 Zitiert nach *Bleuel* 1981, S. 67.
11 *Bleuel* 1981, S. 68.
12 Ab April in der Dorotheenstraße 56, einer Studentengegend.
13 In der Zeit von 1828 bis 1946 trug die als Berliner Universität 1810 auf Initiative Wilhelm von Humboldts gegründete Universität den Namen Friedrich-Wilhelms-Universität – neben zwei weiteren deutschen Universitäten (Bonn und Breslau) – zu Ehren Ihres Gründers, des preußischen Königs Friedrich Wilhelm III. Seit 1949 heißt sie Humboldt-Universität zu Berlin.
14 Mitglieder dieses Bundes der Freien sind u.a. Max Stirner und Arnold Ruge, der mit Marx zusammen in Paris die *Deutsch-Französischen Jahrbücher* herausgibt.
15 *Schrader* 1986, S. 148–149.

verfasste Engels die 1845 erschienene Schrift *Die Lage der arbeitenden Klasse in England*,[16] die (auch) auf eigenen Erfahrungen beruhte. Später (im Juni 1849) schloss sich Engels den Aufständischen in der Pfalz und in Baden an und wurde Adjutant August Willichs[17], musste aber nach dem Scheitern der Revolution fliehen. An Jenny Marx, die Frau seines Freundes, schrieb er am 25. Juli 1849:

> „Willich war der einzige Offizier, der etwas taugte, und so ging ich zu ihm und wurde sein Adjutant. Ich war in vier Gefechten, wovon zwei ziemlich bedeutend, namentlich das bei Rastatt, und habe gefunden, daß der vielgerühmte Mut des Dreinschlagens die allerordinärste Eigenschaft ist, die man haben kann. Das Kugelpfeifen ist eine ganz geringfügige Geschichte, und während des ganzen Feldzuges hab' ich trotz vieler Feigheit kein Dutzend Leute gesehen, die sich *im Gefecht* feig benahmen. Desto mehr aber ‚tapfre Dummheit'".[18]

Engels als Militärexperte

Um Engels' Kritik am preußischen Militär verstehen zu können, ist zunächst zu klären, welches Verhältnis die „Gründerväter" des Kommunismus – neben Friedrich Engels also vor allem Karl Marx – zu dem Militärischen überhaupt hatten. Hier zeigen sich freilich bereits (graduelle) Unterschiede zwischen Engels und Marx vor allem in der Einschätzung des Staates. Übereinstimmend sahen beide jedoch das Militär in erster Linie als Bestandteil der bürokratisch-militärischen Maschinerie, die man auch nach der proletarischen Revolution nicht einfach in Besitz nehmen (und weiter verwenden) könne, sondern die unter allen Umständen revolutioniert werden müsse. Für Engels war der „Staat der Kapitalisten" ein reines Machtinstrument der Herrschenden zur Unterdrückung der Beherrschten,[19] und das Militär war Teil des hierfür benötigten Repressionsinstrumentariums. Damit könnte es eigentlich ein Revolutionär bewenden lassen, er würde sich im bewaffneten Kampf vermutlich ohnehin anderer militärischer Organisationsformen bedienen, die eher Guerilla-Charakter („Miliz") haben würden. Engels beschäftigte sich hingegen mit dem Mili-

---

16 *Engels*, Die Lage der arbeitenden Klasse, in: MEW Bd. 2, S. 225–596.
17 Johannes August Ernst von Willich (1810–1878) war aufgrund seiner Sympathie für den *Bund der Gerechten* (Keimzelle der späteren sozialistischen und kommunistischen Parteien) aus der preußischen Armee entlassen worden, legte 1847 den Adelstitel ab, war ein wichtiger militärische Führer während der Revolution 1848/49; 1850 zerstritt er sich im Londoner Exil mit Marx und Engels; später nahm er als General am amerikanischen Unabhängigkeitskrieg teil.
18 Zitiert nach *Wallach* 1968, S. 9.
19 Vgl. *Gehrig* 2010, S. 276–280 [279]; zum Staatsverständnis von Marx: *Kremendahl/Meyer* 1974 sowie *Hirsch/Kannankulam/Wissel* 2008.

tär zu allen Zeiten – beginnend bei der ägyptischen Armee – und in allen Ländern so intensiv und so detailliert,[20] dass man geradezu sagen könnte, er sei vom Militär fasziniert, das Thema ließ ihn offenbar nicht los.

In seiner Abhandlung *Die Armeen Europas*, die im Jahre 1855 in englischer Sprache in *Putnam's Monthly. A Magazine of Literature, Science and Art* in insgesamt drei Artikeln erschien,[21] behandelte Engels – nach der französischen, der englischen und der österreichischen Armee – in einem Artikel vom September 1855 auch die preußische Armee.

Zwischen Bewunderung und Ablehnung

Seine Einschätzung der preußischen Armee war einerseits von einer gewissen Bewunderung, andererseits auch von einer deutlichen Kritik gekennzeichnet. Im Vergleich z.B. mit der englischen Armee schnitt die preußische Armee bei Engels deutlich besser ab:

„Nun muß man wissen, daß die Elemente, aus denen sich die englische Armee zu Anfang dieses Jahrhunderts zusammensetzte, die niedrigsten waren, aus denen überhaupt ein Heer gebildet werden kann. Die heutige englische Armee ist aus viel besseren Elementen gebildet, und auch diese sind noch unendlich schlechter in moralischer und intellektueller Beziehung als die Elemente der preußischen Armee. Und was die englischen Offiziere mit jenem Lumpengesindel in drei Jahren fertigbrachten, das sollte man in Preußen mit dem so äußerst bildsamen, teilweise schon so gebildeten, von vornherein moralisch geschulten Rekrutenrohstoff nicht in 2 Jahren machen können?".[22]

Nach einer allgemeinen Beurteilung des Militärwesens in Preußen ging Engels regelmäßig auf Einzelheiten wie Dienstzeiten, Heeresgröße, Gliederung in Waffengattungen, Regimenter, Bataillone sowie auf Ausbildung und Ausrüstung ein. Bemerkenswert ist das Fazit seiner Analyse:[23]

„Die preußische Armee verdient wegen der ihr eigenen Organisation besondere Beachtung. Während in jeder anderen Armee der Friedensbestand für die Gesamtstärke des Hee-

---

20 Z.B. führt er ganz genau auf, woraus der Tross eines preußischen Armeekorps (insgesamt 402 Wagen, 1791 Pferde, 3000 Mann) bestehen muss; 6 Parkkolonnen mit 30 Wagen, 1 Feuerwerkerkolonne von 6 Wagen umfasst allein der Artillerietross, MEW 14, S. 46.
21 *Engels*, Die Armeen Europas, in: MEW Bd. 11, S. 409–480.
22 *Engels*, Die preußische Militärfrage, in: MEW Bd. 16, S. 52.
23 „Kriegsfuß" ist der Zustand, in dem sich das Heer nach der Mobilmachung befindet, „Friedensfuß" hingegen die Friedensstärke einer Armee.

res die Grundlage bildet und keine Kader für die neuen Formationen vorgesehen sind, die bei einem großen Krieg sofort notwendig sind, heißt es, daß in Preußen alles bis in die kleinsten Einzelheiten auf den Kriegsfuß eingerichtet ist. So stellt das Friedensheer bloß eine Schule dar, in der die Bevölkerung an den Waffen und für taktische Bewegungen ausgebildet wird. Dieses System, das, wie behauptet wird, im Falle eines Krieges sämtliche kriegstauglichen Männer in die Reihen der Armee einbezieht, würde das Land, das dieses System anwendet, scheinbar vor jedem Angriff sichern; aber das ist keineswegs der Fall".[24]

Im Jahre 1865 veröffentlichte Engels seine viel beachtete Broschüre *Die preußische Militärfrage und die deutsche Arbeiterpartei*[25], die er Ende Januar bis 11. Februar 1865 geschrieben hatte. Im Vorwort versprach er, die Militärfrage „ganz kaltblütig und unparteiisch" zu behandeln. Dabei betonte er die Mängel in Organisation und Ausrüstung der preußischen Armee.

Die Armee als Machtfaktor

Die beachtliche Größe und Stärke der preußischen Armee hatte natürlich Auswirkungen auf die Machtposition Preußens innerhalb Europas. Der Wiener Kongress von 1815 hatte unzweideutig gezeigt, dass Preußen zu den fünf europäischen Großmächten gehörte.[26] Dazu schrieb Engels 1855:

„Man hat nur erreicht, daß das Land militärisch um ungefähr 50 Prozent stärker ist als durch das französische oder östreichische Rekrutierungssystem. Dadurch ist es für ein Agrarland mit etwa 17 Millionen Einwohnern, einem kleinen Territorium, ohne eine Flotte oder unmittelbaren Überseehandel und mit verhältnismäßig wenig Industrie in gewissem Maße möglich, die Stellung einer europäischen Großmacht zu behaupten."

Abschließend nahm Engels in derselben Abhandlung eine Einschätzung der gesamten Armee Preußens, insbesondere seines Offizierskorps, seiner Militärliteratur und seine Altgedienten, vor, die zwischen hoher Anerkennung und strikter Ablehnung schwankte:

„Die preußischen Offiziere geben bei weitem das am besten ausgebildete Offizierskorps der Welt ab. Die Prüfungen hinsichtlich des Allgemeinwissens, denen sie sich unterziehen müssen, haben ein weit höheres Niveau als die einer jeden anderen Armee. [...] Die preußische Militärliteratur hat ein sehr hohes Niveau. [...] Doch der Ausdruck ‚preußischer

---

24 *Engels*, Die Armeen Europas, in: MEW Bd. 11, S. 409–480.
25 *Engels*, Die preußische Militärfrage, in: MEW Bd. 16, S. 37–78.
26 Diese Großmächte waren 1815: Russland, das Vereinigte Königreich (England), Österreich, Preußen, Frankreich und der Kirchenstaat.

Leutnant' ist in ganz Deutschland sprichwörtlich, und der lächerliche esprit du corps, die Pedanterie und die impertinenten Manieren, die durch den üblichen Umgangston in der Armee geprägt wurden, rechtfertigen das vollauf, denn nirgends gibt es so viele alte, halsstarrige, schikanierende Martinets[27] unter den Offizieren und Generalen wie in Preußen – im übrigen sind die meisten von ihnen Überbleibsel von 1813 und 1815. [...]

Im ganzen stellt die preußische Armee, das heißt die Linientruppen und das erste Aufgebot, eine ansehnliche Truppe dar, die aber keineswegs den Ruhm verdient, mit dem preußische patriotische Autoren prahlen".[28]

In seiner Komödie *Der Hauptmann von Köpenick* hat Carl Zuckmayer diese „Militärseeligkeit" der Preußen trefflich karikiert.[29] Der „preußische Leutnant" beschäftigte Engels auch zehn Jahre später in seiner Abhandlung *Die preußische Militärfrage und die deutsche Arbeiterschaft* (1865). Inzwischen hatten sich die Verhältnisse offenbar signifikant verändert, denn in der „Neuen Ära" hatte sich bei der Reichsregierung auch in Militärfragen eine liberalere Haltung durchgesetzt:

„Wer die preußische Armee nach der Reorganisation wiedersah, kannte das Offizierkorps nicht mehr. Wir sprechen nicht vom Hörensagen, sondern von eigener Anschauung. Der spezifische Lieutenantsdialekt war in den Hintergrund abgedrängt, die jüngeren Offiziere sprachen ihre natürliche Muttersprache, sie gehörten keineswegs einer geschlossenen Kaste an, sondern repräsentierten mehr als je seit 1815 alle gebildeten Klassen und alle Provinzen des Staats. [...] Beiläufig gesagt, schreiben wir das flotte Auftreten der preußischen Offiziere vor dem Feind im schleswig-holsteinischen Kriege hauptsächlich dieser Infusion frischen Blutes zu. Die alte Klasse Subalternoffiziere allein hätte nicht gewagt, so oft auf eigene Verantwortung zu handeln".[30]

Militärstaat Preußen?

Engels hatte sich als Militärhistoriker zwar mit (fast) allen Armeen der Welt beschäftigt, das preußische Militär stand für ihn jedoch in vielerlei Hinsicht im Vordergrund seines Interesses. Daraus ergibt sich die Frage, welche Rolle das Militär in

---

27 Der Martinet ist, wörtlich übersetzt, eine „Klopfpeitsche", die der einfache französische Soldat benutzte, um den Staub aus seiner Uniform zu klopfen, ihr Ursprung liegt in einer kleinen Peitsche, die in Frankreich zur Züchtigung von Kindern und Jugendlichen sowie zur Erziehung von Haustieren benutzt wurde.
28 *Engels*, Die Armeen Europas, in: MEW Bd. 11, S. 409–480.
29 Carl Zuckmayer schrieb das Bühnenstück *Der Hauptmann von Köpenick. Ein deutsches Märchen in drei Akten* nach einer wahren Begebenheit, das Stück wurde am 5. März 1931 am Deutschen Theater Berlin uraufgeführt.
30 *Engels*, Die preußische Militärfrage, in: MEW Bd. 16, S. 60f.

Preußen zur Zeit von Engels spielte. Das setzt freilich einen historischen Rückblick bis in die Zeit des Dreißigjährigen Krieges (1618–1648) voraus.

Bürgersoldaten und Soldatenbauern

Die Grundlage für die starke Militärmacht Preußens legte bereits der Große Kurfürst Friedrich Wilhelm (1640–1688) unmittelbar nach dem Ende des Dreißigjährigen Krieges (Frieden von Münster und Osnabrück, 1648). Er vermehrte die Zahl der Rekruten ganz erheblich und geriet damit in Konflikt mit der ländlichen und der städtischen Bevölkerung Preußens.[31] Aber erst unter seinem Enkel, dem Soldatenkönig[32] Friedrich Wilhelm I. (1713–1740) wurde das Militär zum wichtigsten Instrument der sozialen Entwicklung des Landes. Schon als Kronprinz hatte sich Friedrich Wilhelm mit der Reform des Heereswesens und mit der Standardisierung der Ausrüstung befasst.[33] Mit dem Kantonreglement von 1733 schuf er nun mit der Wehrpflicht für alle Männer im dienstfähigen Alter nicht nur den „Bürgersoldaten", sondern zugleich auch den „Soldatenbauern", der zeitweilig zur Bebauung der Felder nach Hause geschickt wurde. Der König, der als äußerst sparsam, ja als geizig galt, leistete sich mit den „Langen Kerls" ein teures Garderegiment.[34] Friedrich Wilhelm I. wird nachgesagt, er habe Preußen in einen Militärstaat verwandelt. Ausgeprägte kriegerische Neigungen hatte er aber trotz seines riesigen Heeres mit 80.000 Soldaten[35] offenbar nicht, obgleich die preußische Armee damit unter den europäischen Staaten immerhin den vierten Platz einnahm.[36]

Friedrich der Große (Friedrich II., 1740–1786) übernahm von seinem Vater eine überaus starke Armee, begann jedoch sogleich damit, die preußische Infanterie neu zu gliedern. Im Verlauf der Schlesischen Kriege, mit denen Friedrich Schlesien

---

31 Vgl. hierzu die sehr detaillierte und kenntnisreiche Darstellung: *Baumgart/Kroener/Stübig* 2008.
32 Siehe hierzu kritisch: *Baumgart* 2008, S. 3–26.
33 Im Jahr 1707 schlug der erst 19 Jahre alte Kronprinz dem Kriegsrat Richtlinien zur Heeresreform vor, *Clark* 2006, S. 125.
34 Für die Rekrutierung dieser ungewöhnlich großen Männer in ganz Europa wurden Unsummen ausgegeben.
35 85 Prozent des preußischen Staatshaushalts wurden für das Militär ausgegeben, als Friedrich Wilhelm den Thron bestieg, war das brandenburgische Heer 40.000 Mann stark, *Clark* 2006, S. 123.
36 Er führte nur einen Krieg zu Beginn seiner Regierungszeit (1715) gegen Karl XII. von Schweden (Nordischer Krieg), der Preußen Vorpommern, Stettin, Usedom und Rügen als Gebietsgewinne einbringt.

gewann,[37] stockte er die Armee um neun Feldbataillone, 20 Husarenschwadronen und sieben Garnisonsbataillone auf. Vor allem die disziplinierte und zugleich bewegliche Infanterie spielte im Kriegsgeschehen eine wichtige Rolle.[38]

„Auch hier wurden die entscheidenden Attacken von der Infanterie geführt, die drei Reihen tief, Schulter an Schulter, die Bajonette aufgepflanzt, mit neunzig Schritt pro Minute gegen die österreichischen und sächsischen Linien vorrückte und beim Kontakt mit dem Feind auf siebzig verlangsamte – unbarmherzig, unaufhaltsam".[39]

Die hohen Verluste während der Kriege zwangen Friedrich schließlich dazu, neben den Truppen für den „großen Krieg" auch Freibataillone und Milizeinheiten aufzustellen. Insgesamt wurden vierzehn Frei-Infanterie-Einheiten und sechs Frei-Corps unterschiedlicher Größe aufgestellt.[40] Damit nahm Friedrich bereits eine militärische Entwicklung voraus, die erst in den Befreiungskriegen (1813–1815) gegen Napoleon zur vollen Entfaltung kam.

Niedergang und Wiederaufbau

Unter den Nachfolgern Friedrichs büßte die preußische Armee ihren militärischen Qualitätsstandard ein. Vor allem Friedrich Wilhelm II (1744–1797) interessierte sich nicht für das Militärwesen und überließ es – mit bösen Folgen – seinen Vertrauten und Generalen.[41] Engels wies in seinem Aufsatz von 1855 über das preußische Militär auf einen besonderen Missstand hin, der für Preußen drastische Folgen haben sollte. Die Armee wurde überwiegend von alternden Veteranen der Schlesischen Kriege geführt und war überdies schlecht ausgerüstet. Die Veteranen des Siebenjährigen Krieges ignorierten die militärischen Innovationen der Franzosen und waren daher nicht in der Lage, sich gegen die französischen Volksheere der *levée en masse* nach 1789 durchzusetzen. Die Niederlage gegen Napoleon war damit gewissermaßen „vorprogrammiert". Bei Jena und Auerstedt (1806) wurde die preußische Armee vernichtend geschlagen. Durch den Frieden von Tilsit (1807) wurde die Heeresstär-

---

37 Erster (1740–1742) und Zweiter Schlesischer Krieg (1744–1745). „Dritter Schlesischer Krieg", bekannt als: Siebenjähriger Krieg (1756–1763).
38 *Clark* 2006, S. 234.
39 Zitiert nach *Clark* 2006, S. 234.
40 Allerdings gab es viele Deserteure, weil die Einheiten aus österreichischen, französischen und ungarischen Kriegsgefangenen bestanden.
41 Das waren Oberbefehlshaber Karl-Wilhelm Ferdinand (ab 1805), Herzog von Braunschweig, Generalfeldmarschall Wichard von Möllendorff und General der Infanterie Ernst von Rüchel.

ke auf 42.000 Mann begrenzt. Die Antwort der Reformer um Gerhard von Scharnhorst[42] und die 1802 gegründete „Militärische Gesellschaft" war es, „den Geist der Armee zu beheben und zu beleben, die Armee und Nation inniger zu vereinen […]".[43] Dazu wurde zum einen der (von Engels erwähnte) wissenschaftlich gebildete Offizier geschaffen, zum anderen eine Landwehr von 120.000 Mann als Miliz aufgestellt. Die Generalität wurde ausgetauscht, und Scharnhorst erfand mit dem „Krümpersystem" ein Mittel, um die festgesetzte Höchststärke zu umgehen. Ein Drittel der Soldaten wurde beurlaubt und durch neue Rekruten ersetzt, so dass man über ein stattliches Reservoir an militärisch ausgebildeten Männern verfügen konnte.

Das Ergebnis dieser genialen Strategie zeigte sich schließlich im Befreiungskampf, für den 300.000 preußische Soldaten bereitstanden, immerhin sechs Prozent der Gesamtbevölkerung. Zusammen mit der Landwehr und dem Landsturm, der allerdings nur im Verteidigungsfall eingesetzt werden konnte,[44] erreichte die Armee Preußens am Ende des Jahres 1815 eine Stärke von 358.000 Mann. Im Jahre 1806 bestand die preußische Armee aus 60 Infanterieregimentern, 35 Kavallerie-Regimentern, vier Feldartillerieregimentern, vierzehn Festungskompanien und kleineren Einheiten. Während des Wiener Kongresses (1814–1815) konnte Preußen sich zwar endgültig als europäische Großmacht etablieren und gewaltige Landgewinne verbuchen. Besonders der Gebietszuwachs im Westen durch die Errichtung der Rheinprovinz und der Provinz Westfalen hatte bedeutende Folgen für die deutsche Geschichte. Denn mit dem Erwerb der rheinischen Gebiete wurde Preußen zum Schutzwall gegen die Gebietsansprüche Frankreichs. Dessen ungeachtet wurde die preußische Armee aber drastisch verkleinert. Nicht nur die Landwehr wurde zum großen Teil demobilisiert, sondern auch ein Teil der Linienarmee, so dass im Jahre 1816 schließlich noch 150.000 Mann zur Verfügung standen. Dementsprechend sank auch der Anteil der Militärausgaben bis zum Jahre 1840 auf nur noch 32% des Staatshaushalts. Erst ganz allmählich wurde im Verlauf des 19. Jahrhunderts die Truppenstärke wieder angehoben.

---

42 Scharnhorst, ein Mann bürgerlicher Herkunft, war 1802 geadelt worden.
43 Scharnhorst, zitiert nach *Clark* 2006, S. 380.
44 Landsturm-Edikt vom 21. April 1813.

Preußen als führende Macht

In der zweiten Hälfte des 19. Jahrhunderts war Preußen in kriegerische Auseinandersetzungen verwickelt, die es in unterschiedlichen Bündniskonstellationen führte. Gemeinsam mit den Österreichern schlug die preußische Armee die Dänen im Krieg von 1864, der um die Schleswig-Holstein-Frage geführt wurde.[45] Engels erwähnte in diesem Zusammenhang lobend die aktive Rolle der jungen Garde von preußischen Subalternoffizieren. Da Österreich und Preußen schon seit langer Zeit Rivalen waren, hielt die „Waffenbrüderschaft" nur kurz. Im Deutschen Krieg von 1866 stand Preußen aber nicht nur dem österreichischen Rivalen, sondern – zusammen mit wenigen Verbündeten – dem gesamten Deutschen Bund gegenüber. Es ging schließlich um die Vormachtstellung in Deutschland, nachdem 1848/49 die Reichseinigung gescheitert war. Nach dem Sieg der preußischen Truppen wurde der Deutsche Bund aufgelöst; Preußen übernahm die Führungsrolle und gründete den Norddeutschen Bund, aus dem später das Deutsche Reich werden sollte. Allerdings stand dieser Vereinigung der deutschen Staaten das Interesse Frankreichs – vertreten durch Kaiser Napoleon III. – diametral entgegen. Engels war sich darüber im Klaren, wie sehr die deutsche Frage von den Interessen der anderen europäischen Mächte abhing:

> „Die deutsche Einheit war aber keine bloß deutsche Frage. Seit dem Dreißigjährigen Krieg war keine einzige gemeindeutsche Angelegenheit mehr entschieden worden ohne daß die sehr fühlbare Einmischung des Auslands. [...] So war Deutschland nicht nur machtlos und hülflos, in innerem Hader sich aufreibend, politisch, militärisch und selbst industriell zur Nichtigkeit verdammt. Sondern, was noch weit schlimmer, Frankreich und Rußland hatten durch wiederholten Brauch ein Recht erworben auf die Zersplitterung Deutschlands, ganz wie Frankreich und Östreich ein Recht sich anmaßten, darüber zu wachen, daß Italien zerstückelt blieb".[46]

Im Deutsch-Französischen Krieg von 1870–1871 wurde Frankreich schließlich besiegt und musste Elsass-Lothringen an Deutschland abtreten.[47] Engels war bereits in seinem 1859 anonym erschienenen Zeitungsartikel *Po und Rhein* von einer „großdeutschen" Lösung ausgegangen, also von einem vereinigten Deutschland unter

---

45 Die Herzogtümer Holstein und Schleswig waren zwar in Personalunion mit der dänischen Krone verbunden, gehörten aber nicht zum dänischen Staatsverband. Als Dänemark diesen Status quo zu ändern versuchte, griffen preußische und österreichische Truppen die Dänen an und besiegten sie („Düppeler Schanzen").
46 *Engels*, Die Rolle der Gewalt in der Geschichte, in: MEW Bd. 21, S. 411.
47 In der offiziellen Darstellung der DDR zu „Preußen" (1983, S. 828–830) wurde das Deutsche Reich als „reaktionäre und den Frieden gefährdende Großmacht" beschrieben.

Einschluss Österreichs. An anderen Stellen hatte er immer wieder betont, dass der Arbeiterschaft nichts an der deutschen Kleinstaaterei („Verschweizerung Deutschlands zu einer Kantönlirepublik") liege. Zu den Folgen der deutschen Gebietsannexion von 1871 zitierte Engels nun – 1874 – Helmuth Karl Bernhard Graf von Moltke (1800–1891), den faktischen Oberbefehlshaber im Deutsch-Französischen Krieg. Moltke begründete im Deutschen Reichstag insbesondere § 1 des neuen Reichs-Militärgesetzes:[48]

> „Was wir in einem halben Jahre mit den Waffen errungen, das müssen wir ein halbes Jahrhundert mit den Waffen schützen, damit es uns nicht wieder entrissen wird. Wir haben seit unseren glücklichen Kriegen an Achtung überall, an Liebe nirgends gewonnen".[49]

Engels betonte zwar die starke geostrategische Position Deutschlands durch die Annexion Elsass-Lothringens („Es ist eine Stellung, der in ganz Europa keine zweite gleichkommt; […]"), hatte aber auch große Sympathie für die Hinwendung der Elsässer und Lothringer zu Frankreich, weil dieses ihnen im Zuge der Französischen Revolution die Freiheit gebracht hatte. Von da hätten die „Deutschfranzosen" sich den „Nationalfranzosen" näher gefühlt als den Deutschen, die sie zu hassen und verachten gelernt hätten.[50] Engels kam dann auf die strategischen Nachteile der Feindschaft zu Frankreich zu sprechen:

> „Die starke Stellung wird also dadurch aufgewogen, daß Deutschland die Franzosen gezwungen hat, jedem, der es angreifen will, zur Seite zu stehen. Mit anderen Worten: die starke Stellung *enthält in sich den Keim einer europäischen Koalition gegen das Deutsche Reich*".[51]

Friedrich Engels hat nicht mehr erleben müssen, wie sich seine prophetische Einschätzung bewahrheiten sollte, als das Deutsche Reich im Ersten Weltkrieg in der Tat einer europäischen Koalition (später ergänzt durch die USA) gegenüberstand, gegen die es nicht gewinnen konnte. Seine Vorschläge zur Abrüstung stießen auf taube Ohren.

---

48 „Die Friedensstärke des Heeres an Unteroffizieren und Mannschaften beträgt *bis zum Erlaß einer anderweitigen Bestimmung* 401.659 Mann" (§ 1 Reichs-Militärgesetz).
49 *Engels*, Das Reichs-Militärgesetz, erstmals veröffentlicht in *Der Volksstaat*, Nr. 28 vom 8. März 1874, jetzt abgedruckt in: MEW Bd. 18, S. 500.
50 *Engels*, Die Rolle der Gewalt in der Geschichte, in: MEW Bd. 21, S. 445.
51 *Engels*, Das Reichs-Militärgesetz, in: MEW Bd. 18, S. 503 (Hervorhebung im Original).

Gewalt in der Geschichte

Im Jahre 1877 hatte Engels in der 1876 als Zentralorgan der deutschen Sozialdemokratie gegründeten Zeitung *Vorwärts* – im Form von Fortsetzungsartikeln – seinen berühmten *Anti-Dühring* (*Herrn Eugen Dührings Umwälzung der Wissenschaft*) veröffentlicht.[52] Darin beschäftigten sich drei Kapitel mit der „Gewaltstheorie".[53] Diesen Text hatte Engels im Zeitraum Dezember 1887 bis März 1888 überarbeitet und unter dem Titel *Die Rolle der Gewalt in der Geschichte* in der *Neuen Zeit* veröffentlicht.[54] Bemerkenswert an dieser Abhandlung sind nicht seine Ausführungen zur Gewalt (die bleiben eher unvollständig), sondern seine Aussagen zum Nationalstaat und seiner Bedeutung für den internationalen Frieden:

> „Seit dem Ausgang des Mittelalters arbeitet die Geschichte auf die Konstituierung Europas aus großen Nationalstaaten hin. Solche Staaten allein sind die normale politische Verfassung des europäischen herrschenden Bürgertums und sind ebenso unerläßliche Vorbedingung zur Herstellung des harmonischen internationalen Zusammenwirkens der Völker, ohne welches die Herrschaft des Proletariats nicht bestehn kann. Um den internationalen Frieden zu sichern, müssen vorerst alle vermeintlichen nationalen Reibungen beseitigt, muß jedes Volk unabhängig und Herr im eignen Haus sein. Mit der Entwicklung des Handels, des Ackerbaus, der Industrie und damit der sozialen Machtstellung der Bourgeoisie hob sich also überall das Nationalgefühl, verlangten die zersplitterten und unterdrückten Nationen Einheit und Selbständigkeit".[55]

Kann und muss Europa abrüsten?

Die europäischen Armeen waren in der Folgezeit – nach dem Deutsch-Französischen Krieg – drastisch aufgerüstet worden. In Europa standen sich nun bis an die Zähne bewaffnete Feinde gegenüber, wobei Deutschlands Freunde an einer Hand abzuzählen waren. Zwei Jahre vor seinem Tod beschäftigte sich Engels intensiv mit einer Frage, die ihm besonders am Herzen lag und die später das ganze 20. Jahrhundert bewegen sollte, die Abrüstung. Im *Vorwärts* wurden im März 1893 acht Beiträge von Engels zur Abrüstung in Europa veröffentlicht.[56] Anlass war die sog. Militär-

---

52 *Engels*, Herrn Eugen Dührlng's Umwälzung, in: MEW Bd. 20, S. 239–303. Dühring war Privatdozent an der Berliner Universität und hatte großen Einfluss in den Kreisen der Sozialisten, siehe hierzu: *Bleuel* 1981, S. 347–352.
53 Vgl. *Wette* 1971, S. 49.
54 MEW Bd. 21, S. 405–461.
55 *Engels*, Die Rolle der Gewalt in der Geschichte, in: MEW Bd. 21, S. 405–461.
56 *Engels*, Kann Europa abrüsten?, jetzt in: MEW Bd. 22, S. 369–399.

vorlage,⁵⁷ mit der die Regierung unter Reichskanzler Leo von Caprivi (1831–1899) mehr Geld für die Armee beschaffen wollte. Engels war überzeugt davon, dass die Rüstungsausgaben ein Ausmaß erreicht hätten, „wo es entweder die Völker durch die Militärlast ökonomisch ruinieren oder in einen allgemeinen Vernichtungskrieg ausarten muß".⁵⁸ Seine Vorschläge mache er – nach eigenen Angaben – „vom rein militärischen Standpunkt", dabei schlage er „nur solche Mittel vor, die jede heutige Regierung ohne Gefahr der Landessicherheit annehmen kann".

In einem flammenden Aufruf zur sofortigen Abrüstung wandte sich Engels direkt an die Deutschen:

> „Ich behaupte: Die Abrüstung und damit die Garantie des Friedens ist möglich, sie ist sogar verhältnismäßig leicht durchführbar, und Deutschland, mehr als ein anderer zivilisierter Staat, hat zu ihrer Durchführung die Macht wie den Beruf".⁵⁹

Engels' wichtigster Vorschlag war die Herabsetzung der Dienstzeit mit allmählichem Übergang zum Milizsystem. Diesen Vorschlag, der die Schlagkraft keiner der in Frage kommenden Armeen herabsetzen würde, sollte Deutschland zunächst Österreich und dann Italien unterbreiten. Wenn diese zustimmten – was Engels für sehr wahrscheinlich hielt –, dann sollte der Vorschlag Frankreich vorgelegt werden, womit sich Deutschland einen erheblichen (moralischen) Vorteil verschaffen würde. Engels erwartete offenbar, dass Frankreich ablehnen würde. Das Misstrauen, das den Deutschen nach Engels' Ansicht in ganz Europa entgegen gebracht wurde, würde sich dann gegen Frankreich richten. Auf den eigentlich entscheidenden Faktor kam er aber erst am Schluss seiner Abhandlung zu sprechen:

> „Vergessen wir nicht: *Im nächsten Kriege entscheidet England.* Der Dreibund, im Krieg gegen Rußland und Frankreich, ebensowohl Frankreich, von Rußland getrennt durch feindliches Gebiet, sie alle sind für die ihnen unentbehrliche Korneinfuhr angewiesen auf den Seeweg. Diesen beherrscht England unbedingt".⁶⁰

Die preußische Militärfrage

Engels' Kritik des preußischen Militärs ging sehr ins Detail, er wusste ganz genau über Truppenstärke, Tauglichkeit der Eingezogenen, Gliederung, Ausrüstung und

---

57 Zentrum und katholische Presse lehnten die Militärvorlage kategorisch ab, vgl. *Löppenberg* 2009, S. 90ff.
58 *Engels,* Kann Europa abrüsten?, in: MEW Bd. 22, S. 371.
59 *Engels,* Kann Europa abrüsten?, in: MEW Bd. 22, S. 373.
60 *Engels,* Kann Europa abrüsten?, in: MEW Bd. 22, S. 398, Herv. i. Orig.

Bewaffnung der Armee Bescheid. Die ihm vorliegenden Fakten, die er den verschiedensten Informationsquellen entnahm, prüfte er in erster Linie unter dem Gesichtspunkt der militärischen „Schlagtüchtigkeit" und deckte dabei zahlreiche Schwachpunkte auf.[61] Dabei betonte er allerdings mehrfach die Bedeutung der allgemeinen Wehrpflicht, die er zum einen für das beste System hielt, um geeignete Rekruten zu bekommen, zum anderen aber auch für „die einzige demokratische Institution", die in Preußen – wenn auch nur auf dem Papier – bestehe.[62] Im II. Teil seiner Schrift *Die preußische Militärfrage und die deutsche Arbeiterpartei* kam Engels auf den größeren Zusammenhang zu sprechen, der ihn als Mitautor des *Kommunistischen Manifests*[63] natürlich besonders bewegt hat, nämlich das Verhältnis von Militär und Gesellschaft, genauer: zwischen der Armee und den gesellschaftlichen Klassen. Denn hierin lag offensichtlich das größte Potenzial zu einer – mehr oder weniger friedlichen – Neuordnung der Machtverhältnisse in Preußen, wobei er einen Staatsstreich, also einen Umsturz „von oben", für eher unwahrscheinlich hielt:

„Die Bourgeoisie hat nur zwei Wege, sich politische Macht zu verschaffen. Da sie eine Armee von Offizieren ohne Soldaten ist und sich diese Soldaten nur aus den Arbeitern schaffen kann, so muß sie entweder sich die Allianz der Arbeiter sicherstellen oder sie muß den ihr nach oben gegenüberstehenden Mächten, namentlich dem Königtum, die politische Macht stückweise abkaufen. Die Geschichte der englischen und französischen Bourgeoisie zeigt, daß kein anderer Weg existiert".[64]

Engels war sich dabei der Tatsache durchaus bewusst, dass diejenigen, die in einem Staat über das Militär verfügen, auch die Macht innehaben. Gerade in der Liberalisierung der Armee sah er eine Chance für einen Machtwechsel:

„Endlich der Hauptpunkt: die Erleichterung eines Staatsstreichs durch die Verstärkung der Friedensarmee? – Es ist ganz richtig, daß Armeen die Werkzeuge sind, womit man Staatsstreiche macht, und daß also jede Armeeverstärkung auch die Durchführbarkeit eines Staatsstreichs vermehrt. Aber die für einen Großstaat erforderliche Armeestärke richtet

---

61 Siehe auch: *Engels*, Das Prinzip des preußischen Militärsystems, eine kurze Abhandlung im Rahmen seiner Artikel über den Deutsch-Französischen Krieg (1870/71), die in der Londoner *Pall Mall Gazette* veröffentlicht worden sind, in: MEW Bd. 17, S. 125–128.
62 *Engels*, Die preußische Militärfrage, in: MEW Bd. 16, S. 44, siehe zur Wehrpflichtfrage bei Engels auch: *Wallach* 1968, S. 50f.
63 Marx und Engels veröffentlichten das Manifest der Kommunistischen Partei 1848 in London, abgedruckt in: MEW Bd. 4, S. 459–493, die erste deutsche Ausgabe erschien 1872 in Leipzig.
64 *Engels*, Die preußische Militärfrage, in: MEW Bd. 16, S. 69f.

sich nicht nach der größeren oder geringeren Aussicht auf Staatsstreiche, sondern nach der Größe der Armeen der anderen Großstaaten".[65]

Aus eigener Anschauung wies Engels darüber hinaus auf den großen Unterschied zwischen einer Friedensarmee („Friedensfuß") und einer Kriegsarmee („Kriegsfuß") hin. Für einen Staatsstreich kam nach seiner Einschätzung allenfalls die Friedensarmee in Betracht (die allerdings vermutlich allein nicht stark genug wäre), während die Kriegsarmee eine ganz andere Ausrichtung hatte:

„Wer je Gelegenheit hatte, ein Bataillon erst auf Friedensfuß und dann auf Kriegsfuß zu sehen, kennt den ungeheuren Unterschied in der ganzen Haltung der Leute, im Charakter der ganzen Masse. Die Leute, die als halbe Knaben in die Armee eingetreten waren, kommen jetzt als Männer wieder zu ihr zurück; sie bringen einen Vorrat an Selbstachtung, Selbstvertrauen, Sicherheit und Charakter mit, der dem ganzen Bataillon zugute kommt. Das Verhältnis der Leute zu den Offizieren, der Offiziere zu den Leuten wird gleich ein anderes. Das Bataillon gewinnt militärisch ganz bedeutend, aber politisch wird es – für absolutistische Zwecke – völlig unbrauchbar".[66]

Im III. Teil seiner Schrift *Die preußische Militärfrage und die deutsche Arbeiterpartei* stellte Engels die entscheidende Frage: „Welches ist nun die Stellung der Arbeiterpartei zu dieser Armeeorganisation und zu dem daraus entstandenen Konflikt zwischen Regierung und bürgerlicher Opposition?" Wieder stand dabei die allgemeine Wehrpflicht im Vordergrund, deren konsequente Durchführung der einzige Punkt sei, der die Arbeiterklasse Deutschlands an der preußischen Militärorganisation interessiere. Dabei wurde auch die von Engels verfolgte politische Stoßrichtung deutlich, nämlich eine Bewaffnung der Arbeiterschaft:

„Ob die Militärlast durch die Reorganisation sich etwas vermehrt oder nicht, wird der Arbeiterklasse, *als Klasse*, wenig ausmachen. Dagegen ist es ihr durchaus nicht gleichgültig, ob die allgemeine Wehrpflicht vollständig durchgeführt wird oder nicht. Je mehr Arbeiter in den Waffen geübt werden, desto besser. Die allgemeine Wehrpflicht ist die notwendige und natürliche Ergänzung des allgemeinen Stimmrechts; sie setzt die Stimmenden in den Stand, ihre Beschlüsse gegen alle Staatsstreichversuche mit den Waffen in der Hand durchzusetzen".[67]

---

65 Ebd., S. 61.
66 Ebd., S. 62f.
67 Ebd., S. 66, Herv. i. Orig.

Das Ende Preußens?

Nach dem Ende des Zweiten Weltkriegs wurde Preußen durch das Kontrollratsgesetz Nr. 46 vom 25. Februar 1947 aufgelöst.[68] In der Präambel zu diesem Gesetz hieß es:

„Der Staat Preußen, der seit jeher Träger des Militarismus und der Reaktion in Deutschland gewesen ist, hat in Wirklichkeit zu bestehen aufgehört. Geleitet von dem Interesse an der Aufrechterhaltung des Friedens und der Sicherheit der Völker und erfüllt von dem Wunsche, die weitere Wiederherstellung des politischen Lebens in Deutschland auf demokratischer Grundlage zu sichern, erlässt der Kontrollrat das folgende Gesetz:

Artikel I

Der Staat Preußen, seine Zentralgliederung und alle nachgeordneten Behörden werden hiermit aufgelöst."

Damit vollzogen die Sieger des Zweiten Weltkriegs einen Akt, den sie alle (die USA wohl am wenigsten) schon seit langer Zeit erhofft hatten. „Das Herz Deutschlands schlägt in Preußen", hatte Winston Churchill am 21. September 1943 im britischen Unterhaus verkündet. Preußen war in der Tat der einzig ernst zu nehmende Gegner für die Expansionsbestrebungen Großbritanniens, auch wenn beide Staaten – gegen Napoleon – miteinander verbündet gewesen waren. Für Frankreich war Preußen der Erbfeind, den zu bekämpfen und wenn möglich zu vernichten es sich spätestens seit 1870/71 geschworen hatte. Für die Sowjetunion fiel nicht nur ein mächtiger Kontrahent weg, dem man große Territorien entreißen konnte. Vielmehr bot es sich geradezu an, auf der Grundlage dieses emotionalen Vakuums ein „rotes Preußen" von eigenen Gnaden in Gestalt der späteren DDR zu schaffen. Dass dabei Friedrich Engels – ohne, dass dies je seine Absicht gewesen wäre, – Pate stehen sollte, kam dem ideologisch so außerordentlich wendigen Stalin nur gelegen.

Ob eine solche Maßnahme des Alliierten Kontrollrats wie die Auflösung Preußens auf die Dauer Bestand haben wird, ist noch nicht abzusehen. Aber Eines kann man wohl sagen: Ein Aufgehen Preußens in einem größeren Deutschland wäre ganz sicher in Engels' Sinne gewesen. Was er jedoch als bedeutender Militärtheoretiker zur heutigen Bundeswehr gesagt haben würde, lässt sich nur vermuten, wenn auch nicht mit Gewissheit sagen.

---

68 Official Gazette oft the Control Council of Germany (Amtsblatt des Kontrollrats in Deutschland), Nr. 14, Berlin, 31. März 1947, vgl. *Clark* 2006, S. 9

Literatur

Baumgart, Peter, 2008: Friedrich Wilhelm I. – ein Soldatenkönig? In: Baumgart/Kroener/ Stübig (Hg.) 2008, S. 3–26.

Baumgart, Peter/*Kroener*, Bernhard R./*Stübig*, Heinz (Hg.), 2008: Die Preußische Armee zwischen Ancien Régime und Reichsgründung, Paderborn.

Berenhorst, Georg Heinrich von, 1978: Aus dem Nachlasse. Neudruck der Ausgabe, Dessau 1845 und 1847, Osnabrück.

Bleuel, Hans Peter, 1981: Friedrich Engels. Bürger und Revolutionär. Die zeitgerechte Biographie eines großen Deutschen, Bern/München.

Clark, Christopher, 2008: Preußen. Aufstieg und Niedergang 1600–1947 (engl. Original 2006), München.

Gehrig, Thomas, 2010: Marx, Karl Heinrich/Engels, Friedrich, in: Rüdiger Voigt/Ulrich Weiß [Mitarbeit: Krisztina Adorjàn](Hg.): Handbuch Staatsdenker, Stuttgart 2010, S. 276–280.

Hahlweg, Werner, 1971: Sozialismus und Militärwissenschaft bei Friedrich Engels. Mit einem unveröffentlichten Engels-Manuskript, in: Friedrich Engels 1820–1970. Referate. Diskussionen, Dokumente. Internationale wissenschaftliche Konferenz in Wuppertal vom 25. –9. Mai 1070, Hannover, S. 63–71.

Hennings, Lars, 2007: Marx, Engels und die Teilung der Arbeit – Band 2. Ein einführendes Lesebuch in Gesellschaftstheorie und Geschichte. Forschungsarbeit, München.

Hirsch, Joachim/*Kannankulam*, John/*Wissel*, Jens (Hg.), 2008: Der Staat der Bürgerlichen Gesellschaft. Zum Staatsverständnis von Karl Marx, Baden-Baden.

Institut für Marxismus-Leninismus beim ZK der SED, 1972: Vorwort, in: MEW Bd. 14, Berlin 1972, S. V–XXVIII.

Kremendahl, Hans/*Meyer*, Thomas (Hg.), 1974: Sozialismus und Staat, 2 Bände, Kronberg/Ts.

Löppenberg, Ingo, 2009: „Wider Raubstaat, Großkapital und Pickelhaube". Die katholische Militarismuskritik und Militärpolitik des Zentrums 1860 bis 1914, Frankfurt.

MEW – Karl Marx – Friedrich Engels – Werke, Berlin/DDR 1961.

Preußen, in: Wörterbuch der Geschichte, Berlin/DDR 1983, Bd. 2, S. 828–830.

Schrader, Fred, 1986: Engels, Friedrich, in: Thomas Meyer/Karl-Heinz Klär/Susanne Miller/Klaus Novy/Heinz Timmermann [Redaktionelle Mitarbeit: Siegfried Heimann, Marlis Klein]: Lexikon des Sozialismus, Köln , S. 148–149.

Voigt, Rüdiger, 2008: Krieg ohne Raum. Asymmetrische Konflikte in einer entgrenzten Welt, Stuttgart.

Wallach, Jehuda L., 1968: Die Kriegslehre von Friedrich Engels, Frankfurt.

Welsch, Fritz, 1985: Einige ideologische Probleme in den militärischen Schriften von Friedrich Engels zum Deutsch-Französischen Krieg, in: Die materialistische Dialektik – ihre Anwendung in den Wissenschaften. Zu Ehren von Friedrich Engels, Berlin/DDR 1985, S. 135–141.

Wette, Wolfram, 1971: Kriegstheorien deutscher Sozialisten. Marx, Engels, Lassalle, Bernstein, Kautsky, Luxembburg. Ein Betrag zur Friedensforschung, Stuttgart.

II. Kontexte und Kontextualisierungen

Georg Fülberth

Die Staatskritik von Engels im Kontext des Gesamtwerkes von Marx und Engels

Friedrich Engels hat sich selbst immer wieder jede Originalität gegenüber Marx bei der Entwicklung des Historischen Materialismus abgesprochen. Spätere Interpreten haben sie ihm zuweilen doch in einem negativen Sinne zuerkennen wollen: als Vereinfachung und als Versuch, stärker als Marx eine teleologische Geschichtsphilosophie zu begründen. Diese Vorwürfe wurden auf dem Gebiet der Politischen Ökonomie – insbesondere im Zusammenhang mit Engels' Edition des dritten Bandes des *Kapital* – und für die Konstituierung eines „weltanschaulichen ‚Marxismus'",[1] der einen Sieg der proletarischen Bewegung als unausweichlich erscheinen ließ, erhoben. Bei der Erörterung der staatstheoretischen Überlegungen von Marx und Engels darf diese Kritik dahingestellt bleiben, denn hier kann nicht von einer etwaigen Differenz zwischen beiden ausgegangen werden. Sie haben ihre Positionen in dieser Frage gemeinsam entwickelt. Eine Sonderstellung kam Engels dabei lediglich innerhalb einer Arbeitsteilung zu, und dies in dreifachem Sinn:

1. Er übernahm es, in der Tagespolemik gegen konkurrierende Ansichten – zum Beispiel von Eugen Dühring – die Auffassungen, die er mit Marx teilte, zu verteidigen, wobei es nicht ausblieb, dass er diese so ausführlich explizierte, dass das Ergebnis fälschlicherweise ihm allein zugeschrieben werden könnte.

2. Während Marx sich auf das *Kapital* konzentrierte, hat Engels Aspekte des historischen Materialismus, die nicht zum Kernbereich der politischen Ökonomie gehörten, behandelt und diese in ein Verhältnis zur zeitgenössischen Wissenschaftsentwicklung gesetzt. Auf dem Gebiet der Naturwissenschaften gehört die *Dialektik der Natur* hierher, für die Anthropologie *Die Entstehung der Familie, des Privateigentums und des Staats*. Letztere Schrift ist auch relevant für die Staatstheorie.

3. In seinem umfangreichen Briefwerk war Engels Ratgeber der Parteien der internationalen Arbeiterbewegung. Dabei stellten sich in der operativen Politik immer wieder Fragen der Stellung zum (bürgerlichen) Staat. Insbesondere in seiner Ausei-

---
[1] *Heinrich* 2005: 23.

nandersetzung mit Problemen der deutschen Sozialdemokratie musste Engels sehr grundsätzlich werden.

Die gemeinsame Staatskritik von Marx und Engels

So weit Marx und Engels sich mit dem bürgerlichen und vorbürgerlichen Staat befassten, war Staats*theorie* für sie Staats*kritik*. Wenn diese von ihnen in unmittelbar praktischer Absicht betrieben wurde, stellte sich die Frage nach der Aufhebung des Staates und danach, wodurch er im „Verein freier Menschen"[2] ersetzt werde. Die Antwort musste durch die methodische Prämisse begrenzt sein, dass Marx und Engels utopische Vorab-Entwürfe ablehnten. Sie beschränkten sich auf Überlegungen zur Aufhebung des Staates, ohne sich zu den Spekulationen über den „Zukunftsstaat", die z.B. liberale Parlamentarier wie Eugen Richter der deutschen Sozialdemokratie aufnötigen wollten, provozieren zu lassen. Die wenigen nur scheinbar positiven Aussagen, die sich bei Engels (kaum bei Marx) finden, sind in Wirklichkeit Argumente ex negativo: die nachkapitalistische Ordnung ist Nicht-Staat, und das muss genügen. Weshalb das so ist: dies bedarf allerdings schon wieder einer gesellschafts- und staatstheoretischen Begründung, um die vor allem Engels sich bemühte.

Übergehen wir die Reflexionen zu Staat und bürgerlicher Gesellschaft in den Frühschriften (insbesondere in Marx' Kritik des Hegelschen Staatsrechts), so tritt uns das von Marx und Engels dort erzielte Ergebnis erstmals im *Manifest der kommunistischen Partei* entgegen, wenngleich zunächst in eher lapidarer Form:

> „Die moderne Staatsgewalt ist nur ein Ausschuß, der die gemeinschaftlichen Geschäfte der ganzen Bourgeoisklasse verwaltet."[3]

Zugleich wurde eine künftige proletarische Staatsgewalt für notwendig gehalten, die – um das Zitat abzuwandeln – die gemeinschaftlichen Geschäfte der ganzen Arbeiterklasse verwaltet. Politisches Ergebnis der Revolution sei „die Erhebung des Proletariats zur herrschenden Klasse, die Erkämpfung der Demokratie", die die Aufgabe habe, „alle Produktionsinstrumente in den Händen des Staats, d.h. des als herrschende Klasse organisierten Proletariats zu zentralisieren und die Masse der Produktionskräfte möglichst schnell zu vermehren."[4] An die Stelle der alten Gesellschaft

---

2   Marx [1883] 1989: 106/107.
3   Marx/Engels [1848] 1969a: 464.
4   Ebd.: 481.

werde eine „Assoziation" treten, „worin die freie Entwicklung eines jeden die Bedingung für die freie Entwicklung aller ist."[5] Dass der demokratische Staat deren schließliche Organisationsform sein werde, wird nicht gesagt, doch er bleibt ein Akteur in einer Übergangsperiode.

Über seine institutionelle Form werden keine weiteren Angaben gemacht. Dass „die Erhebung des Proletariats zur herrschenden Klasse" identisch sein solle mit der „Erkämpfung der Demokratie", könnte in Gesellschaften, in denen die Arbeiterklasse die Mehrheit ausmacht, als eine Variante der demokratischen Republik verstanden werden. Die Formulierung, dass der Staat das als herrschende Klasse organisierte Proletariat sei, wäre kein Widerspruch hierzu. Es handelt sich dann noch um „politische Gewalt" als „die organisierte Gewalt einer Klasse zur Unterdrückung einer andern."[6] Gibt es keine Klassen mehr, „so verliert die öffentliche Gewalt den politischen Charakter."[7] Das Politische ist hier auf die Ausübung von Klassenherrschaft beschränkt.

In der Folgezeit haben Marx und Engels weiter gehende Überlegungen angestellt, aus denen sich für sie die Notwendigkeit der Beseitigung oder der qualitativen Umgestaltung überkommener Institutionen noch vor Erreichung der klassenlosen Gesellschaft ergab. Der Grund dafür waren die französischen Erfahrungen während der Revolution von 1848. Sie gaben Marx Anlass, Form und Funktion einer demokratischen Republik zu reflektieren, die in der Junischlacht 1848 einen Arbeiteraufstand im Blut erstickte und sich bald danach in den Bonapartismus transformierte. Die Ergebnisse seiner Überlegungen hat Marx in seiner Schrift *Der achtzehnte Brumaire des Louis Bonaparte* niedergelegt. Staat war für ihn damals in erster Linie Exekutive im Interesse einer herrschenden Klasse, die jener ihre Direktiven in der gesetzgebenden Gewalt übermitteln und auch die Rechtspflege ausschließlich in ihrem eigenen Interesse handhaben ließ. Sie habe sich als eine „Maschine" von der Gesellschaft getrennt.[8] In Frankreich wurde sie zur Diktatur sogar gegenüber der Bourgeoisie, in deren Interesse sie ausgeübt wurde, sodass letztere sie am Ende gar nicht mehr selber dirigieren konnte. Einer „Assoziation, worin die freie Entwicklung eines jeden die Bedingung für die freie Entwicklung aller ist", konnte das nicht genügen. Diese letztlich normative Vorgabe erzwang Überlegungen über die Beseitigung des Staates als einer gegenüber der Gesellschaft verselbständigten Institution schon in der Revolution, zunächst, in *Der achtzehnte Brumaire des Louis Bonaparte*, nicht

---

5 Ebd.: 482.
6 Ebd.: 482.
7 Ebd.: 482.
8 *Marx* [1852] 1985: 178/179.

als positive Aufgabenbestimmung, sondern in der negativ wertenden Beschreibung der bisherigen Phasen der bürgerlichen Gesellschaft: „Alle Umwälzungen vervollkommneten diese Maschine statt sie zu brechen."[9] Dem nicht-utopischen Denken von Marx und Engels entsprechend wurde eine solche Perspektive erst in dem Moment weiter entwickelt, in dem sich Ansätze der Realisierung darzustellen schienen: in der Pariser Commune:

> „Aber die Arbeiterklasse kann nicht die fertige Staatsmaschinerie einfach in Besitz nehmen und diese für ihre eigenen Zwecke in Bewegung setzen."[10]

Mit diesem Satz leitete Marx in seiner Schrift *Der Bürgerkrieg in Frankreich* (1871) noch einmal eine historische Skizze der Geschichte der Verselbständigung des Staatsapparats gegenüber der Gesellschaft ein,[11] um anschließend dessen Destruktion in der Zeit zwischen dem 18. März und dem 28. Mai 1871 zu schildern.[12] Dass er dies für die zentrale Lehre der Commune hielt, zeigt folgende Stelle aus einem Brief an Ludwig Kugelmann vom 12. April 1871:

> „Wenn Du das letzte Kapitel meines ‚Achtzehnten Brumaire' nachsiehst, wirst Du finden, dass ich als nächsten Versuch der französischen Revolution ausspreche, nicht mehr wie bisher die bürokratisch-militärische Maschinerie aus einer Hand in die andre zu übertragen, sondern sie zu *zerbrechen*. Und dies ist die Vorbedingung jeder wirklichen Volksrevolution auf dem Kontinent. Dies ist auch der Versuch unsrer heroischen Pariser Parteigenossen."[13]

Der aufzulösende Staatsapparat wurde nicht ausschließlich als Exekutive definiert, sondern auch als Legislative – „Die Kommune sollte nicht eine parlamentarische, sondern eine arbeitende Körperschaft sein, vollziehend und gesetzgebend zu gleicher Zeit"[14] – und als Judikative in ihrer bisherigen Gestalt:

> „Die richterlichen Beamten verloren jene scheinbare Unabhängigkeit, die nur dazu gedient hatte, ihre Unterwürfigkeit unter alle aufeinanderfolgenden Regierungen zu verdecken, deren jeder sie, der Reihe nach, den Eid der Treue geschworen und gebrochen hatten. Wie alle öffentlichen Diener, sollten sie fernerhin gewählt, verantwortlich und absetzbar sein."[15]

---

9   Ebenda: 179.
10 *Marx* [1871] 1978: 199.
11 Ebenda: 199 – 201.
12 Ebenda: 201/202.
13 *Marx* 1966: 205.
14 *Marx* [1871] 1978: 201/202.
15 Ebenda: 202.

In ihrem Vorwort zu einer deutschen Neuausgabe des *Mainfests der Kommunistischen Partei* (1872) haben Marx und Engels – unter Benutzung eines Zitats aus *Der Bürgerkrieg in Frankreich* – die Staatsfrage als den Punkt bezeichnet, in dem dieses korrigiert werden müsse:

> „Namentlich hat die Kommune den Beweis geliefert, dass ‚die Arbeiterklasse nicht die fertige Staatsmaschine einfach in Besitz nehmen und sie für ihre eigenen Zwecke in Bewegung setzen kann'."[16]

Es müsse eine Transformation vorgenommen werden, deren Ergebnis Engels im Vorwort zu einer Neuauflage von Marx' „Bürgerkrieg in Frankreich" einen überraschenden Namen gab:

> „Der deutsche Philister ist neuerdings wieder in heilsamen Schrecken gerathen bei dem Wort Diktatur des Proletariats. Nun gut, ihr Herren, wollt ihr wissen, wie diese Diktatur aussieht? Seht euch die Pariser Kommune an. Das war die Diktatur des Proletariats."[17]

Der Terminus „Diktatur des Proletariats" ist keine Schöpfung von Marx und Engels. Wahrscheinlich haben sie ihn von Louis-Auguste Blanqui übernommen. Dass sie diesen Begriff auf einen in Abbau begriffenen Staatsapparat anwenden, mag zunächst überraschen. Das Paradoxon löst sich auf, wenn wir beachten, das Marx und Engels den Terminus „Diktatur" gewöhnlich synonym mit Herrschaft verwenden, unter ihm also nicht nur die Funktionsweise einer bestimmten institutionellen Ordnung, die mit Demokratie nicht vereinbar ist, verstehen. In diesem Sinne war Diktatur für sie u.a. auch die Parlamentsherrschaft in Großbritannien in der Entstehungsphase des Kapitalismus, die die Interessen der Bourgeoisie durchsetzte: als „die Staatsmacht, die concentrirte und organisirte Gewalt der Gesellschaft".[18]

Gemäß der von Marx und Engels entwickelten historisch-materialistischen Theorie ist ihre Staatskritik in erster Linie Gesellschaftstheorie, das heißt: sie denken den Staat von der Gesellschaft, den diese konstituierenden Klassen und deren Kämpfen aus. Das erklärt, weshalb eine Maßnahme eines Staatsorgans der bürgerlichen Gesellschaft von Marx einmal positiv gewürdigt werden konnte. Nachdem 1847 das britische Unterhaus – ein Parlament, das nach Zensuswahlrecht zustande kam und in dem kein einziger Arbeiter saß – die Begrenzung der täglichen Arbeitszeit auf zehn Stunden beschossen hatte, schrieb Marx:

---

16 *Marx/Engels* [1872] 1969b: 96.
17 *Engels* [1891] 210: 16.
18 *Marx* [1883] 1989: 702.

> „Zum ersten Mal erlag die politische Oeconomie der Mittelklasse in hellem Tageslicht vor der politischen Oeconomie der Arbeiterclasse."[19]

Subjekt war aber in Wirklichkeit nicht das Parlament, sondern die englische Chartistenbewegung. Der Staat wurde hier sogar letztlich für einen historischen Moment zu deren Vollzugsorgan:

> „Nach einem dreißigjährigen Kampf, der mit bewundrungswürdiger Ausdauer geführt ward, gelang es der englischen Arbeiterclasse durch Benutzung eines augenblicklichen Zwiespalts zwischen Landlords und Geldlords, die *Zehnstundenbill* durchzusetzen."[20]

Innerhalb der bürgerlichen Gesellschaft hatte sich eine Gegengesellschaft – in Form einer Bewegung – gebildet, noch bevor das Proletariat sich als herrschende Klasse konstituiert hatte. Ihre Existenz war die notwendige, wenngleich nicht hinreichende Voraussetzung für eine Revolution, die eine anderen Gesellschaft (letztlich ohne Staat) aus sich hervorbringen musste.

Die vorstehend referierten Grundzüge einer gemeinsam mit Marx entwickelten Staatstheorie hat Engels in den von ihm allein verfassten Schriften nicht aufgegeben. Aber er hat in ihrem Rahmen zusätzliche Schwerpunkte gesetzt, die im Folgenden dargestellt werden sollen.

Engels über die Genese des Staates

In seiner Schrift *Der Ursprung der Familie, des Privateigentums und des Staats* von 1884 verfolgt Engels – in Auswertung des Buchs *Ancient Societies* von Lewis H. Morgan sowie aufgrund eigener Überlegungen zu Rom, zu Griechenland und zur „Staatsbildung der Deutschen" die Entwicklung von der „Wildheit" (worunter wir uns eine Art Urzustand vorzustellen haben) über die „Barbarei" (Gentilgesellschaft) bis an die Schwelle der Zivilisation. Neu im Vergleich zu den Arbeiten von Marx ist die Verbindung dieses Prozesses mit dem Geschlechterverhältnis: der Herausbildung der patriarchalen Familie. Am Ende dieses Weges steht der Staat. Er wird in seinen frühen Formen nicht analysiert, bleibt also noch außerhalb der Betrachtung:

> „Schritt die Gesellschaft hinaus über die Grenzen, innerhalb deren diese Verfassung genügte, so war es aus mit der Gentilordnung; sie wurde gesprengt, der Staat trat an ihre Stelle."[21]

---

19 Marx [1864] 1992: 24.
20 Ebenda: 23; Herv. i. Orig.

Die Beschränkung auf die Vorgeschichte des Staates erklärt sich daraus, dass Engels ausschließlich über ethnologisches Material verfügte, jedoch noch nicht über die Ergebnisse archäologischer Forschung im Zweistromland. Mit ihrer Hilfe kann heute etwas über die ersten Formen institutionalisierter – also staatlicher – Gewalt gesagt werden.[22] Marx' und Engels' Interesse am Staat orientierte sich an dessen Form und Funktion seit dem Absolutismus. Von hier aus ging Engels bis zu den Voraussetzungen von dessen Genese, ohne deren erstes Resultat im Einzelnen schon darstellen zu können. Er behalf sich in „Der Ursprung der Familie, des Privateigentums und des Staats" damit, dass er Positionen, die Marx und er selber zu Absolutismus und Bonapartismus entwickelt hatten, wiederholte, wobei er sich des methodischen Problems offenbar bewusst war: die hier aufgeführten Charakteristika fänden sich „[i]n den meisten geschichtlichen Staaten".[23] Der von ihm als Endpunkt seiner Untersuchung genannte Übergang zur Zivilisation war jedoch noch *vor*geschichtlich.

Die Verwaltung von Sachen

Wie gezeigt, war bereits im *Manifest der Kommunistischen Partei* für Marx und Engels zwischen zwei Arten der „öffentlichen Gewalt" zu unterscheiden: als „politische Gewalt" stand sie für Herrschaftsfunktionen. Welche Aufgabe hatte sie aber noch, sobald diese weggefallen waren? In einem ersten Zugriff wird der Staat Eigentümer der Produktionsmittel. Dass dies – im Unterschied zum „Manifest der Kommunistischen Partei" jetzt explizit festgestellt – nur für eine Übergangsperiode gilt, zeigt das Wort „zunächst" im folgenden Satz:

> „Das Proletariat ergreift die Staatsgewalt und verwandelt die Produktionsmittel zunächst in Staatseigenthum."[24]

So lange es einen Staat gibt, übt er Klassenherrschaft aus. Entfällt diese, hört auch jener zu bestehen auf. Die Funktion der öffentlichen Gewalt wird so beschrieben:

> „An die Stelle der Regierung über Personen tritt die Verwaltung von Sachen und die Leitung von Produktionsprozessen."[25]

---

21 *Engels* [1884] 1990: 243.
22 *Lambrecht/Tjaden/Tjaden-Steinhauer* 1998: S. 190–239; *Tjaden-Steinhauer* 1995: 48/50.
23 *Engels* [1884] 1990: 108.
24 *Engels* [1878] 1988: 444.
25 Ebenda: 445.

Implizit bedeutet dies Selbstregierung und Selbstverwaltung, die durchaus hoch organisiert sein kann, aber mit der Aufhebung der Repräsentation („Regierung über Personen") kein Staat mehr ist.

Staatskritik in Engels' Politikberatung

Engels führte einen ausgiebigen Briefwechsel mit August Bebel, unter anderem über Fragen der Parlamentstaktik. Ein Thema war das Abstimmungsverhalten gegenüber Regierungsvorlagen, die eine stärkere staatliche Durchdringung der Wirtschaft bezweckten, z.B. die Schutzzölle 1879 oder Subventionen für Übersee-Liniendampfer 1884/1885. In der sozialdemokratischen Reichstagsfraktion gab es dafür Sympathien, da hier Schritte zu einer Art „Staatssozialismus" gegangen würden – ein Konzept, das auch im bürgerlichen Lager, etwa bei den so genannten „Kathedersozialisten" Anklang fand. Einige Abgeordnete erhofften sich von staatlichen Subventionen Arbeitsplätze auf den Werften. Für Bebel ergab sich hier ein taktisches Problem: er wollte eine Spaltung der Fraktion in diesen Fragen vermeiden. Engels riet ihm, eine Zustimmung an zusätzliche Forderungen zu knüpfen, die für die Regierung unannehmbar waren, sodass die Sozialdemokraten schließlich ablehnen konnten. Annahme von Regierungsvorlagen kam für ihn nur in den Ausnahmefällen in Frage, in denen sie tatsächlich Verbesserungen für die Arbeiter vorsahen. Aber auch dann war dies für ihn niemals ein Schritt zum „Verein freier Menschen". Verstärkung von Staatlichkeit als Herrschaft über Menschen war damit nicht vereinbar, und deshalb galt auch in taktischen Belangen, „nichts zu bewilligen, was die Macht der Regierung über das Volk verstärkt."[26] Als die sozialdemokratische Reichstagsfraktion 1893 zu einer neuen Militärvorlage Stellung zu nehmen hatte, empfahl Engels in seiner Artikelserie „Kann Europa abrüsten?" die allmähliche Ersetzung der stehenden Heere durch eine Miliz.[27] Der auf den ersten Blick einfache Vorschlag hatte mehrere Voraussetzungen und Implikationen. Die Regierungsvorlage sah insgesamt Heeresvermehrung und höhere Militärlasten vor. Engels nahm an, es könne in der Fraktion zu einem ähnlichen Konflikt kommen wie 1884/1885 über die Dampfersubventionsvorlage, da immerhin für die Fußtruppen eine Kürzung der Wehrpflicht auf zwei Jahre vorgesehen war. Sein Vorschlag sollte es ermöglichen, die Vorlage nach Aufstellung weitergehender Forderungen, die von der Regierung nicht ange-

---

26 *Engels* [1879] 1966: 424.
27 *Engels* [1893] 2010: 209–233.

nommen werden konnten, abzulehnen. Dieser Umweg erwies sich als unnötig, da die Fraktion ohnehin dagegen stimmte. In anderen Arbeiten hatte Engels auf die Gefahren eines künftigen Krieges mit erheblich weiter entwickelten Waffen hingewiesen: dieser werde zugleich zerstörerische Wirkungen auf die Arbeiterbewegung haben. Hinzu kam die Bedeutung der Armee als innenpolitisches Repressionsinstrument. All dies musste für ihre Schwächung sprechen. Im Hintergrund dieser tagespolitischen Überlegungen stand das aus seiner Schrift *Der Ursprung der Familie, des Privateigentums und des Staats* bekannte Modell von Wehrhaftigkeit in der Gentilgesellschaft, also einer vor-staatlichen Ordnung. Dass dies für ihn nicht nur eine historische Reminiszenz war, zeigen seine Hinweise im *Anti-Dühring* auf die Tirailleurtaktik im nordamerikanischen Unabhängigkeitskrieg und nach der französischen Revolution – Selbstorganisation in Befreiungskämpfen nicht als (wie es realgeschichtlich dann in den USA und durch Napoleon Bonaparte erfolgte) Voraussetzung staatlichen Militärs, sondern als deren Negation:

„Das Tirailliren war wieder erfunden – eine neue Kampfweise infolge eines veränderten Soldatenmateirals."[28]

Das Wort „wieder" bezieht sich darauf, dass Engels offenbar annahm, diese Taktik habe es früher schon einmal gegeben, wobei er gewiss nicht auf den nordamerikanischen Unabhängigkeitskrieg, sondern auf die von ihm angenommene Wehrorganisation der Gentilgesellschaft zurückgriff.

Engels' Einleitung von 1895 zu Marx' Schrift *Die Klassenkämpfe in Frankreich* nahm die erfolgreiche Nutzung des allgemeinen Reichstags-Wahlrechts (für Männer) durch die deutsche Sozialdemokratie zum Anlass, Betrachtungen über deren Eindringen in staatliche und halbstaatliche Institutionen anzustellen:

„Man fand daß die Staatseinrichtungen, in denen die Herrschaft der Bourgeoisie sich organisirt, noch weitere Handhaben bietet, vermittelst deren die Arbeiterklasse dieselben Staatseinrichtungen bekämpfen kann. Man betheiligte sich an den Wahlen für Einzellandtage, Gemeinderäthe, Gewerbegerichte, man machte der Bourgeoisie jeden Posten streitig bei dessen Besetzung ein genügender Theil des Proletariats mitsprach."[29]

Unverkennbar handelte es sich hier aber nicht um Vorformen einer künftigen „Verwaltung von Sachen", sondern darum, den bisherigen Staat zu seiner künftigen Aufhebung zu benutzen.

---

28 *Engels* [1878] 1962: 359.
29 *Engels* [1895] 2010: 342.

Im Ergebnis lässt sich feststellen, dass es keine „positive" Staatstheorie Engels' gab und dass diese Negativität in seiner Spätphase deutlich stärker ausgebildet war als z.B. im *Manifest der Kommunistischen Partei* von 1848.

Literatur

Engels, Friedrich, [1878] 1988: Herrn Eugen Dührings Umwälzung der Wissenschaft („Anti-Dühring"), in: Karl Marx /Friedrich Engels: Gesamtausgabe. Erste Abteilung. Band 27. [=MEGA^2 I/27], Berlin, S. 217–483.

Engels, Friedrich, [1879] 1966: Engels an August Bebel in Leipzig, in: MEW 34. S. 423–426.

Engels, Friedrich, [1884] 1990: Der Ursprung der Familie, des Privateigentums und des Staats, in: MEGA^2 I/29, Berlin. S. 7–271.

Engels, Friedrich, [1891] 2010: Einleitung zur dritten deutschen Auflage (1891) von Karl Marx' „Der Bürgerkrieg in Frankreich", in: MEGA^2 I/32, Berlin, S. 3–16.

Engels, Friedrich, [1893] 2010: Kann Europa abrüsten?, in: MEGA^2 I/32, Berlin, S. 209–233.

Engels, Friedrich, [1895] 2010: Einleitung (1895) zu Karl Marx' „Die Klassenkämpfe in Frankreich 1848 bis 1850", in: MEGA^2 I/32), S. 330–351.

Heinrich, Michael, 2005: Kritik der politischen Ökonomie. Eine Einführung, 3. Aufl., Stuttgart.

Lambrecht, Lars/ Karl Hermann Tjaden/Margarete Tjaden-Steinhauer,1998: Gesellschaft von Olduvai bis Uruk. Soziologische Exkursionen, Kassel.

Marx, Karl, [1852] 1985: Der achtzehnte Brumaire des Louis Bonaparte, in: MEGA^2 I/11, Berlin, S. 96–189.

Marx, Karl, [1864] 1992: Manifest an die arbeitende Klasse Europa's. (Inauguraladresse der Internationalen Arbeiterassoziation) Übersetzung aus dem Englischen, in: MEGA^2 I/20, Berlin, S. 16–25.

Marx, Karl, [1871] 1978: Der Bürgerkrieg in Frankreich. Adresse des Generalrats der Internationalen Arbeiterassoziation, in: MEGA^2 I/22, Berlin, S. 179–226.

Marx, Karl, [1871] 1966: Marx an Kugelmann, in: MEW 33, Berlin, S. 205/206.

Marx, Karl, [1883] 1989: Das Kapital. Kritik der politischen Ökonomie, in: MEGA^2 II/8, Berlin.

Marx, Karl/ Friedrich Engels, [1848] 1969a: Manifest der Kommunistischen Partei, in: MEW 4, Berlin. S. 462–493.

Marx, Karl/Friedrich Engels, [1872] 1969b: Vorwort [zum „Manifest der Kommunistischen Partei" (deutsche Ausgabe 1872)], in: MEW 18, Berlin, S. 95/96.

Tjaden-Steinhauer, Margarete, 1995: Urgeschichtliche Reproduktionsfunktionen, die Entstehung der Gentilgesellschaft und die Anfänge des Staats und der Familie, in: Z. Zeitschrift Marxistische Erneuerung, Nr. 22., S. 35–52.

Eike Hennig

Revolution gegen Versöhnung
Noten zur Kritik Hegels durch Friedrich Engels

> „Wie die Wärmestofftheorie zur mechanischen Wärmelehre, wie die phlogistische Theorie zu der Lavoisiers, so verhält sich die Hegelsche Dialektik zur rationellen Dialektik."
> (*Engels* 1960, S. 417)

Friedrich Engels ist der Ansicht, eigentlich ersetze immer neue Wissenschaft „urzuständlichen Blödsinn" allmählich durch „neuen, aber immer weniger absurden Blödsinn" (und irgendwann nimmt das nach Hegel mit Marx sein Ende). Wissenschaft kann aber auch hohl und schlecht abstrakt sein, Wissenschaftler können sich in der Luft schwebende Gebilde ausdenken. Trifft letzteres zu, dann, so Engels, „hat Hegel nicht existiert".[1] Und für die Zeit nach Hegel gilt: „Da trat Marx auf".[2]

Für Engels steht sozial, ökonomisch und politisch der Wechsel von Hegel zu Marx im Zentrum der wissenschaftlichen und politischen Bemühungen des 19. Jahrhunderts. Mit Hegel existiert eine Schwelle, die als wissenschaftliche Aufgabe den „inneren Zusammenhang" von Bewegungen der Gesellschaft definiert;[3] Hegel markiert als Schwellenwert für Engels den Status bisheriger wissenschaftlicher Lehren, Hegel steht für den „Abschluss" vor Marx. Seit Hegel und Marx treten Idealismus und Materialismus auseinander, „Verkehrung" und „Umkehrung" werden zum Problem, so wie Hegel ein Ende der bisherigen Erkenntnis markiert. Der Fortschritt Marx' ergibt sich für Engels aus der Aufhebung von Hegels „mystifizierten" Aussagen und aus der „Umkehr" der von Hegel angewendeten dialektischen Methode.[4] Hierin liegt Marx' „Genie" (wohingegen Engels sich selbst Talent zuspricht):[5] „Aus der Auflösung der Hegelschen Schule" geht nur eine Richtung hervor, „die wirklich

---

1 Engels, zit. n. *Reichelt* 1975, S. 597 u. 599.
2 *Engels* MEW 24, S. 23.
3 Engels 1960, S. 27.
4 Vgl. *Liedman* 1986.
5 *Reichelt* 1975, S. 568.

Früchte getragen hat"⁶ und zur Wende von der Philosophie zur politischen Ökonomie, d.h. zur kritischen Darstellung der Formbestimmtheit und der Zusammenhänge der gesellschaftlichen Produktion geführt hat.

Die Problematik

> „Meine Untersuchung mündet in dem Ergebnis, dass Rechtsverhältnisse wie Staatsformen weder aus sich selbst zu begreifen sind noch aus der sogenannten allgemeinen Entwicklung des menschlichen Geistes, sondern vielmehr in den materiellen Lebensverhältnissen wurzeln, deren Gesamtheit Hegel [...] unter dem Namen ‚bürgerliche Gesellschaft' zusammenfasst, dass aber die Anatomie der bürgerlichen Gesellschaft in der politischen Ökonomie zu suchen sei."⁷

Engels folgt diesem Hinweis und verknüpft Marx mit Hegel. Die verklärte und verklärende Dialektik Hegels wird „rationell" (Marx) und damit kritisch-revolutionär, nämlich „historisch-materialistisch" und „wissenschaftlich-sozialistisch".⁸ Die solcherart neu studierte und dargestellte Geschichte kann beeinflusst werden. Das Neue ist Marx' Zusammenführung von *Nationalökonomie und Philosophie* (1844), das sieht Engels und verdinglicht diese Einsicht zugleich bei seiner Darstellung des Verhältnisses von Hegel und Marx. Damit ändern sich die Ziele: Hegel strebt eine „Versöhnung" von Idee und Wirklichkeit zur politischen Einheit im Staat an, letztlich – wie in der *Rechtsphilosophie* am Schluss ausgeführt wird – um den Staat hin „zur Wirklichkeit der Vernunft" zu entwickeln, womit sich alle Entwicklungen schließen und sich in Staat, Natur und der „ideellen Welt" ausdrücken:⁹

> „[...] diese vernünftige Einsicht ist die Versöhnung mit der Wirklichkeit, welche die Philosophie denen gewährt, an die einmal die innere Anforderung ergangen ist, zu begreifen und in dem, was substantiell ist, ebenso die subjektive Freiheit zu erhalten sowie mit der subjektiven Freiheit nicht in einem Besonderen und Zufälligen, sondern in dem, was an und für sich ist, zu stehen."¹⁰

Dagegen bezeichnet die „proletarische Revolution" das Ziel von Marx und Engels. Der Staat wird abgeschafft, die Produktionsmittel werden aus ihrer „Kapitaleigen-

---

6   Engels 1888, zit. n. *Reichelt* 1975, S. 568.
7   *Marx* 1859, S. 8; *Marx/Engels* 1974, S. 265.
8   vgl. *Engels* 1960, S. 414 ff.
9   *Hegel* 1986/7, S. 512.
10 Ebd., S. 27.

schaft" befreit, am Ende bildet sich die freie, klassenlose Gesellschaft.[11] Dieses allgemeine Ziel – ein Ende der Geschichte – setzt sich praktisch als Politik der Klassenkämpfe durch. Dabei spielen vielfältige, vorhandene, überlieferte Umstände eine wichtige, auch intervenierend wirkende Rolle,[12] was zu einem kontingenten Erscheinungsbild im Gegenpart zum kategorialen Naturprozess, zum „Gesamtdurchschnitt", zur „gemeinsamen Resultante" des Ziels führt.[13] Engels Interpretation Hegels und deren Projektion auf Marx betont das "Hauptprinzip" der grundsätzlichen ökonomischen Bedingungen gegenüber der Kontingenz im Ablauf realer Geschichte(n).

Um die Beziehung von Hegel und Marx darzustellen, verwendet Engels die Analogie von Naturgesetzen und Menschheitsgeschichte. Seine Naturgeschichte des Sozialen wird zielgerichtet, teleologisch; ein kategorial stringenter Ablauf triumphiert über Hegels Idee der Versöhnung im Staat, aber auch über vielfältige Widersprüche und Lernprozesse (in den politischen Klassenkämpfen), wie sie Marx als Spannung der „wirklichen Voraussetzungen" zur „reichen Totalität von vielen Bestimmungen und Beziehungen" mit der Methode der Politischen Ökonomie verbindet.[14] Marx hat diesen in jeder Beziehung umfassenden Anspruch der materialistischen Geschichtsschreibung nicht eingelöst – sein Plan (1857) der sechs Bände mit der eigenen Darstellung des Staats bleibt Projekt –, Engels betont die Kategorien und verdinglicht dies zu Gesetzen des geschichtlichen Ablaufs. Gerade seine Auseinandersetzung mit Hegel (und Feuerbach) und deren Anwendung, um das Neue von Marx pointiert darzustellen, dient dazu, eine Ordnung in die Kontingenz realer Prozesse zu bringen. „Produktion und Reproduktion des wirklichen Lebens" werden zwar nur als die „letzte Instanz" der Geschichte angesprochen,[15] aber in der Praxis von Analyse und Politik wirken sie bestimmend.

„[die Gesetzlichkeit] arbeitet so vortrefflich für [die deutsche Sozialdemokratie]... Die konterrevolutionäre, momentane Übermacht kann den Triumph des Sozialismus vielleicht um einige Jahre verzögern, aber nur, damit er dann um so vollständiger und endgültiger wird."[16]

Reichelt arbeitet diese Verdinglichung kritisch heraus.[17] Marx' in vielfältigen, endlich in ökonomisch-philosophischen Auseinandersetzungen mit Hegel um 1844[18]

---

11 *Engels* 1960, S. 535f.
12 *Marx* 1965, S. 9; *Reichelt* 1975, S. 590f.
13 *Reichelt* 1975, S. 591.
14 *Marx* 1953a, S. 21.
15 Engels an Bloch, zit. n. *Reichelt* 1975, S. 590ff.
16 Engels 1891/92, zit. n. *Fetscher* 2004, S. 33.
17 *Reichelt* 1975, S. 76 u. 81, vgl. auch S. 74ff.

gewonnene „kritische Emanzipationstheorie" (Reichelt) wird von Engels gerade vermittels der Interpretation Hegels in Analogie zur Natur gesetzt. Widersprüche, retardierende Momente verlieren sich in der kategorialen Gründlichkeit der Revolution.[19] Mindestens verschieben sich die Akzente.

Engels Blick auf Hegel öffnet dergestalt wichtige Einblick in die (über Marx hinausgehende) Entwicklung der marxistischen Besonderheit einer kritischen Gesellschafts- und Geschichtstheorie sowie in innermarxistische, schon für Engels und Marx zu bestimmende Spannungen zwischen Analyse und Praxis sowie deren Reduktion hin zum „historischen Materialismus". Bedenken treten in den Hintergrund,[20] die Dynamik der Praxis, jener sprunghafte Gang proletarischer Revolutionen,[21] wird auf politischen Millenarismus reduziert, aus der Komplexität der Vermittlung wird zur ökonomische Analogie.[22] Hegels Idealismus, dargestellt durch Engels und stiliert zur „Umkehr" Hegels durch Marx, liefert für diese Interpretation die Stichworte.

Hegel ist für Engels von großem Interesse, weil Marx' Methode und Sichtweise der Dialektik ohne Hegel nicht darzustellen wäre. In seiner auf Popularisierung der neuen sozialistischen Theorie bedachten Schrift, nämlich im *Anti-Dühring*, der 1877/78 zuerst im *Vorwärts* erscheint, verallgemeinert Engels die Beziehung der bestimmenden Ökonomie und der abhängigen Reflexivität:

> „Dem unreifen Stand der kapitalistischen Produktion, der unreifen Klassenlage entsprachen unreife Theorien."[23]

Diese Bemerkung identifiziert den Entwicklungsstand der gesellschaftlichen Produktion, d.h. Produktionsweise und Produktionsverhältnisse, mit der gesellschaftlichen Schichtung und wissenschaftlichen Aussagen. Neben der Produktion treten andere autonome oder in Teilen eigengesetzliche Ausdrucksformen – oder gar Ursachen – der Gesellschaft in den Hintergrund. Solch ein mechanischer Ausgang – bis

---

18 Bezug sind nach der Auseinandersetzung mit Hegels *Rechtsphilosophie* (1843) vor allem Marx' Arbeiten *Nationalökonomie und Philosophie* (1844) und – zur Abgrenzung von Feuerbach – *Die heilige Familie* (1844/45). Als erste Reduktion lässt sich schon das *Manifest der kommunistischen Partei* (1848) darstellen, Revolution und die Aufhebung der bürgerlichen Produktionsverhältnisse dominieren im Manifest vor der eher philosophisch, emanzipativ gedachten Überwindung der Gegensätze als ein Ganzes der menschlichen „Selbstentfremdung" (*Marx* 1953, S. 317 u. 538ff.).
19 *Marx* 1965, S. 121; *Engels* 1891/92.
20 Engels an Bloch, zit. n. *Reichelt* 1975, S. 592.
21 *Marx* 1965, S. 14.
22 Dagegen *Schmidt* 1971, S. 223f.
23 *Engels* 1960, S. 316.

zum fehlerhaften Zitat der Vorrede zur *Rechtsphilosophie*, wo Wirklichkeit und Vernunft verkehrt werden – bestimmt Engels Blick auf Hegel: Dieser gehört zu einer vergangenen Produktionsweise mit engen kleinbürgerlichen, aristokratisch eingebundenen politischen Beziehungen. Hegel vertritt gegenüber Marx eine unreife Theorie und argumentiert vom Standpunkt unterentwickelter gesellschaftlicher, bürgerlicher Verhältnisse. Marx dagegen bezieht sich auf die neue Klasse, das Proletariat, und formuliert dessen Wissenschaft vom neuen Standpunkt der „Vergesellschaftung". Diese „Aufgabe des theoretischen Ausdrucks der proletarischen Bewegung" wird mit Hegel und als „Umkehr" Hegels verbunden.[24] Engels Blick auf Hegel verdeutlicht Fragen nach Eigenheiten der Marx'schen „Umkehrung", nach Gründen für die Abkehr von Philosophie, für die Wendung zur politischen Ökonomie.[25]

Zum Gang der Darstellung

Hegel ist unersetzlich, um den „Ausgang der klassischen deutschen Philosophie" hin zu Marx darzustellen, so wie sich dieser nach Engels darstellt. Die neue Wegstrecke folgt politisch und wissenschaftlich zwei Bestimmungen:

(1.) In der deutschen Philosophie herrscht „von Kant bis Hegel [...] der deutsche Spießbürger".[26]

Gegenüber dieser vergleichsweise einfachen politischen Beurteilung stellt Engels die methodische Beziehung von Marx und Engels erheblich komplexer dar. Es ist das Verhältnis einer zunächst immanenten und dann (ab 1844) einer politisch-ökonomisch gewendeten kritischen Befruchtung, die von Hegel ausgeht und von Marx notwendigerweise aufgegriffen wird. Marx lässt Hegel hinter sich und markiert den notwendigen und möglichen Fortschritt.

(2.) Marx Begegnung mit der Ökonomie, seine „rationelle" Methode der Dialektik, der „historische Materialismus" und die Theorie-Praxis-Verbindung des „wissenschaftlichen Sozialismus" bleiben ohne Hegels Vorarbeiten unverständlich. Die neue Position mit ihrer Klarheit ist aber auch notwendig, was Engels klarlegen will.

Hegel wie Marx gehen beide davon aus, dass eine unmittelbare Identität von Sachen als Forschungsgegenständen und wissenschaftlichen Urteilen nicht gegeben ist. Umso wichtiger (aber auch schwieriger) wird die „soziale Wissenschaft" (Marx), die

---

24 *Engels* 1960, S. 354.
25 Vgl. *Althusser* 2011.
26 Engels an C. Schmidt, zit. n. *Reichelt* 1975, S. 598.

z.B. zwischen an sich und für sich, zwischen Vielfalt und Begriff, zwischen Ausschnitt, Momentaufnahme, Totalität und Entwicklung, zwischen realer Entwicklung und gesetzmäßiger Bestimmung unterscheiden muss, um solche Momente dann wieder richtig zu verbinden. Diese Problemstellung bestimmt das Verhältnis von Empirie zu Theorie und dann von Theorie zu Empirie.[27] Das forschungspraktische, methodologische und theoretische Problem ist die Verbindung von Forschung und Darstellung, von Empirie und Theorie. Zu verbinden sind reale Widersprüche, verschiedene Zeitebenen, Verfassungen der politischen Akteure[28] mit materiellen Bedingungen und vor allem mit dem „große[n] Bewegungsgesetz der Geschichte".[29] Die kritische Umkehr Hegels, wie sie Engels mit Marx verknüpft, liefert eine klare Position, um diese Komplexität darzustellen. Während Marx in den politischen Schriften, aber selbst im *Kapital* kontingente Momente aufzeigt, die Problematik der Beziehung von Empirie und Theorie also aufzeigt,[30] ist Engels' Hegel-Interpretation mit ihrer Nutzanwendung bedacht, solche Fragen abzuwenden. Die sozialen Gesetze werden nach vorn gerückt, Brechungen im historischen Ablauf treten zurück.[31] Über die Hegel-Interpretation wird eine Reduktion der Komplexität und die Wahl eines richtigen Standpunktes vertreten.

Marx' Ziel ist die „Einheit des Mannigfaltigen" bzw. die „konkrete Totalität als Gedankentotalität".[32] Von tatsächlichen Befunden ausgehend sind die „Elemente", auf denen diese Konkreta beruhen, herauszufinden (Marx' kritische Darstellung folgt den Klassikern der Ökonomie und kommt zu Ausgangskategorien wie Wert, Geld, Preis und vor allem Arbeit), um „die Reise wieder rückwärts anzutreten", um die Ausgangsansichten als „Totalität von vielen Bestimmungen und Beziehungen" darstellen zu können.[33] Grundlegend gilt:[34]

> „alle Wissenschaft [wäre] überflüssig, wenn die Erscheinungsformen und das Wesen der Dinge zusammenfielen."

Aus dieser Nicht-Identität folgt, Aufgabe von Wissenschaft ist es, den Schein der Dinge zu durchbrechen, um in Verbindung von Ereignis und Gesetz hinter der

---

27 Vgl. *Eberle/Hennig* 1974; *Reichelt/Hirsch* 1975; *Eberle/Hennig* 1976.
28 Vgl. *Marx* 1965, S. 121.
29 *Engels'* Vorrede 1885 zu Marx 1965, S. 141.
30 *Hennig*, Einl. zu Marx/Engels 1974; *Honneth* 2011.
31 *Marx* 1965, S. 14.
32 Ders. 1953a, S. 21f.
33 Ders. 1953a, S. 21.
34 Ders. MEW 25, S. 825.

„Verdinglichung der gesellschaftlichen Verhältnisse" die „innere Organisation" im „idealen Durchschnitt" darzustellen.[35] Hegel hat die Aufgabe der Wissenschaft damit beschrieben, dass „in dem Scheine des Zeitlichen und Vorübergehenden" die immanente „Substanz" und die Gegenwart eines Ewigen in den Dingen zu erkennen sei. Die Idee nämlich „tritt in einem unendlichen Reichtum von Formen, Erscheinungen und Gestaltungen hervor und umzieht seinen Kern mit einer bunten Rinde, [...] welche der Begriff erst durchdringt [...]." Diese Mannigfaltigkeit selbst und Fragen der „Regulierung" sind aber nicht Gegenstand der Philosophie.[36] Hier knüpft Marx notwendigerweise an, wie Hegel darstellt, um einen anderen, nunmehr richtigen Kern und Ausgangspunkt einzuführen.

Marx interpretiert Hegels Ansicht als eine „Illusion", denn das Reale wird von Hegel als Resultat des Denkens aufgefasst; dagegen geht es für Marx wissenschaftlich darum, das schwierige Konkrete bezüglich seiner einfachen Kategorien „im Wege des Denkens" zu bestimmen.[37] Zur Schlüsselwissenschaft wird die politische Ökonomie – die Kritik der politischen Ökonomie mit ihrem doppelten Sinn als wissenschaftliche Kritik, eben vor allem der Hegel'schen Fehlleistung (und der „Fehler" Ricardos), und als praktische Kritik der (begriffenen und ergo in Maßen mit Intention zu verwandelnden) Wirklichkeit selbst.

Engels stellt Marx in diesen Bogen, um ihn in dieser Verbindung, in dieser Entwicklung als den archimedischen Punkt bei der Erfassung, Darstellung und Kritik sozioökonomischer Entwicklungen und sozialer Interessen darstellen zu können. Über Hegels Idealismus gewinnt Marx seine positive Bedeutung. Engels selbst verweist auf Marx' *18. Brumaire des Louis Bonaparte* (1852) und auf eigene Schriften wie *Ludwig Feuerbach und der Ausgang der klassischen deutschen Philosophie* (1888[38]) und den *Anti-Dühring* (1877/78), um die Wendung von Hegel zu Marx, zum „historischen Materialismus" zu studieren.[39]

Diesem Hinweis wird gefolgt, wenn Engels' kritische Würdigung Hegels angesprochen wird. Der laut Marx geltende „Zusammenhang der Nationalökonomie mit Staat, Recht, Moral, bürgerlichem Leben etc." kennzeichnet die neue, Hegel überschreitende und umkehrende Position. Von Hegels Verkehrung aus muss dieses

---

35 Ders. MEW 25, S. 838f.
36 *Hegel* 1986/7, S. 25.
37 *Marx* 1953a, S. 22.
38 Diese Arbeit ist, was ihrer Bedeutung entspricht, in der Studienausgabe *Fetschers* (2004/1) abgedruckt. Ansonsten finden sich in dieser Sammlung der Werke von Marx und Engels vergleichsweise wenige Arbeiten von Engels.
39 Engels Brief an Bloch, zit. n. *Reichelt* 1975, S. 591f.

Neue als notwendig dargestellt werden, weil auch Hegel bereits „auf dem Standpunkt der modernen Nationalökonomie" steht und über einen halbierten (nämlich „abstrakt geistigen") Begriff der Arbeit verfügt.[40]

Engels fasst diese Beziehung von Marx zu Hegel einfach, Hegel wird zum Ideologen der kleinen Bürger und des Idealismus verkürzt. Hieraus ergibt sich ein zweiter Akzent dieser Betrachtung. Die Darstellung der Beurteilung Hegels durch Engels geht über in eine Kritik der verdinglichten Sichtweise und deren Wirkung auf die Lesart Marx'. Marx wird über Engels Bild von Hegel handhabbar, der philosophische Gehalt und die politische Kontingenz werden ausgedünnt. Exemplarisch am Beispiel der von Engels falsch zitierten Vorrede zur *Rechtsphilosophie* werden solche Verkürzungen und praktische Zuspitzungen erkenntlich. Engels Bild von Hegel wird zu einem Bild von Marx und reduziert die neue Verbindung von *Nationalökonomie und Philosophie* (1844). Mit Engels ergibt sich aus Hegels Bild eine Enge, sie ist ökonomistisch und praktisch, zielgerichtet zugunsten der proletarischen Partei, geht zu Lasten der kritischen Philosophie, welche die Freiheit und die allseitige, nach Klassen differenzierende menschliche Entwicklung betont.

Marx' Rückkehr zum materialistischen Standpunkt: Hegel als Vorläufer

„[...] ein so gewaltiges Werk wie die Hegelsche Philosophie, die einen so ungeheuren Einfluss auf die geistige Entwicklung der Nation gehabt, ließ sich nicht dadurch beseitigen, dass man sie kurzerhand ignorierte. Sie musste in ihrem eigenen Sinn 'aufgehoben' werden, d.h. in dem Sinn, dass ihre Form kritisch vernichtet, der durch die gewonnene neue Inhalt aber gerettet wurde" (Engels in Reichelt 1975, 550).

Die Idee der Entwicklung bis zum dialektischen Umschlagspunkt bestimmt Hegels Geschichts- und Staatsphilosophie, sie findet Eingang in die prozesshafte Darstellung der sozioökonomischen Entwicklung. Notwendigerweise muss Marx aus dieser Sicht auf Hegel folgen. Hegel schließt die Philosophie ab, und für Engels besteht sein „epochemachendes Verdienst" im Zeigen der treffenden Aufgabenstellung, Entwicklungszusammenhänge in der Geschichte als ein „Neben-" und „Nacheinander" nachzuweisen.[41] Geschichte ist nicht länger sinnlos und wüst, die dialektischen Gesetze der Bewegung bilden einen „durchlaufenden Faden". Diese Folgerungen zieht Engels, um Marx – einschließlich des Telos – positiv als Nachfolger Hegels zu

---

40 *Marx* 1953, S. 226 u. 269f.
41 *Engels* 1960, S. 27.

kennzeichnen. Im Kern jedoch setzt sich Engels mit Hegels Dreieck von Vernunft, Verstehen, Willen und Handeln in der Konfrontation von Vernunft und Realität (was es zu versöhnen gilt) nicht auseinander. Hegel wird idealistisch und kleinbürgerlich verkürzt. Dann wird ein anderes, das materialistische Prinzip aus Hegel abgeleitet, auf Marx bezogen und als der notwendige Fortschritt vorgestellt. Obgleich Hegels System, wegen seiner „mystifizierten Form" der Dialektik, wegen seiner Darstellung der Welt als „Abklatsch der Idee" eine „kolossale Fehlgeburt" ist,[42] führt es „notwendig zum Materialismus".[43]

Die „rationelle Dialektik" ist die gebotene Antwort auf Hegels „Umkehrung alles wirklichen Zusammenhangs".[44] Marx' Negation der Negation, d.h. Marx' materialisierte Dialektik gegenüber der idealisierten Variante Hegels liefert die „richtige höhere Einheit".[45] Engels illustriert diese Aussage mit Verweis auf Marx' Ausführungen zur geschichtlichen Tendenz der kapitalistischen Akkumulation:[46] Die den Kapitalismus prägenden gesellschaftlichen Aneignungsprozesse beginnen ursprünglich gewaltsam und schaffen Arbeiter, die ihre eigene Arbeitsmittel verlieren und formell frei ihre Arbeitskraft an die kapitalistischen Besitzer der privaten Produktionsmittel verkaufen müssen. Dem folgt als neue Form der Vergesellschaftung die Enteignung der Privateigentümer „im Spiel der immanenten Gesetze der kapitalistischen Produktion selbst, durch die Zentralisation der Kapitale".[47] Diese Enteignung der Arbeit und die Konzentration auf immer wenigere „Kapitalmagnaten" bereitet die Enteignung der „Expropriateurs" vor und geht über in die Sprengung der (auch gegenüber dem sich bildenden Weltmarkt) zu eng werdenden Hülle der kapitalistischen Produktionsweise (die sich durch Privateigentum an Produktionsmitteln und die private Ausbeutung der gesellschaftlich gewordenen Arbeit ergibt). Marx fasst diese interaktive Verbindung der Entwicklungen und Formen von Arbeit als „Negation der Negation" zusammen:

> „Die aus der kapitalistischen Produktionsweise hervorgehende kapitalistische Aneignungsweise [...] ist die erste Negation des individuellen, auf eigene Arbeit gegründeten Privateigentums. Aber die kapitalistische Produktion erzeugt mit der Notwendigkeit eines Naturprozesses ihre eigene Negation. Es ist Negation der Negation. Diese stellt nicht das Privateigentum wieder her [...]."[48]

---

42 Ebd., S. 415.
43 Ders. 1969, S. 28.
44 Ders. 1960, S. 416.
45 Ebd., S. 161.
46 Ebd., S. 162f.; *Marx* MEW 23, S. 789ff.
47 *Marx* MEW 23, S. 790.
48 Ebd., S. 791.

Für Engels verschwinden durch Marx' Verbindung von These, Antithese und Synthese, von Entwicklung, Widerspruch und Lösung die „krausen Verschlingungen und Vorstellungsarabesken", „der Geheimniskram [...] der Hegelschen Logoslehre".⁴⁹ Bei Hegel führt die idealisierte, im Geheimnis verharrende Dialektik in „das idealisierte Reich der Bourgeoisie";⁵⁰ die idealistische, d.h. die Dinge und deren Gang über Normativität und Reflexivität erklärende und herleitende Geschichtsauffassung Hegels findet ihre Intention, so Engels,⁵¹ darin, den Bewegungsmotor der Auseinandersetzungen zwischen Bourgeoisie und Proletariat zu verklären. Für Hegel z. B. nimmt die Französische Revolution ihren Ausgang von der Philosophie, für Engels ist sie „der Sieg des dritten Standes".⁵² Diese Positionen, die Ideen, immanente Kritik oder die Träger, soziale Konflikte an den Anfang gesellschaftlicher Entwicklungen (und deren Reflexion) zu stellen, arbeitet Engels als unversöhnlichen Gegensatz heraus. Nach den Arbeiten Marx' ist „jetzt", d.h. ab 1830,⁵³ bekannt, dass das von Hegel beschworene „Reich der Vernunft weiter nichts war, als das idealisierte Reich der Bourgeoisie".⁵⁴ Für Engels stellt Hegels denkender Verstand die Welt absichtsvoll auf den Kopf,⁵⁵ um ein Ende in Preußen finden zu können.

---

49 *Engels* 1960, 163) Beiden Positionen ist ein Ende der Dialektik gemein: Die Bewegung der Geschichte endet, wenn das Ziel erreicht ist im Zeitalter der Vernunft bzw. in der staatlich überhöhten Sittlichkeit von Familie und Gesellschaft mit gebildeten und triebkontrollierten Personen oder nach der kommunistischen Revolution in der klassenlosen, freien Gesellschaft, wenn – nach der Entfaltung der Exekutivgewalt und danach der Diktatur des Proletariats – auch der Staat abgestorben ist.
50 *Engels* 1960, S. 19.
51 Ebd., S. 29f.
52 Ebd., S. 317.
53 Ebd., S. 29; *Reichelt* 1975, S. 576.
54 *Engels* 1960, S. 18f.
55 *Engels* (1960, S. 18, Anm.1) zitiert zu Beginn der Einleitung des *Anti-Dühring*, an exponierter Stelle also, ausführlich die Passage des Kapitels *Die Aufklärung und Revolution* der *Vorlesungen über die Philosophie der Geschichte* (Hegel 1986/12, S. 520–540). Für *Engels* (1960, 17 f.) ist es offenkundig und bedarf nur der ironisierenden Anzeige, dass Hegel systematisch jenen Fehler „einer unreifen Theorie" begeht (*Engels* 1960, S. 316) und Denksätze „als Grundsätze aller menschlichen Handlung und Vergesellschaftung" geltend macht. Das Hegel-Zitat findet sich, weil Hegel für Engels damit den Ausgang stützt: Der Mensch stellt sich auf den Kopf, er baut also „die Wirklichkeit" nach dem „Gedanken" (*Hegel* 1986/12, S. 529). Im Text formuliert *Engels* (1960, S. 18) noch direkter im Sinne seiner Idealismus-Kritik: Hegel sagt (was faktisch nicht stimmt), „die Welt [wurde] auf den Kopf gestellt", d.h. für Engels wird der Kopf Schöpfer und rückt sich dann sogar die widersprechende Wirklichkeit zurück. Engels trägt damit eine zugespitzte Interpretation vor, geleitet vom Primat der Materie (die bei Engels – nicht beim Marx des *18. Brumaire* – gewissermaßen direkt zur Handlung wird), geleitet von der Vorstellung einer „Analogie der Denkprozesse mit den Natur- und Geschichtsprozessen" (*Engels* 1960, S. 459 – dort findet sich nochmals das Bild der auf den Kopf gestellten Einheit von Denken und Sein). *Hegel* (1986/12, S. 526) selbst stellt „konkrete Welt" und Philosophie gegenüber, begreift die Welt als „Reich des Willens". Hegel vertritt eine vom Verstehen ausgehende

Zur Diskreditierung Hegels: Das Wirkliche ist vernünftig Oder: Ist vernünftig, was wirklich ist?

Hegels Diktum, jener Doppelsatz, der wohl eine der berühmtesten Gnome darstellt: „Was vernünftig ist, das ist wirklich; und was wirklich ist, das ist vernünftig"[56] wird von Engels nicht nur umgedreht und falsch zitiert („Alles was wirklich ist, ist vernünftig, und alles was vernünftig ist, ist wirklich"),[57] sondern demzufolge politisch einseitig interpretiert. Hegel wird – nachdem die philosophisch-dialektische Kritik erfolgt ist – politisch und persönlich als konservativer königlich preußischer Staatsphilosoph abgelehnt.[58] Marx erscheint dagegen philosophisch, methodisch und politisch als das in jeder Hinsicht weit blickende Genie. Engels führt zu Hegels Denkspruch aus:[59]

> „Kein philosophischer Satz hat so sehr den Dank beschränkter Regierungen [...] auf sich geladen... Das war doch handgreiflich die Heiligsprechung alles Bestehenden, die philosophische Einsegnung des Despotismus, des Polizeistaats, der Kabinettsjustiz, der Zensur [...]."

Spätestens Hegels Diktum und dessen Interpretation durch Engels machen deutlich, dass eine „unreife Theorie" entlarvt und bekämpft werden muss, da sie von großer, ideologischer Bedeutung ist. Ideologie spielt eine große Rolle, wenn Engels, nach der Kritik Hegels, die Marxsche Geschichtsauffassung allgemeinen umreißt.[60] Dabei bezieht sich der verwendete Ideologiebegriff implizit auf Hegel, dem Idealismus, eine bewusste Verkennung der treibenden Mächte, der Klassen, und der ökonomischen Emanzipation vorgehalten wird,[61] denn Ideologie meint „Beschäftigung mit Gedanken als mit selbständigen, sich unabhängig entwickelnden, nur ihren eignen Gesetzen unterworfenen Wesenheiten".[62]

Handlungstheorie, normativ ist sie geleitet vom Bestreben, eine Alltagsvernunft im Vernunftprinzip der Welt zu erkennen (Hegel 1986/12, S. 522). Institutionen erscheinen als „Aggregat der vielen Einzelnen" (*Hegel* 1986/12, S. 527), es geht um Versöhnung der Vielen und des Weltprinzips in Vernunft. Engels dagegen stellt Eigenlogik- und -dynamik von Strukturen und Geschichtsgesetzen an den Anfang. Für *Hegel* (1986/12, S. 528) beginnt die Französische Revolution mit dem Gegensatz des Prinzips des freien Willens zur Realität als „wüstes Aggregat von Privilegien". Engels geht es um den Gegensatz, nicht um Diskussion und kritische Darstellung.

56 *Hegel* 1986/7, S. 24.
57 *Reichelt* 1975, S. 542.
58 *Avineri* 1976, 145ff. u. 308, Anm. 22.
59 *Reichelt* 1975, S. 542.
60 *Reichelt* 1975, S. 584, siehe auch S. 568ff.; *Marx* 1953, S. 349.
61 Vgl. *Reichelt* 1975, S. 551, 569, 575 u. 578.
62 *Reichelt* 1975, S. 581.

Indem Engels Hegel vorwirft, die Wirklichkeit als vernünftig zu akzeptieren (was Hegels „Versöhnung" in Form einer sich der Vernunft nähernden Wirklichkeit nicht entspricht), interpretiert er Hegel als Abschluss der Philosophie.[63] Die „ideologische Verkehrung" konzentriert sich notwendig auf den Staat, auf das Preußen Friedrich Wilhelms III., wobei Engels es unterlässt diesen Hegelschen Weg zum Staat konkret z.B. mit Marx als „verselbständigte Macht der Exekutivgewalt"[64] oder als das zentralstaatliche institutionelle Pendant zur „Tyrannei der Mehrheit" (so Tocqueville 1835) zu analysieren. Hegel steht einfach für das Ende der Philosophie, danach kommt mit dialektischer Notwendigkeit die „Rückkehr zum materialistischen Standpunkt",[65] wofür Marx steht. Treibende historische Kraft ist nicht mehr der Staat, sondern seit 1830 sind es die Klassen (Engels nennt Aristokratie, Bourgeoisie, Proletariat), die ökonomischen Verhältnisse, die Politik der Klassenkämpfe.[66] Die neue dialektische Methode widmet sich als „ordnende Wissenschaft" diesen Prozessen, nicht mehr den Einzeltatbeständen und den Begriffen,[67] sie rückt die ökonomische Emanzipation ins Zentrum und schließt die Menschen in die Evolution mit ein.[68] Der Raum intentionalen Handelns wird eng.

1848 entwickelt sich, so Engels, diese neue Sichtweise in der Praxis. Die Philosophie verliert ihre Bedeutung, es entwickelt sich die große Industrie, die bürgerliche Energie verlässt die philosophische Studierstube. Marx' Geschichtsauffassung tritt das intellektuelle Erbe an: „Und nur bei der Arbeiterklasse besteht der deutsche theoretische Sinn unbekümmert fort." In der Person Marx' und in den geänderten Klassenverhältnissen finden sich die neuen, theoretisch-rücksichtslosen Geister und die nunmehr gesellschaftlichen Träger der Kämpfe, die sich „schließlich um ökonomische Emanzipation drehen." – „Die deutsche Arbeiterbewegung ist Erbin der deutschen klassischen Philosophie."[69]

---

63 Ebd., S. 547 u. 584.
64 *Marx* 1965, S. 133, siehe auch S. 116ff.
65 *Reichelt* 1975, S. 568.
66 Ebd., S. 576 u. 578f.
67 *Marx* 1953, S. 269; *Reichelt* 1975, S. 570f.
68 *Reichelt* 1975, S. 572ff. u. 578.
69 *Reichelt* 1975, S. 578 u. 585.

Gegen das Politische bei Marx: Mit Hegel zur Politisierung von Marx

Mit der Gleichsetzung von Wirklichkeit und Vernunft, was Engels an Hegel kritisiert, verengt sich die maßgebliche Optik auf die Politik, auf Arbeiterbewegung und Klassenkämpfe, ebenso konsequent blendet diese Interpretation Marx' philosophisch-emanzipative Hegel-Kritik aus. Ins Zentrum der Emanzipation rückt Engels die Ökonomie, dahinter tritt die Freiheit zurück. Unklar bleibt auch die Rolle von Individuen und selbst des Gattungswesens, der Menschen, denn mit Ökonomie als Kern der Emanzipation verbindet sich das Proletariat. Für jenen Marx,[70] der in *Nationalökonomie und Philosophie* (1844) den neuen kritischen Ausgangspunkt darstellt, führt Hegels „Negation der Negation" gerade nicht zur „Bestätigung des wahren Wesens", sondern sie verewigt das „Scheinwesen", nämlich die gesellschaftliche Entfremdung, wie sie die Menschen (nicht nur eine Klasse) von außen beherrscht und deren Seele verwandelt. Marx' frühe Kritik der *Rechtsphilosophie* argumentiert an diesem Punkt noch philosophisch, eng entlang Hegels Dialektik:

> „Damit die Revolution eines Volkes und die Emanzipation einer besonderen Klasse der bürgerlichen Gesellschaft zusammenfallen [...], dazu müssen [...] alle Mängel der Gesellschaft in einer anderen Klasse konzentriert, dazu muss ein bestimmter Stand der Stand des allgemeinen Anstoßes [...] sein, [...] so dass die Befreiung von dieser Sphäre als die allgemeine Selbstbefreiung erscheint [...]."[71]

Im Zentrum steht die aufzuhebende „menschliche Selbstentfremdung", die alle „Gestaltungen der Welt des Privateigentums" betrifft.[72] An dieser Stelle (1844/45) wählt Marx noch Hegels Begriff des Reichtums.[73] Engels Hegel-Kritik und deren Positivierung zum „wissenschaftlichen Sozialismus" und „historischen Materialismus" präzisieren Hegels Begriffe Pöbel und reichere Klasse. Die ökonomische Struktur wird als kategoriale Ebene der Darstellung von Verlaufsprozessen herausgearbeitet.[74] Damit verengen sich aber zugleich die philosophischen und die politi-

---

70 *Marx* 1953, S. 278.
71 Ebd., S. 220.
72 Ebd., S. 317. Es sei hier dahingestellt, ob die dialektische Annahme des Umschlags aus der größten, allseitigen Unterdrückung in die Befreiung (letztlich der Menschheit) realistisch ist. Für die Position von 1844 folgt dies aus der dialektisch-weltgeschichtlichen Grundannahme, denn mit gesellschaftlicher Ausbeutung und Arbeit sind die Umschlagpunkte entwickelt. 1852, erheblich realistischer, betrachtet Marx Schritte der proletarischen Revolution, die – ebenso wie die Schriften über die Kommune (1871) – zeigen, dass die reale „Periode der revolutionären Umwandlung" erheblich komplexer, als Politik und Politikum abläuft (Marx, zit. n. *Fetscher* 2004/3, S. 199).
73 *Hegel* 1986/7, S. 388ff.; *Ruda* 2011.
74 Vgl. *Engels* 1960, S. 329ff.

schen Dimensionen, die Differenz natürlicher und sozialer Gesetzmäßigkeiten schwindet parallel zur Minderung der Betonung von Entfremdung und der Befreiung der Freiheit.[75] Die begrenzte Interpretation Hegels und die Stilisierung Marx' zum Antityp Hegels hat einen doppelten Preis: Der gewonnenen kategorialen Ebene der Darstellung von Geschichte und Klassenkämpfen (die Geschichte ist „die Geschichte von Klassenkämpfen", verlautet 1848 das *Kommunistische Manifest*)[76] stehen die bloßen Realitäten (*res gestae*) gegenüber, kategorial ist die Beziehung klar und einsichtig,[77] forschungs- und darstellungspraktisch, wie Marx *18. Brumaire* (1852) beispielhaft zeigt, bleiben bedeutende Fragen um Theorie und Empirie offen.[78]

Diese methodologischen und analytischen Probleme der Forschungspraxis verbinden sich bei Engels über die Hegel-Kritik mit einer Nutzanwendung zur Reduktion des Politischen bei Marx.[79] Das Politische mit seiner Offenheit und Kontingenz (aus diesen letzten, noch verbliebenen Bezügen zur Position der Freiheit und Entfremdungskritik, wie sie 1844 die neue Position von *Nationalökonomie und Philosophie* bestimmt hat), wird in Engels Lesart zur eindeutigen Politik. Unübersichtlich, widersprüchlich dagegen sind bei Marx (1965) sowohl die proletarische Revolution, die Herrschaftsfähigkeit der Bourgeoisie und die Verselbständigung der Exekutive im Staat. Letztlich mündet Engels Kritik an Hegels Verkehrungen und am Autoritarismus Preußens dagegen in den „Gedankenreflex" der gegenüber Marx' *18. Brumaire* entscheidend reduzierten Ausdifferenzierung des „wissenschaftlichen Sozialismus":[80]

> „Die [...]weltbefreiende Tat durchzuführen, ist der geschichtliche Beruf des modernen Proletariats. Ihre geschichtlichen Bedingungen und damit ihre Natur selbst zu ergründen, und so der zur Aktion berufenen, heute unterdrückten Klasse die Bedingungen und die Natur ihrer eignen Aktion zum Bewusstsein zu bringen, ist die Aufgabe des theoretischen Ausdrucks der proletarischen Bewegung, des wissenschaftlichen Sozialismus."[81]

Dieser „wissenschaftliche Sozialismus", zu dem ein kategorial entsprechend zugespitztes, hinsichtlich seiner realen Konflikte und Vermittlungen schwer zu fassendes

---

75 Vgl. *Reichelt* 1975, S. 572ff.
76 *Marx* 1953, S. 525.
77 Ebd., S. 21ff.
78 *Hennig* in Marx/Engels 1974,S. LXXVIIIff.; *Eberle/Hennig* 1974.
79 Die Unterscheidung eines Politischen im *18. Brumaire* und der Politik des „wissenschaftlichen Sozialismus", wie sie im „*Kommunistischen Manifest* sogleich mit der Ablehnung anderer Politikversuche einhergeht, verdanke ich implizit *Marchart* 2010.
80 *Engels* 1960, S. 330.
81 Ebd., S. 345.

Bild des Staats als der „ideelle Gesamtkapitalist" gehört,[82] stellt dialektisch die Hegelschen Endpunkte der preußischen, wirklichen Vernunft, der Weltgeschichte mit ihrer endlichen Versöhnung im „germanischen Reich", also in Preußen, und des Staats als „Wirklichkeit der konkreten Freiheit"[83] vom Hegelschen Kopf auf die Marxschen Füße. Hegels Verkehrungen sind damit umgekehrt worden, die notwendige Vorstufe wird abgeschlossen: Quod erat demonstrandum!

Zusammenfassung und Ausblick

Im Namen der Ordnung des Denksystems wird von Engels die Anarchie der Hegelschen Positionen und Begriffe umgedreht und eine Perspektive gezeichnet, um mit kategorialer Klarheit selbst solche unübersichtlichen Phasen lesen zu können, wenn beispielsweise „alle Klassen gleich machtlos" erscheinen.[84] Für den vermittels der Kritik an Hegel gewonnenen kategorialen Blick ebenso wie für die entsprechende politische Zielsetzung wird ersichtlich, dass und wie sich die Revolution ihre dialektische Voraussetzung schafft, „worin die Herrschaft der Bourgeoisklasse ihren weitesten, allgemeinsten und letzten Ausdruck gewinnen, also nun auch gestürzt werden konnte, ohne wieder aufstehen zu können."[85]

Jene Verfahrensweise, die Dialektik, die bei Hegel zur Bildung der Einzelnen in Familie und Gesellschaft sowie zur Versöhnung im Staat führt,[86] wobei Mikroprozesse (für Person und Familie) bewusst eingeschlossen werden und zu den Aggregierungen Gesellschaft und Staat überleiten, führt in der Form, wie sie Engels mit Marx' Auflösung der Hegelschen Schule verbindet, zur proletarischen Revolution. Engels Kritik an Hegel führt dazu, dass Marx' Begegnung mit der politischen Ökonomie[87] um die von Hegel (und Feuerbach) geprägte Philosophie verkürzt wird. Damit verliert sich der Kern von 1844, nämlich die Kritik der entfremdeten Arbeit, die Kritik aller Entfremdungsformen und der „Abstraktion von aller Menschlichkeit".[88] Engels Kritik Hegels beschreibt dies als einen Gewinn an Präzisierung und Orientierung, der zugleich jedoch ein Verlust ist – ein philosophischer Verlust, der

---

82 Ebd.
83 *Hegel* 1986/7, S. 406.
84 *Marx* 1965, S. 121.
85 Ebd., S. 118.
86 *Hennig* 2010/11.
87 *Althusser* 2011, S. 191ff.
88 *Marx* 1953, S. 318.

solche politische Schriften von Marx wie den *18. Brumaire* weniger betrifft, der aber auch diesbezüglich zur Politisierung, zur geradlinigen Leseanleitung des Politischen durch Engels führt.

Die von Engels über eine Kritik Hegels auf Marx bezogene ökonomische und politische Engführung erregt Widerspruch.[89] Diese Reduktion um das Politische und um die philosophische Emanzipation wird weiterhin die Bemühungen zur Rekonstruktion Marx' am Leben halten.[90] Wenn die Beziehung von Engels zu Hegel und deren Rückwirkung auf Marx ausgeblendet wird, bleiben interne Probleme von Marx selbst mit den Positionen Hegels ausgespart.[91] Die Umkehrung weg vom Staat Hegels als „Grund" von Person, Familie und Gesellschaft[92] hin zur Kritik der bürgerlichen Gesellschaft und zur Kritik der politischen Ökonomie wird von Engels vereinfacht und zielgerichtet als „wissenschaftlicher Sozialismus" dargestellt, dies trifft auch Marx, wenngleich bedingt. Fragen zur Beziehung von Ökonomie und Philosophie bei Marx selbst werden verschüttet, was (implizit) die Intention von Engels Darstellung des Verhältnisses von Marx zu Hegel ist. Marx' Verhältnis zwischen der kategorialen Ansicht der Sozialökonomie und der kontingenten Politik, wie sie sich aus der Analyse von Schritten der Transformation des Staats und der lernenden Praxis der proletarischen Revolution ergibt,[93] bleibt offener (philosophischer, politischer, „hegelianischer"), als Engels dies mit seiner auf Marx angewendeten Kritik an Hegel intendiert.

Literatur

Althusser, Louis, 2011: Für Marx, Frankfurt.

Avineri, Shlomo, 1976: Hegels Theorie des modernen Staates, Frankfurt.

Eberle, Friedrich/*Hennig*, Eike, 1974: Anmerkungen zum Verhältnis von Theorie und Empirie, in: Gesellschaft 2, S. 7–110.

Eberle, Friedrich/*Hennig*, Eike, 1976: Bemerkungen zur Kritik von J. Hirsch und H. Reichelt, in: Gesellschaft 7, S. 224–257.

Engels, Friedrich, 1960: Herrn Eugen Dührings Umwälzung der Wissenschaft („Anti-Dühring"), Berlin.

Engels, Friedrich, 1891/92: Der Sozialismus in Deutschland, in: Iring Fetscher (Hg.), 2004: Karl Marx Friedrich Engels Studienausgabe Bd III, S. 29–42.

---

89 *Honneth* 2011.
90 *Hirsch* 2008, S. 10.
91 *Reichelt* 2008, S. 26.
92 *Riedel* 2011, S. 329ff.
93 *Marx* 1965.

Fetscher, Iring (Hg.), 2004: Studienausgabe Bd I: Philosophie, Berlin - darin auch Friedrich Engels, Ludwig Feuerbach und der Ausgang der klassischen deutschen Philosophie, S. 193–235.

Hegel, Georg Wilhelm Friedrich, 1986: Werke 7 (Grundlinien der Philosophie des Rechts), Frankfurt.

Hegel, Georg Wilhelm Friedrich, 1986: Werke 12 (Vorlesungen über die Philosophie der Geschichte), Frankfurt.

Hennig, Eike, 2010/11: Staat und Freiheit: Hegels institutionelle Fassung konkreter Freiheit – Vorlesung, Universität des 3. Lebensalters an der Goethe-Universität, Frankfurt.

Hirsch, Joachim/*Kannankulam*, John/*Wissel*, Jens (Hg.): Der Staat der Bürgerlichen Gesellschaft. Zum Staatsverständnis von Karl Marx, Baden-Baden.

Honneth, Axel, 2011: Die Moral im „Kapital", in: Leviathan, H. 4, S. 583–594.

Liedmann, Sven-Eric, 1986: Das Spiel der Gegensätze. Friedrich Engels' Philosophie und die Wissenschaft des 19. Jahrhunderts, Frankfurt/New York.

Marchart, Oliver, 2010: Die politische Differenz, Berlin.

Marx, Karl, 1953: Die Frühschriften, Hg. Siegfried Landshut, Stuttgart.

Marx, Karl, 1953a: Grundrisse der Kritik der politischen Ökonomie. Berlin.

Marx, Karl, 1965: Der 18. Brumaire des Louis Bonaparte. Nachwort von Herbert Marcuse, Frankfurt.

Marx, Karl: Das Kapital. Kritik der politischen Ökonomie, 1. Bd, MEW 23.

Marx, Karl: Das Kapital. Kritik der politischen Ökonomie, 2. Bd, MEW 24.

Marx, Karl: Das Kapital. Kritik der politischen Ökonomie, 3. Bd, MEW 25.

Marx, Karl/*Engels*, Friedrich, 1974: Staatstheorie. Materialien zur Rekonstruktion der marxistischen Staatstheorie. Hg. u. Einl. von Eike Hennig, Joachim Hirsch, Helmut Reichelt, Gert Schäfer.

Reichelt, Helmut (Hg.), 1975: Texte zur materialistischen Geschichtsauffassung von Ludwig Feuerbach, Karl Marx und Friedrich Engels, Frankfurt/Berlin/Wien.

Reichelt, Helmut, 2008: Zum Verhältnis von Staat und Gesellschaft im Marxschen Frühwerk, in: Joachim Hirsch, John Kannankulam, Jens Wissel (Hg.), Der Staat der Bürgerlichen Gesellschaft, Baden-Baden 2008, S. 225–240.

Reichelt, Helmut/*Hirsch*, Joachim, 1975: Theorie und Empirie, in: Gesellschaft 4, S. 190–210.

Riedel, Manfred, 2011: Bürgerliche Gesellschaft, Hg. Harald Seubert, Stuttgart.

Ruda, Frank, 2011: Hegels Pöbel, Konstanz.

Schmidt, Alfred, 1971: Historischer Materialismus in den späten Arbeiten von Engels, in: Schriftenreihe der Friedrich-Ebert-Stiftung, Bd 85: Friedrich Engels 1820–1970, S. 221–224.

Ingo Elbe

Staat der Kapitalisten oder Staat des Kapitals?
Rezeptionslinien von Engels' Staatsbegriff im 20. Jahrhundert

Die sozialistische Arbeiterbewegung stand am Anfang des 20. Jahrhunderts vor der Frage, welche Haltung zum Staat einzunehmen sei, mit dem man sich in der Tagespolitik auseinanderzusetzen hatte und von dem man, sollte eine ‚revolutionäre' Ausrichtung beibehalten werden, einen Begriff haben musste, um gesellschaftliche Alternativen überhaupt denken zu können. Die Texte des Namensgebers der einflussreichen ‚Marxschen Schule' enthielten keine ausgearbeitete Staatstheorie, auch wenn eine solche in den Aufbauplänen zu Marx' *Kritik der politischen Ökonomie* noch vorgesehen war.[1] Die staatstheoretischen Überlegungen von Friedrich Engels haben diese Lücke gefüllt und die Staatsauffassungen der sozialistischen Theoretiker des 20. Jahrhunderts entscheidend geprägt.

Während bei Engels noch höchst widersprüchliche Staatsbestimmungen zu finden sind, die zwischen den Formeln ‚Staat des Kapitals/ideeller Gesamtkapitalist' und ‚Staat der Kapitalisten/reeller Gesamtkapitalist' schwanken, hat die Rezeption bis in die zweite Hälfte des 20. Jahrhunderts hinein meist die letzteren aufgenommen und daraus entweder eine dem Selbstverständnis nach ‚orthodoxe' staatskritische Theorie entwickelt oder diese Formeln zum Anlass genommen, einen alternativen und affirmativen Staatsbegriff zu entwickeln. Im Folgenden sollen zunächst mit Wladimir Iljitsch Lenin und Hans Kelsen paradigmatische Ausarbeitungen dieser an Engels anknüpfenden, spiegelbildlichen Konzeptionen dargestellt werden. Die Auseinandersetzung mit diesen Modellen sozialistischen Staatsdenkens ist dabei nicht nur von antiquarischem Interesse, sie reflektiert Modi noch heute gängiger Staatsauffassungen, die als Theoriefragmente und Alltagsideologien durch linke Pamphlete und Praktiken geistern. In einem dritten Schritt soll schließlich die Grundintention einer Rezeptionslinie skizziert werden, die – mit Ausnahme des Vorläufers Eugen Paschukanis – erst in den 1970er Jahren entsteht und die Bestimmung des Staates als ‚Staat des Kapitals' und ‚ideeller Gesamtkapitalist' aufnimmt, wobei hier der direkte

---

1 Vgl. *Marx* 1859: 7.

Weg einer Ausarbeitung der rechts- und staatstheoretischen Implikationen der Marxschen Ökonomiekritik gewählt wird.

Die beiden hier als klassisch und paradigmatisch präsentierten Ansätze stellen sich der politischen Hauptfrage der Arbeiterbewegung im und kurz nach dem ersten Weltkrieg: Sind der kapitalistische Staat, die Nation oder wenigstens bestimmte demokratische Staatsformen als ‚Staat des ganzen Volkes' zu bezeichnen oder sind sie allesamt ‚Instrumente der herrschenden Klasse'? Lenin beantwortet diese Frage im letzteren, Kelsen und die Mehrheitssozialdemokratie im ersteren Sinne.[2] Der instrumentalistische und inhaltsfixierte Strang des Engelsschen Staatsdenkens dient dabei sowohl dem kommunistischen Revolutionär Lenin als auch dem sozialdemokratischen Reformisten Kelsen als Modell ‚der' marxistischen Staatstheorie schlechthin. Folgende Grundannahmen, die ich anhand ihrer Rezeption, Systematisierung und Kritik darlegen werde, stehen im Zentrum dieses Staatsbegriffs:

a) Die Form des Staatswillens versteht sich von selbst, zu enthüllen und zu kritisieren ist sein Klasseninhalt.[3]

b) Der Staat erweist sich dann als Instrument der ökonomisch herrschenden Klasse zur Niederhaltung der Ausgebeuteten.[4] Die Ableitung der Notwendigkeit des Staates setzt direkt bei den Klassen an.

c) Dabei werden die Form der Klassenherrschaft und des Staates universalhistorisch nivelliert: ‚Der' Staat ist eine öffentliche Gewalt, die in allen Klassengesellschaften anzutreffen ist und eine von der ‚Ökonomie' zu unterscheidende ‚politische' Herrschaft darstellt.[5]

d) Der Klassencharakter des Staates, sein funktionaler Bezug auf die Ökonomie wird personalistisch und manipulationstheoretisch gedacht.[6]

e) Die Verselbständigung des Staates ist ein Schein, der aber in Ausnahmesituationen real wird.[7]

---

2 Auch der Leninismus nimmt in den 1930ern die Parole vom Volksstaat auf. Mit Lenin hat diese Wendung nur wenig zu tun. Vgl. *Elbe* 2008: 385–391.
3 Vgl. *Engels* 1886: 300.
4 Vgl. *Engels* 1884: 166f.
5 Vgl. ebd.: 165.
6 Vgl. ebd.: 167.
7 Vgl. ebd.

Staat der Kapitalisten

Lenins staatstheoretische Betrachtungen, insbesondere *Staat und Revolution* (1917/18), sind für die Tradition des späteren ‚Marxismus-Leninismus' von entscheidender Bedeutung und richten sich explizit gegen die sozialdemokratische Staatsaffirmation seiner Zeit. Lenin begreift den Staat in fast wörtlicher Entsprechung zu Engels[8] zunächst als besonderen, von Herrschafts-Spezialisten[9] geführten Gewaltapparat, der in „besondere[n] Formationen bewaffneter Menschen" besteht, „die Gefängnisse und anderes zu ihrer Verfügung haben".[10] Als historische Bedingungen für die Besonderung eines derartigen Apparats gelten ihm einerseits ein Produktivitätslevel, das ein Mehrprodukt ermöglicht,[11] andererseits die Entstehung eines „unversöhnlichen"[12] Klassenantagonismus, der die Gesellschaft „in Gruppen von Menschen" spaltet, „von denen die einen sich ständig die Arbeit der anderen aneignen können".[13]

Die Notwendigkeit staatlich regulierter Klassenherrschaft wird aus diesem Klassengegensatz heraus begründet. Dieser scheint, folgt man Lenin, die Subalternen stets zu „Protest und Auflehnung"[14] zu veranlassen, die ohne das staatliche Gewaltmonopol zur ‚„selbsttätige[n]' Bewaffnung" und schließlich zum „bewaffneten Kampf"[15] der Klassen untereinander führen würden. Bedingung dafür ist ein offen zutage liegender Ausbeutungsprozess, der von den Ausgebeuteten als illegitim gedeutet wird, denn auch den vermeintlich „nackte[n], durch nichts verdeckte[n]" Ent-/Aneignungsprozessen der kapitalistischen Ökonomie stünden die Ausgebeuteten ohne „unsinnige Illusionen und Schwärmereien"[16] gegenüber. Der Staat wird so als Instrument der ökonomisch herrschenden Klasse zur Niederhaltung der ausgebeuteten Klasse definiert,[17] er ist, wie Lenin seine staatstheoretische Hauptautorität Engels zitiert, „Staat der mächtigsten, ökonomisch herrschenden Klasse, die vermittelst seiner auch politisch herrschende Klasse wird und so neue Mittel erwirbt zur Niederhaltung und Ausbeutung der unterdrückten Klasse".[18]

---

8   Vgl. ebd.: 166.
9   Vgl. *Lenin* 1929: 464f.
10 *Lenin* 1918a: 401.
11 Vgl. *Lenin* 1929: 469.
12 *Lenin* 1918a: 402.
13 *Lenin* 1929: 465.
14 *Lenin* 1918a: 476.
15 Ebd.: 402.
16 *Lenin* 1894: 417.
17 Vgl. *Lenin* 1918a: 399, 403f.
18 *Engels* 1884: 166f. (auch zit. in *Lenin* 1960a: 404).

Es fällt die ebenfalls von Engels entlehnte universalhistorische Ausrichtung dieses staatstheoretischen Paradigmas auf, die die Konturen zentraler Begriffe verwischen lässt: Insbesondere die Differenz zwischen unmittelbar gewaltförmiger Aneignung des Mehrprodukts und dessen spezifisch ökonomischer Aneignung sowie der Funktion monopolisierter physischer Gewaltsamkeit dabei geht verloren: Im kapitalistischen Rechtsstaat, so Lenin, gelten zwar „alle vor dem Gesetz als gleich". Aus dieser Feststellung zieht er aber keine Konsequenzen – man beachte die Bedeutungsverschiebung im folgenden Satz: „Das Gesetz schützt alle in gleicher Weise, schützt das Eigentum, wenn einer solches besitzt, vor den Anschlägen jener Masse, die kein Eigentum besitzt".[19] ‚Alle' – ‚Eigentümer' – ‚eigentumslose Masse': Das Rechtssubjekt wird auf den Produktionsmittelbesitzer reduziert. Schon auf der nächsten Seite unterstellt Lenin daher der antifeudalen „Losung der Freiheit [...] die Freiheit für denjenigen, der über Eigentum verfügt",[20] was hier, da die Arbeiterklasse als eigentumslos bezeichnet wird, nur die Eigentümer von Produktionsmitteln meinen kann. Obwohl also auch Lenin Formunterschiede von Klassenherrschaft kennt und die spezifisch moderne Gleichheit aller Bürger vor dem Gesetz erwähnt, scheint ihm letztlich die Freiheit in der kapitalistischen Produktionsweise „immer ungefähr die gleiche" zu sein, „die sie in den antiken griechischen Republiken war: Freiheit für die Sklavenhalter".[21]

Die spezifisch vermittelte Form der Ausbeutung in der kapitalistischen Produktionsweise, in der physischer Zwang eine ganz andere Rolle spielt als in der Antike, wird wegdekretiert, bürgerliche Freiheit zum leicht durchschaubaren „Vorurteil[...]"[22] irrealisiert, womit Lenin der frühen Entzauberungsdiagnose von Marx und Engels aus dem *Manifest*[23] folgt. Die direkt gewaltförmige Aneignung des Mehrprodukts in der Sklaverei dient Lenin als Modell für verallgemeinernde Aussagen wie diese: „Ohne ständigen Zwangsapparat kann der eine, der überwiegende Teil der Gesellschaft nicht zur systematischen Arbeit für den anderen Teil gezwungen wer-

---

19 *Lenin* 1929: 473.
20 Ebd.: 474.
21 *Lenin* 1918a: 474. Die Tatsache, dass eine Demokratie und Isonomie in der Antike immer nur eine für die Sklavenhalter war, nicht für die Sklaven (Frauen werden von Lenin ignoriert) (1929: 470) wird als „grundlegende[r] Umstand" bezeichnet, der „auf die Frage des [!] Staates ein besonders helles Licht wirft und das Wesen des [!] Staates deutlich zeigt" (471).
22 *Lenin* 1929: 478.
23 Vgl. *Marx/Engels* 1848: 465, 472. Hier wird die unverblümte, nackte Ausbeutung als Charakteristikum des Kapitalismus ausgemacht. Dies wird sich erst in Marx' Theorie der Mystifikationen des kapitalistischen Alltagslebens ändern, die Lenin aber ignoriert hat. Vgl. *Projekt Klassenanalyse* 1972: 74f.

den."²⁴ Im Kapitalismus ist es aber nicht mehr dieser direkte Zwang, der zur Mehrarbeit antreibt. Der Staat sichert hier lediglich die Eigentumsverhältnisse, deren struktureller Zwang die Ausbeutung reproduziert. Der Begriff der öffentlichen Gewalt schließlich, den Lenin Engels entlehnt, ist zur Bezeichnung antiker und feudaler Herrschaftsformen höchst problematisch, da dort trotz der partiellen Ausdifferenzierung von Herrschaftsakteuren weitgehend die Prinzipien des personalen Herrschaftsbesitzes²⁵ und der Einheit von physischer Gewalt(-androhung) und Aneignung von Produkten fremder Arbeit herrschen. Von einem ‚öffentlichen' Gewaltmonopol, das einer entpolitisierten ‚Gesellschaft' gegenüberstünde, kann hier keine Rede sein.²⁶

Der Bezug von Herrschaft auf die Subalternen bleibt in Lenins ‚repressionshypothetischer'²⁷ Konzeption rein äußerlich und gewaltförmig.²⁸ Die Subalternen werden dabei immer schon als mehr oder weniger offene Feinde der gewaltsam aufrechterhaltenen Ordnung imaginiert. „Die ganze Geschichte", so Lenin, „ist erfüllt von *unausgesetzten* Versuchen der unterdrückten Klassen, die Knechtschaft abzuschütteln."²⁹ Herrschaft selbst wird extrem personalistisch, als „Macht eines Häufleins von Milliardären über die ganze Gesellschaft",³⁰ als direkte Verfügung einer Minderheit über die Mehrarbeit der Massen und die Staatsgewalt gedacht. Für den strukturellen Zwang und die subjektlose Herrschaft des Kapitals, in deren Rahmen auch die Herrschenden immer nur heteronome Dominanz ausüben können, ist in dieser Betrachtungsweise kein systematischer Platz.

---

24 *Lenin* 1929: 470.
25 Vgl. *Hoffmann* 1996: 532: „Personale Herrschaft meint [...] eine direkte, durch Gewalt aufrechterhaltene Herrschaftsbeziehung zwischen Personen – im Unterschied zu einer ökonomisch (Kauf von Arbeitskraft) oder rechtlich (Herrschaft des Gesetzes) vermittelten Herrschaftsbeziehung."
26 Vgl. zur Einheit von Herrschaft und Aneignung in vorkapitalistischen Gesellschaften: *Gerstenberger* 1990: 497-532, *Teschke* 2003: 63-69, 93.
27 *Foucault* 1983 versteht darunter eine spezifische Auffassung der Wirkungsweise von Macht, in der diese im Sinne eines auf den zentralistischen Gewaltapparat gestützten ‚Verbots-Regimes' konzipiert wird, das den beherrschten äußerlich als beschränkende und Ohnmacht generierende Instanz gegenübersteht.
28 Vgl. *Lenin* 1918a: 477.
29 Vgl. *Lenin* 1929: 472 (Herv. I.E.). Vgl. dagegen *Godelier* 1984: 163-166, der zeigt, dass eine Bedingung dauerhafter Herrschaftsordnungen die Deutung der Herrschaft als Dienst an den Beherrschten ist. Lenin berücksichtigt zwar an anderer Stelle auch die „geistige[...] Sklaverei" (*Lenin* 1913a: 8) der Unterdrückten, diese wird aber stets als Lüge, Betrug und Heuchelei bezeichnet, die jedes Sachgehaltes entbehrten und vor allem „mit der Unwissenheit und den Vorurteilen der am meisten zurückgebliebenen Volksschichten" (*Lenin* 1913b: 232) rechnen könne.
30 *Lenin* 1929: 477. Was zunächst wie eine agitatorische Wendung klingt, erhält im von Lenin mitbegründeten StamoKap-Ansatz theoretische Weihen: Substitution der anonymen Herrschaft des Wertgesetzes durch die personale Herrschaft ‚einer Handvoll Monopolkapitalisten' über die ganze Gesellschaft. Vgl. kritisch zum Stamokap-Ansatz *Jordan* 1974.

Dass Lenin den bürgerlichen Staat nicht als Staat des Kapitals, sondern der Kapitalisten begreift, wird insbesondere anhand seiner manipulationstheoretischen Erklärung des Klassencharakters bürgerlich-demokratischer Staatsgewalt deutlich. Da er es nirgendwo unternimmt, die spezifische Form staatlich regulierter Klassenherrschaft im Kapitalismus zu erklären, muss ihm auch der immanente Zusammenhang des Klasseninhalts mit dieser Form – der öffentlichen, mittels abstrakt-allgemeiner Gesetze herrschenden, außerökonomischen Zwangsgewalt – entgehen. Der kapitalistische Staat, so Lenin, „leugnet" seinen Klassencharakter und behauptet, er „bringe den Willen des ganzen Volkes zum Ausdruck".[31] Das sei aber nichts als ein ideologisches Betrugsmanöver – warum dieses gelingt, bleibt unerfindlich. Der Klassencharakter bürgerlicher Staat- und Gesetzlichkeit wird von Lenin konsequenterweise bloß unterstellt, bzw. rein personalistisch gedacht: Der Staat sei „durch tausenderlei Fäden [...] mit der Bourgeoisie verknüpft". Vor allem Korruption, informelle Ausschlussmechanismen, unvollständige formale Partizipationschancen, Verelendung des Proletariats und die „Erfahrungen eines jeden Arbeiters"[32] mit der offenen Repression des Staates gegenüber Streiks[33] und Aufständen des Proletariats sollen dies plausibilisieren.[34] Es sind die „Enthüllungen über den Zusammenhang zwischen Finanz‚operationen' und der höheren Politik", welche „die eigentliche Grundlage zeig[en], auf der die Lenkung des Staates in der kapitalistischen Gesellschaft beruht."[35] Die Reflexion des Klassencharakters des Staates ist demnach eine journalistische, keine wissenschaftliche Aufgabe. Auch hier stützt sich Lenin vor allem auf Engels' Behauptung, in der bürgerlich-demokratischen Republik übe der Reichtum seine Macht „indirekt" aus, was an dieser Stelle nichts anderes bedeutet als ‚hinter den Kulissen', nämlich in Gestalt „der direkten Beamtenkorruption" und der „Allianz von Regierung und Börse".[36]

---

31 *Lenin* 1929: 474.
32 *Lenin* 1918a: 419.
33 „[A]lle Versuche der Arbeiter, eine einigermaßen ernsthafte Verbesserung ihrer Lage zu erreichen, werden sofort mit dem Bürgerkrieg beantwortet"; die „Bourgeoisie [...] stellt Söldlinge ein und schlägt den Streik nieder" (*Lenin* 1929: 478). Hier wird nicht nur ein historisches Phänomen – die Abwesenheit eines Tarifsystems/institutionalisierter, verrechtlichter Arbeitskämpfe – zum (kapitalistischen) Wesen des Staates erkoren. An der Formulierung „Söldner" wird auch deutlich, dass Lenin den öffentlichen Charakter der modernen Gewaltorganisation nicht ernst nimmt. Um mit Paschukanis zu sprechen: Bei Lenin mutiert der Staat zum privaten Apparat der herrschenden Klasse.
34 Vgl. *Lenin* 1918b: 245f., *Lenin* 1918a,: 404f., 419, 437, 473f. sowie 1929: 473f., 477f.
35 *Lenin* 1913b: 231.
36 *Engels* 1884: 167 (auch zitiert in *Lenin* 1918a: 404f.).

Wieso dieser Klasseninhalt die Form sogar demokratischer Rechtsstaatlichkeit annehmen kann, bleibt also im Dunkeln. Die reine Konzentration auf den Klasseninhalt[37] verdankt sich unter anderem der Engelsschen Aufgabenstellung für eine materialistische Staatstheorie, der Lenin getreu folgt: Engels konstatiert im *Ludwig Feuerbach*, die Tatsache, dass alle Bedürfnisse in Klassengesellschaften durch den Staatswillen hindurch artikuliert würden, sei „die formelle Seite der Sache, die sich von selbst versteht". Die Hauptfrage einer materialistischen Staatstheorie sei dagegen „nur, welchen Inhalt dieser nur formelle Wille – des einzelnen wie des Staats – hat, und woher dieser Inhalt kommt, warum grade dies und nichts andres gewollt wird".[38]

Da Lenin Demokratie in ihrer politischen Form aufgehen lässt,[39] er sie mit staatlicher Gewalt, formaler staatsbürgerlicher Gleichheit, Gewaltenteilung und parlamentarisch-repräsentativem Prinzip in Verbindung bringt,[40] fällt auch sie – wohlgemerkt nicht das Mehrheitsprinzip und repräsentative Organe per se[41] – der Kritik anheim.[42] Lenin konstruiert dabei eine bedingte Entsprechung von demokratischer Republik und Kapitalismus: „Der freien Konkurrenz entspricht die Demokratie. Dem Monopol entspricht die politische Reaktion".[43] Ungeachtet der historischen Absurdität dieser Behauptung kann Lenin hier aber auch an die, aus der Feder von Marx und Engels gleichermaßen stammende, These der Demokratie als Auflösungsform, der autoritär-bonapartistischen Regimes als konservative, letztendliche Existenzform bürgerlicher Herrschaft anknüpfen.[44] Stellt dies einen fundamentalen Bruch mit der sozialdemokratischen Orthodoxie dar, so rekurriert Lenin doch an anderer Stelle auf deren Begründungsmuster. Er meint plötzlich, die demokratische Republik widerspreche logisch dem Kapitalismus, „da sie ‚offiziell' den Reichen und den Armen gleichsetzt. Das ist ein Widerspruch zwischen der ökonomischen Basis und dem

---

37 Vgl. *Arndt* 1985: 90: „mit der Feststellung der Staat sei Instrument der Klassenherrschaft, bewegt sich die Staatstheorie auf dem Niveau, das die Ökonomiekritik kennzeichnet, wenn die Tatsache der Ausbeutung konstatiert, ihr Funktionsmechanismus aber noch nicht enthüllt ist".
38 *Engels* 1886: 300.
39 Vgl. *Schäfer* 1994: 73.
40 Vgl. zu diesen Punkten der Reihe nach: *Lenin* 1918a: 469, 486, 436, 435ff. Bei der Kritik der repräsentativen Demokratie (vgl. ebd.: 435) bedient sich Lenin deutlich des radikalrepublikanischen Kritikmotivs des nichtrepräsentierbaren Volkswillens bei Rousseau (vgl. *Rousseau* 1762: 167): Alle paar Jahre hat das Volk die Freiheit der Wahl seiner ‚Vertreter', „dann lebt es wieder in Knechtschaft, ist es nichts".
41 Vgl. *Lenin* 1918a: 437, 469.
42 Vgl. ebd.: 469.
43 *Lenin* 1924, S. 34.
44 Vgl. *Marx* 1852: 122.

politischen Überbau",⁴⁵ der nur mittels Korruption und personaler Verflechtung von Finanzkapital und Staat überwunden werden könne. Die Vermittlung von politischer Freiheit/Gleichheit mit ökonomischer Unfreiheit/Ungleichheit bleibt Lenin also ein Rätsel. Zudem müsste er auch die ökonomische Basis als Widerspruch zur ökonomischen Basis deuten, weil auch hier mit den Bestimmungen des Tauschprozesses die Momente der Gleich-Gültigkeit aller Eigentümer und Abwesenheit personaler Abhängigkeit hereinkommen, was von ihm aber, wie gezeigt, ignoriert wird.

Die Ignoranz gegenüber den Bestimmungen von Rechtsstaatlichkeit und die vollständige Verwirrung in der Erfassung politischer Emanzipation haben auch Konsequenzen für Lenins Konzept von Übergangsstaatlichkeit und sozialistischer Demokratie, auf die an dieser Stelle aber nicht mehr einzugehen ist.⁴⁶ Zumindest erwähnt werden muss allerdings, dass Lenins zentralistisches Modell der Volkserziehung und ökonomischen Planung im Sozialismus eine konsequente Fortführung der Engelsschen These vom entwickelten kapitalistischen Staat als „wirkliche[m] Gesamtkapitalist[en]"⁴⁷darstellt, der mehr und mehr die Anarchie der Produktion aufhebe:⁴⁸ Weil Lenin schon der ‚Monopolkapitalismus' als Epoche der Auflösung der Herrschaft des Wertgesetzes gilt, stellen sich ihm *ökonomisch* die Institutionen des ‚staatsmonopolistischen Kapitalismus', vor allem der kaiserlich-deutsche ‚Kriegskommunismus' und die taylorisierte Massenproduktion, als Vorbilder sozialistischen Wirtschaftens dar: Weitgehende staatliche Planung und eine direkte, nicht mehr wertvermittelte Form gesellschaftlicher Arbeitsteilung sowie eine Vereinfachung administrativer Funktionen und dispositiver Tätigkeitsbereiche seien bereits im Kapitalismus feststellbar.⁴⁹ Somit könne Sozialismus schlicht als ein vom Proletariat in Dienst genommener Staatskapitalismus verstanden werden.⁵⁰

---

45 *Lenin* 1924: 38.
46 Vgl. *Elbe* 2008: 370ff.; *Schäfer* 1994: 71ff.
47 *Engels* 1878: 260.
48 Engels offenbart damit ein restringiertes Verständnis kapitalistischer Privatproduktion. In der *Kritik des Erfurter Programmentwurfs* (*Engels* 1891/1901: 231f.) schreibt er: „Ich kenne eine kapitalistische Produktion als Gesellschaftsform, als ökonomische Phase; eine kapitalistische *Privat*produktion als eine innerhalb dieser Phase so oder so vorkommende *Erscheinung*. Was heißt denn kapitalistische *Privat*produktion? Produktion durch den *einzelnen* Unternehmer, und die wird ja schon mehr und mehr Ausnahme. Kapitalistische Produktion durch *Aktiengesellschaften* ist schon keine *Privat*produktion mehr, sondern Produktion für assoziierte Rechnung von vielen. Und wenn wir von den Aktiengesellschaften übergehn zu den Trusts, die ganze Industriezweige beherrschen und monopolisieren, so hört da nicht nur die *Privatproduktion* auf, sondern auch die *Planlosigkeit*".
49 Vgl. Lenin 1918a: 433, 439, 456, 488.
50 Vgl. Lenin 1918c: 332. Deutschland im Jahre 1918 gilt ihm als „das ‚letzte Wort' großkapitalistischer Technik und planmäßiger Organisation, die dem *junkerlich-bürgerlichen Imperialismus unterstellt* sind. Man lasse die hervorgehobenen Wörter aus, setze an Stelle des militärischen, junkerlichen, bürgerlichen, imperialistischen *Staates* ebenfalls einen Staat, aber einen Staat von anderem sozialem

Staat im Kapitalismus

Hans Kelsen, Sozialdemokrat und mitverantwortlich für die österreichische Bundesverfassung von 1920, wendet sich vor allem in seiner Schrift *Marx oder Lassalle* (1924) gegen die Engelssche Staatstheorie. Im Folgenden werde ich kursorisch auf den rechtstheoretischen Staatsbegriff Kelsens eingehen, um daran anschließend seine für den sozialdemokratischen Etatismus beispielhafte politische Staatsauffassung darzustellen, wie sie sich in Auseinandersetzung mit dem instrumentalistischen Ansatz von Engels/Lenin entwickelt.

Die Unterscheidung in rechtstheoretische und politische Staatsauffassung ist nötig, weil hier eine Diskrepanz vorliegt: Der Kelsensche *Rechtspositivismus* unterstellt, dass die Rechtsgeltung von vorgegebenen inhaltlichen Zielsetzungen unabhängig ist. Auf „die für das Recht spezifische Weise", der normativen Verknüpfung eines als unerwünscht angesehen Verhaltens mit einem als Übel eingeschätzten, meist staatlichen Zwangsakt, „kann jeder beliebige soziale Zweck verfolgt werden. Nicht als Zweck, sondern als ein spezifisches Mittel ist das Recht charakterisiert"[51]. Da der Staat nichts als eine Rechtsordnung ist, gilt für ihn Entsprechendes. Recht ist demnach eine Zwangsnorm und soziale Technik. Rechtliche Verpflichtung beruht nicht auf der Sittlichkeit oder Nützlichkeit des Norminhalts, insofern unterscheidet sich Kelsen von seinem politischen Gewährsmann Lassalle beträchtlich. Ein Individuum ist vielmehr „rechtlich zu einem bestimmten Verhalten verpflichtet, wenn sein gegenteiliges Verhalten zur Bedingung eines Zwangsaktes (als einer Sanktion) gemacht ist."[52] Recht hat die Funktion, einen von der rechtsetzenden Instanz „erwünschte[n] soziale[n] Zustand" herbeizuführen, indem „an das menschliche Verhalten, das das kontradiktorische Gegenteil dieses Zustands bedeutet, ein Zwangsakt [...] als Folge geknüpft wird."[53] Dabei wird ausdrücklich betont, dass „jeder beliebige Inhalt [...] Recht sein"[54] kann. Bei der *politischen* Staatsauffassung Kelsens geht es dagegen um eine nähere Bestimmung der inhaltlichen Aufgaben des Staates, die in seiner rechtspositivistischen Perspektive ausdrücklich verweigert wird und die die Grenze einer deskriptiven Theorie überschreitet.

Typus, mit anderem Klasseninhalt, den *Sowjet*staat, d.h. einen proletarischen Staat, und man wird die ganze Summe der Bedingungen erhalten, die den Sozialismus ergibt".
51 *Kelsen* 1934: 43. Er konstatiert, dass selbst die Befriedungsfunktion kein notwendiger Bestandteil des Rechts ist (*Kelsen* 1960: 204).
52 *Kelsen* 1960: 125.
53 *Kelsen* 1934: 40.
54 Ebd.: 74.

Gegen Anschauungen, die die Staatseinheit an natürlicher Identität oder an empirischen Interaktionen festmachen, betont Kelsen zunächst den normativen Charakter des staatlichen Bandes. Allein dieses erlaube es, von einer dauerhaften Staatsordnung zu sprechen, alle anderen Ordnungsprinzipien brächten höchstens ephemere Massenansammlungen oder mit den Staatskriterien nicht übereinstimmende Praktiken, z.B. grenzüberschreitenden Handel, hervor. Staatliches Handeln sei nur juristisch definierbar, einen Staatsbegriff, der ‚hinter' dem Recht noch einen rechtssetzenden, aber selbst nicht rechtlich verfassten Staat vermutet, lehnt er ab. Denn Staatsakte sind von bestimmten Individuen ausgehende Handlungen. Sie können dem Staat zugeschrieben werden, was nichts anderes bedeutet als: sie sind Handlungen normativ ermächtigter Individuen. Der Unterschied zwischen dem Handeln eines Menschen als Polizist und als Guerillero ist nur mit Bezug auf diese Normen auszumachen: „Der Staat ist existent nur in Staatsakten, das sind von Menschen gesetzte Akte, die dem Staate als juristischer Person zugeschrieben werden. Und diese Zuschreibung ist nur auf Grund von Rechtsnormen möglich, die diese Akte in spezifischer Weise bestimmen. Daß der Staat Recht schafft, bedeutet nur, daß Menschen, deren Akte dem Staat auf Grund des Rechtes zugeschrieben werden, das Recht erzeugen. Das heißt aber, daß das Recht seine eigene Erzeugung regelt."[55]

Kelsen unterscheidet Zurechnung und Zuschreibung. Erstere wird als „normative Verknüpfung zweier Tatbestände"[56] definiert und charakterisiert die Rechtsnorm: ‚Wenn A ist, so *soll* B sein, wobei B ein staatlicher Zwangsakt ist'. Zuschreibung dagegen bezeichnet die Verknüpfung des Verhaltens eines Individuums mit der fiktiv als Person gedachten Gemeinschaft. Wenn der Staat die Rechtsordnung *ist*, dann sind alle außerrechtlichen Akte keine Staatsakte. Staatsunrecht ist begrifflich ausgeschlossen.[57] Dass der Staat eine Rechts- und damit Zwangsnormordnung ist, heißt nicht, dass hiermit empirischer Zwang bezeichnet wäre, sondern meint eine Normordnung, die angibt, dass unter spezifischen Bedingungen physischer Zwang ausgeübt werden *soll*.[58] Denn *bloß* faktischer Zwang ist nicht staatlicher Zwang, sondern lediglich ein *normativ gebotener* Zwangsakt ist als staatlicher auszuweisen. Da die pure Gewalt (‚Sein') die Normgeltung (‚objektiv Gesolltes') nicht begründen kann, kann dies nur eine weitere Norm. Die Normen, die einem Sachverhalt rechtliche Bedeutung verleihen, werden durch einen Rechtsakt erzeugt, der wiederum „von

---

55 *Kelsen* 1960: 314.
56 Ebd.: 154 (Fn.).
57 Vgl. *Kelsen* 1928: 234.
58 Vgl. ebd.: 82.

einer anderen Norm her seine Bedeutung erhält".[59] Nicht ein Faktum, sondern die Übereinstimmung mit dem Inhalt einer Norm konstituiert einen empirischen Akt zu einem Rechtsakt. Die Norm wiederum ist durch einen empirischen Akt konstituiert worden, der mit dem Inhalt einer weiteren Norm übereinstimmt, die diesen Akt damit zum Rechtsakt macht usw. Dies führt in einen Regress, wenn nicht eine letzte Norm unterstellt würde, die nicht wiederum gesetzt ist: die Grundnorm. Diese ist von jedem Betrachter, der eine Zwangsordnung als Recht deuten *will*, vorausgesetzt. Diese Deutung eines Zwangsaktes als Rechtsakt ist aber nicht zwingend, weil Kelsen jedes *inhaltliche* vorpositive (also nicht empirisch gesetzte) Norm-Kriterium ablehnt. Es fehlt damit der Maßstab mit dem ein spezifischer Zwangsakt verglichen werden und so als gültig ausgewiesen werden könnte. *Jedem* Zwangsakt kann durch Unterstellung der lediglich formalen Grundnorm rechtlicher Charakter zugesprochen werden.[60] Damit, so Kelsen, wird der Zwangsakt nicht bloß als Wirkung des ihn ausführenden physischen Individuums *betrachtet*, sondern dem Staat als gültiger Rechtsordnung zugeschrieben. Der Gehorsam gegenüber staatlichen Akten ist damit nicht Gehorsam gegenüber dem faktischen Willen einer konkreten Person, sondern gegenüber dem Staat als anonymer Zwangsnormordnung. Allerdings sagt dies noch nichts über den bürgerlichen Staat aus, da für Kelsen jede Zwangsordnung, wenn sie als rechtliche gedeutet wird, auf einer ‚herrschenden' Grundnorm beruhen muss. Sein Begriff der Rechtsform ist explizit ahistorisch.

Zwar ist der Staat eine Rechtsordnung, aber nicht alle Rechtsordnungen sind Staaten. Von anderen Rechtsordnungen unterscheiden sich staatliche durch die Tatsache, dass Rechtsnormen hier von arbeitsteilig funktionierenden Organen erzeugt und angewendet werden, wobei diese Akte in bestimmter Weise zentralisiert sind. Z.B. ist die Rechtsprechung und -durchsetzung Aufgabe von als Gerichte und Verwaltungseinheiten qualifizierten Organen. In vorstaatlichen Rechtsordnungen hingegen sind „die Glieder der Rechtsgemeinschaft selbst"[61] ermächtigt a) durch Gewohnheit generelle Rechtsnormen zu erzeugen, b) Selbstjustiz zu üben und c) Selbsthilfe zu leisten, d.h. im Falle selbst festgestellter Delikttatbestände Sanktionen zu statuieren.

In allen Staatsordnungen ist Kelsen zufolge eine Klasse nicht unmittelbar der anderen unterworfen, sondern alle Klassen sind der Normordnung subsumiert. In diesem Sinne herrscht immer die Norm, die wiederum nichtempirischer propositionaler Gehalt (Gedanke) des empirischen Denkens ist. Eine Norm beinhaltet, dass etwas

---

59 *Kelsen* 1934: 19.
60 Die objektive Geltung wird damit subjektiv: erkenntnistheoretischer Anarchismus. Vgl. *Elbe* 2012.
61 *Kelsen* 1960: 323f.

geschehen *soll*. Sie ist der „Sinn eines intentional auf das Verhalten anderer gerichteten [Willens-]Aktes".[62] Der Willensakt ist ein empirischer Tatbestand, die Norm als dessen Sinngehalt ist ein Sollen. Und „nichts anderes als ein Gedanke, ein Ordnungsgedanke ist der Staat!"[63] Die Rechts-Staatsordnung ist nicht Verhaltensregularität im Sinne beobachtbarer Gewohnheitsakte, eines empirischen Durchschnitts oder einer Handlungswahrscheinlichkeit. Im empirischen Sein erblickt Kelsen lediglich „ein Chaos, ein sinnloses Neben- und Nacheinander" der Willen der Menschen, dessen Einheit nur durch die „*gedankliche* Einheit des Staates" hergestellt werden kann, die wiederum, ganz neukantianisch, „durch die wissenschaftliche *Erkenntnis* konstituiert wird".[64] Der Staat ist der Sinngehalt von Handlungen, während die Chance des tatsächlich am jeweiligen Sinn orientierten Verhaltens aus der Betrachtung herausfällt (und später doch als Rechtsgeltungs*bedingung* wieder eingeholt werden muss): „Allein als Sinngehalt [...] oder Deutungsschema [...] ‚existiert' der Staat ebensowenig oder ebensosehr wie der pythagoräische Lehrsatz: seine ‚Existenz' ist seine *Geltung*, und darum ist er *wesens*verschieden von der Tatsächlichkeit der Handlungen, deren Sinn er ist".[65]

Der Staat ist also ein Komplex von „normativen Gedankending[en]".[66] Diese können das empirische Wollen der Menschen vermittelt über die Norm*vorstellung* motivieren und dadurch wirksam werden. Die Staats*macht* ist daher die „motivierende[...] Kraft gewisser Normvorstellungen",[67] die Menschen dazu veranlasst, physischen Zwang gegenüber anderen auszuüben, nicht etwa das tote Arsenal von Waffen und Gefängnissen oder Gruppen von Menschen, die diese zu ihrer Verfügung haben. Damit wendet sich Kelsen implizit gegen Engels' von Lenin aufgegriffene Bestimmung der Staatsgewalt als Summe von „bewaffneten Menschen" und „sachlichen Anhängseln, Gefängnissen und Zwangsanstalten aller Art".[68] Staatsgewalt ist nichts als die gedanklich vermittelte *Wirksamkeit* der zentralisierten Rechtsordnung. Der Staat ist für Kelsen daher wie Gott etwas, das man sich nur aus dem Kopf schlagen muss, um es zu negieren: Die „Existenz Gottes" – in dem Sinne, in dem auch der Atheist sie zugeben muß –, „ist die gleiche wie jene ‚Existenz' des Staates, die der Anarchist bekämpft: sie liegt in der motivierenden Kraft gewisser Normvor-

---

62 Ebd.: 5.
63 *Kelsen* 1928: 91.
64 Ebd.: 123.
65 Ebd.: 160.
66 Ebd.: 73.
67 Ebd.: 89.
68 *Engels* 1884: 166 sowie *Lenin* 1918a: 401.

stellungen. In diesem Sinne sind Gott und Staat nur existent, wenn und insofern man an sie glaubt, und werden samt ihrer ungeheuren [...] Macht zunichte, wenn die menschliche Seele sich von diesem Glauben befreit". Kelsen lobt an dieser Stelle ausdrücklich den „erkenntniskritische[n] Anarchismus"[69] Max Stirners, dessen „Auflösung der [...] Hypostasierung des Staates"[70] und seine Erkenntnis der Seinsweise des Staates als „Spuk, [...] Fiktion".[71] In diesem Sinne kann „Ich, der ich wirklich ich bin" jederzeit dem „Distelfresser" Staat seine „Löwenhaut [...] abziehen".[72] Dabei bewegen wir uns aber in der Sphäre selbstgenügsamer Normgeltung, da Kelsen zufolge eine objektive Normgeltung ja subjektiv, durch die Grundnorm*annahme*, unterstellt wird. Auf der anderen Seite existieren wirksame Zwangssysteme und Kelsen *entscheidet* sich dafür, diesen und nur diesen den Rechts(staats)charakter zuzuschreiben: Ein Minimum an Wirksamkeit wird von ihm zur Geltungs*bedingung* einer Zwangsnormordnung gemacht. Akzeptiert man dieses Kriterium, dann bleibt vom erkenntnistheoretischen Anarchismus nicht viel übrig. Dieser ist allerdings ohnehin irrelevant für faktische Zwangsordnungen: Zwar ist es korrekt, dass Zwangsordnungen nur dann wirksam sein können, wenn Menschen diese in irgendeiner Form als motivierende Vorstellung verinnerlicht haben (die einen, weil sie ihnen nützt oder sie sie als heilig betrachten, die anderen, weil sie aus Furcht vor Strafe konform handeln), doch sagt das noch nichts über die Ursachen und Gründe, aufgrund deren überhaupt eine Zwangsordnung in einer bestimmten historischen Form entsteht. Die sozialstrukturellen Reproduktionsbedingungen des Staates bleiben hier verborgen und das abstrakte Plädoyer: ‚Schlagt Euch den Staat aus dem Kopf' nützt niemandem, der in einer historisch-spezifischen Zwangsordnung lebt.[73]

Freilich ist Kelsen weit entfernt, auch einen „ethisch-politische[n] Anarchismus" gutzuheißen, der „die Gültigkeit verbindlicher Zwangsnormen überhaupt negiert."[74] Im Gegenteil sieht er aus der egoistischen Triebnatur des Menschen heraus keine andere Möglichkeit des Zusammenlebens als mittels einer solchen Zwangsordnung,

---

69 *Kelsen* 1922: 53.
70 *Kelsen* 1928: 239 (Fn.).
71 *Kelsen* 1922: 53.
72 Stirner zitiert in *Kelsen* 1928: 239 (Fn.).
73 Während der erkenntnistheoretische Anarchismus sich mit der Aussage zufrieden gibt: ‚Wenn keiner an den Staat glaubt, gibt es ihn auch nicht', fragt die die materialistische Staatstheorie danach, warum es kein Zufall ist, dass die Menschen an den Staat glauben und eine Zwangsordnung hervorbringen. Das Geheimnis steckt in der Formulierung, sie müssten: „ihrem *durch diese* [spezifischen gesellschaftlichen] *Verhältnisse bedingten Willen* einen allgemeinen Ausdruck als Staatswillen geben, als Gesetz" (*Marx/Engels* 1846: 311, Herv. I.E.).
74 *Kelsen* 1922: 53.

d.h. er führt die materiellen Bedingungen des Staates als anthropologische wieder ein. Nicht spezifische Bedingungen materieller Reproduktion, sondern die ewige Menschennatur mache den Staat notwendig. Die „Natur des Menschen" bringe spontan „ökonomische Ausbeutung" hervor und müsse durch den Staat „dauernd verhindert werden".[75] Insofern ist es auch nicht weit her mit der Aussage Kelsens, dass der Staat Menschenwerk sei „und daß darum aus dem Wesen des Staates nichts gegen den Menschen gefolgert werden kann."[76] Dies kann sich immer nur auf bestimmte Staaten beziehen, nicht auf den Staat als solchen. Damit wird indirekt doch wieder etwas aus dem Staat gegen den Menschen gefolgert: ‚Du *kannst* nicht ohne Staat (oder wenigstens Zwangsordnung) sein'.

Wir sahen bereits am Widerspruch zwischen voluntaristischem Geltungsanarchismus (ob eine Zwangsordnung Recht/Staat ist, entscheidet jeder für sich) und Zwangsanthropologismus (Zwangsordnungen erwachsen alternativlos aus der Menschennatur), dass Kelsen trotz aller Bemühungen um methodische Reinheit seiner Rechtslehre nicht umhin kommt, auch als politischer Theoretiker aufzutreten. Würde er sich auch noch dieser minimalen inhaltlichen Aussagen über die Gründe, Ursachen und Funktionen von Zwangsordnungen enthalten, bliebe er im geltungstheoretischen Nirwana gefangen – der Staat wäre dann in der Tat kaum noch vom pythagoreischen Lehrsatz zu unterscheiden.

Die Funktion der staatlichen Zwangsordnung sah Kelsen darin, die asoziale Menschennatur zu bändigen und die Menschen voreinander zu schützen, insbesondere vor Ausbeutung und Gewalt. Mit diesen Bestimmungen bezieht er offen Position im politischen Streit innerhalb der europäischen Sozialdemokratie nach dem ersten Weltkrieg. In der traditionsmarxistischen Staatsauffassung stehen sich zu diesem Zeitpunkt zwei Modelle gegenüber: Von Engels und Lenin wird, wie gesehen, der Staat als Instrument der ökonomisch herrschenden Klasse zur Niederhaltung der Ausgebeuteten begriffen. Die spezifische Form moderner Gewaltorganisation wird ignoriert oder als bürgerliches Vorurteil abqualifiziert. Die Mehrheitssozialdemokratie dagegen versteht den Staat als Schutzinstanz der ökonomisch Geknechteten, Werkzeug einer kulturellen Höherentwicklung des Menschen und Garant des Gemeinwohls.[77] Die neutrale Form des modernen Staates, seine relative Autonomie, wird hier nicht als Illusion abgetan, sondern als Inkarnation des sittlichen Allgemei-

---

75 *Kelsen* 1931: 467.
76 *Kelsen* 1922: 53f.
77 Vgl. *Lassalle* 1863: 235f.

nen identifiziert. Kelsen, obgleich moralischem Pathos durchaus abhold, verteidigt die zweite Position.

Er betrachtet Lenins *Staat und Revolution* als authentische Interpretation der Marxschen „Staatslehre": Er habe diese durch seine Schrift „restituiert".[78] D.h. er unterstellt Marx ein instrumentalistisches Staatsverständnis, demzufolge der Staat „ausschließlich der Ausbeutung der einen Klasse durch die andere gedient"[79] habe, „nur einen Vollzugsausschuß der Kapitalisten"[80] darstelle, ja sogar „nur die besitzende Klasse sein soll."[81] Dieses Staatsverständnis teilt Kelsen mit zeitgenössischen Marxisten, er setzt lediglich ein negatives Vorzeichen. Diese Tendenz setzt sich aber insbesondere nach dem 1. Weltkrieg auch im orthodoxen Marxismus der 2. Internationale durch, was Kelsen befriedigt konstatiert. Er führt zum Beleg Kautsky, Bauer, Renner, Hilferding, Cunow[82] und auch Engels an. Dabei beweist Kelsen teilweise einen klareren Blick auf staatstheoretische Probleme als die genannten Sozialdemokraten: Insbesondere Engels' „schwankende Haltung"[83] zwischen Staatsinstrumentalismus (Staat als unselbständiges Mittel) und Verselbständigungsdiagnose (Staat als über den Klassen stehende, vermittelnde, relativ autonome Instanz) erkennt Kelsen richtig. Engels spricht nur von momentaner Selbständigkeit des Staates durch Klassengleichgewichte, die er andererseits wieder als Schein bezeichnet: Der Staat sei direktes „Werkzeug" der herrschenden Klasse. Nur „[a]usnahmsweise [...] kommen Perioden vor", in denen die Staatsgewalt bei „Gleichgewicht" der Klassen als „scheinbare Vermittlerin momentan eine gewisse Selbständigkeit gegenüber beiden erhält."[84] D.h. seine Verselbständigungsdiagnose ist rein gruppensoziologisch unterfüttert und auf bonapartistische Verselbständigungstendenzen der Exekutive bezogen, die etwas wesentlich Spezifischeres darstellen als die relative Selbständigkeit des Staates. Kelsen erkennt auch deutlicher als die enthusiasmierten Radikaletatisten aus dem rechten Austromarxismus, dass von einem Gleichgewicht der Klassenkräfte im Nachkriegsösterreich nicht die Rede sein kann[85] und andererseits die Idee des Staates als Volksstaat nicht erst mit der Existenz einer sozialdemokratisch-bürgerlichen Koalitionsregierung soziologisch korrekt

---

78 *Kelsen* 1924: 264.
79 Ebd.: 266.
80 Ebd.: 268.
81 Ebd.: 293.
82 Renner stellt fest, dass „Kern des Sozialismus heute schon in allen Institutionen des kapitalistischen Staates steckt" (zit. in ebd.: 272). Cunow schließlich folgert, heute sei wahr: „Der Staat sind wir." (zit. in ebd.: 290).
83 *Kelsen* 1924: 277 (Fn.).
84 *Engels* 1884: 167.
85 Vgl. *Kelsen* 1924: 287.

geworden sei, wie Otto Bauer meint:[86] Gegen die Auffassung des Staates als Instrument der herrschenden Klasse spricht Kelsen schließlich vom „Zusammenbruch" der „politische[n] Theorie des Marxismus",[87] die durch die sozialstaatlichen Tendenzen und gewerkschaftliche Organisation des Proletariats,[88] zunehmende politische Partizipationschancen – bis hin zu Regierungsbeteiligungen proletarischer Parteien in Deutschland und Österreich[89] – und den Nationalismus der Massen im 1. Weltkrieg[90] ausgelöst worden sei.

Nun stelle sich heraus, dass der Staat *niemals* bloßes Instrument einer Klasse sei, sondern sich immer auch „als ein brauchbares Instrument erwiesen hat, die Besitzlosen gegen allzu arge Ausbeutung zu schützen."[91] Die staatliche Rechtsordnung sei ein Kompromissgebilde, welches „einen *Ausgleich* der Klassenkräfte bewirkt",[92] immer auch von den Beherrschten im großen und ganzen akzeptiert werden müsse, damit die von Engels/Lenin einseitig in den Vordergrund gestellten Zwangsinstrumente des Staates überhaupt angewendet werden könnten[93] und als Resultante eines „sozialen Kräfteverhältnisses"[94] begriffen werden müsse. Auch hier wird wieder die Relationalität und Idealität des Staates gegen die Vorstellung seiner Dinghaftigkeit und seines Festungscharakters betont. Dabei könne der Marxismus die „immanente Tendenz [der Staatsorgane,] sich zu verselbständigen"[95] nicht erklären. Diese Tendenz ‚begründet' Kelsen nun metaphysisch-psychologistisch aus einem „unverwüstlichen und von allen ökonomischen Bedingungen unabhängigen Willen zur Macht [...], der die Entwicklung aller von Menschen getragenen Institutionen beherrscht" sowie aus dem Revolutionspräventionsethos der Bürokratie, das zur Milderung der Klassengegensätze motiviere und dieses Staatspersonal in einen „Antagonismus [...] zu den Kapitalisten"[96] bringe. Der Staat sei damit „Staat nicht nur der Besitzenden,

---

86 Vgl. ebd.: 274f. Bauer erkennt in der Phase der österreichischen Koalitionsregierung nach dem 1. Weltkrieg folgende Situation: „Es war eine Republik, in der keine Klasse stark genug war, die anderen Klassen zu beherrschen, und darum alle Klassen die Staatsmacht untereinander, miteinander teilen mussten. So hatten tatsächlich alle Klassen des Volkes an der Staatsmacht ihren Anteil, war tatsächlich die Wirksamkeit des Staates die Resultierende der Kräfte aller Klassen des Volkes; deshalb können wir diese Republik eine Volksrepublik nennen." (zit. ebd.: 275f.)
87 Ebd.: 271.
88 Vgl. ebd.: 286.
89 Vgl. ebd.: 275f., 290.
90 Vgl. ebd.: 268f.
91 Ebd.: 267.
92 Ebd.: 266.
93 Vgl. ebd.: 285: „Auch die ‚Gewalt' wirkt letztlich durch den Geist."
94 Ebd.: 274.
95 Ebd.: 268.
96 *Kelsen* 1924: 268.

sondern auch [...] der Besitzlosen",[97] „auch ein Staat der Proletarier",[98] was durch seinen Anspruch, die nationale Idee zu repräsentieren, noch verstärkt werde. Denn die Besitzlosen seien „nie so besitzlos [...], daß sie nicht ihre Nationalität besäßen und diesen Besitz festzuhalten entschlossen wären."[99] Auch wenn dies „ein eingebildetes Gut" sei, sei es doch für die Proletarier psychische Realität, ein Gut, für das sie sogar ihr Leben zu geben bereit seien. Auch der Nationalismus wird anthropologisiert: Kelsen spricht vom „Instinkte" der Unterwerfung und Selbstvernichtung des Menschen. Ebenso suche sich der untilgbare *Wille zur Macht* immer neue „Maske[n]",[100] um sein Bedürfnis nach Herrschaft und Größe zu stillen und die anderen indirekt zu unterwerfen, weil sie der Autorität ebenso unterworfen sind wie man selbst und man sich indirekt durch religiösen Hochmut oder nationale Prahlerei als Teil der jeweiligen Gemeinschaft selbst loben kann.[101] Weil der Staat also bereits diese ‚volksstaatlichen' Tendenzen in sich trage, seien diese auf reformerischem Wege lediglich zu verstärken, um der Sache des Proletariats zu genügen.[102]

Kelsens Staatstheorie vereinigt eine Steuerungseuphorie – er spricht von den „unbeschränkten Möglichkeiten, die der Staat in sozialtechnischer Hinsicht bietet"[103] –, mit einem Soziologismus, den Inhalt der Rechtsnormen des Staates betreffend – er spricht ja von einer Resultante von Gruppeninteressen und führt die Verselbständigung des Staates auf psychologische oder bewusst-strategische Tendenzen zurück. Wenn es aber einen Machttrieb des Menschen gäbe, der zur Verselbständigung des Politischen führte, dann müsste in jeder Epoche eine verselbständigte Machtorganisation „unabhängig[...]"[104] von und neben ‚ökonomischen' Verhältnissen existieren, was nicht der Fall ist. Dass es ein Machtstreben des staatlichen Personals und einen organisatorischen Selbsterhaltungsimperativ gibt, kann zwar kaum geleugnet werden. Es setzt nur das voraus, was Kelsen durch den Machttrieb erst erklären will: Die Existenz der zu erhaltenden Institutionen. Des Weiteren stellt sich die Frage, ob die Mit-Berücksichtigung proletarischer Bedürfnisse, ob Kompromisse zwischen bürgerlichen und Arbeiterinteressen oder die Anwesenheit von Parteien des Proletariats im Parlament oder in der Regierung etwas am bürgerlichen Charakter des Staates ändern.

---

97 Ebd.: 269.
98 Ebd.: 274.
99 Ebd.: 269.
100 *Kelsen* 1928: 250
101 Vgl. *Kelsen* 1922: 35f.
102 Die vermeintlich staatskritische Haltung der frühen Sozialdemokratie erklärt Kelsen aus dem undemokratischen und reformfeindlichen Charakter des Kaiserreichs (*Kelsen* 1924: 287).
103 Ebd.: 270.
104 Ebd.: 268.

Was Kelsen hier den Inhalt der Rechtnormen nennt, ist gerade das, was bei Marx die Form des bürgerlichen Staates ausmacht, sein Charakter als öffentliche Gewalt, „die keinem im besonderen gehört, über *allen* steht und sich an *alle* richtet".[105] Diese Form wird von Kelsen aufgrund des Fehlens einer ökonomischen Theorie, die sie aus den spezifischen Verhältnissen des Warentauschs erklären könnte, verfehlt und auf eine Theorie des Interessenkampfes sozialer Gruppen reduziert. Normativistisch ontologisiert Kelsen die Form Recht zu einer selbstgenügsamen Geltungssphäre (die Norm soll immer herrschen), interessen-materialistisch wird sie nachträglich aufgefüllt – die historisch-spezifischen Inhalte werden auf eine Summierung partikularer Willensinhalte und Interessen reduziert. Anders formuliert: Wie Lenin begreift Kelsen die ‚Bürgerlichkeit' des modernen Staates als Ausdruck des Vorherrschens partikularer bürgerlicher Klasseninteressen, nicht als institutionelle Form der Trennung/Beziehung von Politik und Ökonomie. Finden aber auch andere als bürgerliche Interessen Zugang zum Staat, dann ist diesem Ansatz zufolge der Klassencharakter des Staates essentiell in Frage gestellt und der Weg zur Volksstaatsideologie frei.[106] Und so mutiert denn der nüchterne Rechtspositivist Kelsen zum etatistischen Sozialdemokraten, der Ferdinand Lassalle, den Ideologen einer sittlichen Substanz des Staates[107] und eines nationalen Sozialismus[108] als Alternative zu Marx empfiehlt.

Staat des Kapitals

Weder die Engels-Doktrinarisierung Lenins noch die Engels-Kritik Kelsens können eine befriedigende Antwort auf die Frage geben, die Eugen Paschukanis 1924 klassisch formulierte: „[W]arum wird der Apparat des staatlichen Zwanges nicht als privater Apparat der herrschenden Klasse geschaffen, warum spaltet er sich von der letzteren ab und nimmt die Form eines unpersönlichen, von der Gesellschaft losge-

---

105 *Paschukanis* 1924: 126.
106 Zum Dogma der systemfremden Struktur des demokratischen Staates als Staat bloß *im* Kapitalismus vgl. *Busch-Weßlau* 1990: 96-101. Auch die Revisionismuskritiker Kautsky und Luxemburg teilten demnach die Position ihrer Gegner bezüglich des vermeintlich systemfremden Charakters der Demokratie (110f.). Kritisch zu Kautsky vgl. auch *Projekt Klassenanalyse* 1976: 84-104.
107 Vgl. *Lassalle* 1863: 235:„Der Zweck des Staates ist also nicht der, dem einzelnen nur die persönliche Freiheit und das Eigentum zu schützen, mit welchem er nach der Idee der Bourgeoisie angeblich schon in den Staat eintritt; der Zweck des Staates ist vielmehr gerade der, durch diese Vereinigung die einzelnen in den Stand zu setzen, solche Zwecke, eine solche Stufe des Daseins zu erreichen, die sie als einzelne niemals erreichen könnten, sie zu befähigen, eine Summe von Bildung, Macht und Freiheit zu erlangen, die ihnen sämtlich als einzelnen schlechthin unersteiglich wäre."
108 Dies konstatiert *Kelsen* (1924: 294ff.) wohlwollend.

lösten Apparats der öffentlichen Macht an?"[109] Paschukanis erkennt also, dass mit dem modernen Staat ökonomische Aneignung und politische Herrschaft auseinander treten und der Herrschaftsbesitz entpersonalisiert wird, der Staat „ein besonderer, von den Vertretern der herrschenden Klasse getrennter Apparat [...] ist, der [...] als unpersönliche Kraft figuriert."[110] Die an Paschukanis anknüpfende Tradition der Formtheorie bezieht sich dabei auch auf Engels' Bestimmung des Staates als „Staat des Kapitals" und „ideeller Gesamtkapitalist". Diese Definition begreift den Staat nicht als ein Werkzeug der Bourgeoisie, sondern als „eine „Organisation, welche sich die bürgerliche Gesellschaft gibt, um die allgemeinen äußern Bedingungen der kapitalistischen Produktionsweise aufrechtzuerhalten gegen Übergriffe, sowohl der Arbeiter wie der einzelnen Kapitalisten".[111] Mit diesem Hinweis auf die Funktion ist allerdings die spezifische Form moderner Staatlichkeit noch nicht erklärt.

Die Formtheorie des Staates fragt, warum unmittelbarer Zwang im Kapitalismus beständig die Gestalt einer monopolisierten, außerökonomischen und öffentlichen Gewalt annimmt, die mittels abstrakt-allgemeiner Gesetze herrscht, warum diese Gewalt die Herrschaft des Kapitals reproduziert und doch als neutral und legitim anerkannt wird. Beansprucht wird nicht, eine Geschichte des modernen Staates vorzulegen oder dessen Praktiken aus ihrer Funktionalität für die Ökonomie zu ‚erklären'. Die Analyse hat „nicht den Gang der Geschichte nachzuvollziehen, sondern [...] die Formen in dem Zusammenhang darzustellen, in dem sie ‚logisch' stehen, d.h. in dem sie sich unter den Bedingungen einer bestimmten [...] Gesellschaftsformation [...] reproduzieren."[112] Die Trennung von Politik und Ökonomie gilt dabei als „Folge wie Voraussetzung"[113] dieses Systems. Man untersucht die beständige Reproduktion der Diremtion von Ökonomie und Politik auf der eigenen Grundlage der kapitalistischen Produktionsweise und betreibt so die Analyse des systematischen Zusammenhangs von notwendigen und sich wechselseitig stützenden Momenten eines Reproduktionskreislaufs: keine Ökonomie ohne Politik, keine Politik ohne Ökonomie. Die bürgerliche Gesellschaft, so die Formtheoretiker, bedarf des Staates in Form seiner Trennung von ihr, die zugleich Gestalt seines konstitutiven Zusammenhangs mit ihr ist. Sowohl die reale Verselbständigung als auch die konstitutive Zusammengehörigkeit von Politik und Ökonomie sind zu erklären.

---

109 *Paschukanis* 1924: 120.
110 Ebd.: 121.
111 *Engels* 1878: 260.
112 *Blanke u.a.* 1974: 65.
113 Ebd.: 69 (Fn.)

Die Formtheoretiker kommen zu der Erkenntnis, dass der direkte Ausgang von den Klassenverhältnissen die spezifische Form moderner Gewaltorganisation verfehlen muss. Vielmehr sei mit der *historisch-spezifischen* Art und Weise der materiellen Reproduktionsprozesse im Kapitalismus zu beginnen: mit der *tauschvermittelten* Vergesellschaftung der Arbeit und Ausbeutung der Mehrarbeit. Damit gilt die Zirkulationssphäre als einzig möglicher Ausgangspunkt einer Erklärung des Staates. Der Zusammenhang zwischen Warenform und Staatsform wird als über die Rechtsform vermittelter gedacht. Die Rekonstruktion dieser „genetischen Beziehung und strukturellen Identität zwischen Wert und Recht"[114], bzw. Recht und Staat, orientiert sich dabei stark an den Überlegungen von Paschukanis.

Das Tauschverhältnis der Waren wird als „sachlich-ökonomischer Vermittlungszusammenhang"[115] verstanden, als spezifisch gesellschaftliches Verhältnis von Sachen, in welches sie von Menschen gesetzt werden. Menschen beziehen sich darin nur über diese gesellschaftlichen Sachen aufeinander, als Repräsentanten von Waren.[116] Die gesellschaftliche Beziehung der Warenbesitzer ist vermittelt über ihre Arbeitsprodukte, sie stehen hinsichtlich der Vergesellschaftung ihrer Arbeiten in keinem direkten sozialen Zusammenhang zueinander. Die Wertrelation als im Geld verselbständigte gesellschaftliche Relation von Sachen impliziere nun ein spezifisches, indirektes soziales Verhältnis der Menschen, da die Waren eben „nicht selbst zu Markte gehn"[117] können. Während die Wertrelation hinsichtlich der Konstitution der ökonomischen Form – als *Real*abstraktion – unabhängig vom Willen der Menschen bestehe,[118] beinhalte sie zugleich ein spezifisches Willensverhältnis der Warenbesitzer zueinander, um ihre Arbeitsprodukte als *Waren* aufeinander zu beziehen, d.h. zu tauschen und nicht gewaltsam anzueignen.

Die „Wertform muß somit auf der ‚subjektiven Seite' eine adäquate Form finden, die es erlaubt, die isolierten Privateigentümer als Subjekte zu verbinden",[119] die sachlichen Beziehungen der Arbeitsprodukte finden nur statt, wenn sich die Individuen „der Wertbewegung adäquat verhalten".[120] Eine Realabstraktion von den Gebrauchswerten und konkreten Arbeiten verlange zugleich eine von den Menschen als

---

114 Ebd.: 73.
115 Ebd.: 70.
116 Vgl. *Marx* 1858: 53: „Die Individuen treten sich nur als Eigenthümer von Tauschwerthen gegenüber, als solche, die sich ein gegenständliches Dasein für einander durch ihr Product, die Waare, gegeben haben. Ohne diese objektive Vermittlung haben sie keine Beziehung zueinander".
117 *Marx* 1873: 99.
118 Vgl. *Blanke u.a.* 1974: 70.
119 Ebd.: 68.
120 Ebd.: 73.

konkreten Individuen mit mannigfaltigen Eigenschaften, was die Individuen zu gleichen Rechtssubjekten konstituiere. Als Repräsentanten frei beweglicher und wertgleicher Waren anerkennen sich die Menschen gegenseitig als freie und gleiche Privateigentümer ihrer Produkte und bringen dies in der wechselseitig verpflichtenden Willensübereinstimmung, dem Vertrag als „ursprüngliche Rechtsfigur",[121] zum Ausdruck: Sie sind gleichermaßen Warenbesitzer, haben absolute Verfügungsgewalt über die eigene Ware, es existiert kein außerökonomischer Zwang zum Tausch, gar mit bestimmten Warenbesitzern, und man kann nur einen Eigentumstitel erlangen, indem man den eigenen hergibt. Die abstrakte Form des Rechts verdanke sich der sachlich vermittelten „Form des Zusammenhangs der gesellschaftlichen Arbeit".[122] Wenn also Marx davon spricht, dass der Rechtsinhalt die Rechtsform bestimmt oder diese jenen ausdrückt,[123] so nur dahingehend, als dieser Inhalt, das ökonomische Verhältnis, selbst eine spezifische Form aufweist: den Wert als Vergesellschaftungsform privat-dissoziierter Arbeiten und Produkte, die sich im Willensverhältnis der Akteure reproduzieren muss. Keineswegs kann damit gemeint sein, dass sich hier ein partikulares Klasseninteresse oder ein besonderer Wille unmittelbar zum Gesetz aufschwingt, wie das in der sowjetischen Rechtstheorie unterstellt wurde.[124]

Bereits auf der Ebene des Austauschprozesses müsse der widersprüchliche Charakter des gemeinschaftlichen Interesses der Warenbesitzer als „Allgemeinheit der selbstsüchtigen Interessen"[125] konstatiert werden: Die Form der Vergesellschaftung, der Äquivalententausch, sei den isolierten Privatproduzenten nur Mittel zum Zwecke der Verfolgung ihrer partikularen Interessen. Die Aneignung fremden Eigentums sei als Inhalt, bzw. Motiv der Vergesellschaftung bestimmt. Das „gemeinschaftliche Interesse, was als Motiv des Gesamtakts erscheint, ist zwar als fact von beiden Seiten anerkannt, aber als solches ist es nicht Motiv, sondern geht sozusagen nur hinter dem Rücken der in sich selbst reflektierten Sonderinteressen, dem Einzelinteresse im Gegensatz zu dem des andren vor."[126] Aus dem Sachverhalt indirekter Vergesellschaftung folge also die spontane Tendenz der Warenbesitzer zur Verletzung der

---

121 Ebd.: 71.
122 Ebd., S. 72. Vgl. auch die Definition der Rechtsform bei *Cerroni* 1962: 91 als „Form des Zusammenhangs des Willens der einzelnen Individuen, die durch die wirkliche Vermittlung der Sachen gesellschaftlich aufeinander bezogen sind".
123 *Marx* 1873: 99 spricht auch von der Widerspiegelung des Inhalts durch die Rechtsform.
124 Vgl. *Elbe* 2008: 388f..
125 *Marx* 1857/58: 170.
126 Ebd.: 169f.

Aneignungsgesetze des Warentauschs.[127] Noch in der Rechtsform des Vertrages, in der sich die Akteure wechselseitig als Privateigentümer anerkennen und die „Übereinstimmung der Willensverhältnisse der beiden Warenbesitzer im Hinblick auf die Form des Austauschaktes für beide verbindlich fixiert" werde, sei die „aus dem Widerspruch von Gebrauchswert und Tauschwert resultierende Widersprüchlichkeit der Interessen der Warenbesitzer nicht aufgehoben".[128] Materielle Reproduktion der Individuen in tauschvermittelten Beziehungen impliziere also widersprüchliche Verhaltensanforderungen, die eine Bewegungsform benötigten. Paschukanis konstatiert, dass von den aufgrund der Privateigentumsordnung zur Konkurrenz gezwungenen Marktsubjekten „keine[s] das Tauschverhältnis eigenmächtig regeln kann, sondern dass hierfür eine dritte Partei erforderlich ist, die die von den Warenbesitzern als Eigentümer einander gegenseitig zu gewährende Garantie verkörpert und dementsprechend die Regeln des Verkehrs zwischen den Warenbesitzern personifiziert."[129] Den Warenbesitzern tritt ihre eigene Kooperationsvernunft unter antagonistischen Bedingungen als besondere Zwangsinstanz gegenüber.

Die Rechtsform werde im Staat mittels einer außerökonomischen Zwangsgewalt kodifiziert („inhaltliche Rechtsgewißheit") und garantiert („Vollstreckungsgewissheit"[130]), was die legislative und exekutive Funktion des Staates ausmache. Außerökonomisch sei diese Gewalt, weil der Zwang, den sie auf die Rechtssubjekte ausübe, außerhalb der sachlichen Zwänge der Zirkulation (wechselseitige Abhängigkeit der Akteure in arbeitsteiliger Privatproduktion, objektive Reduktion von individuellkonkreter Arbeit auf das gesellschaftliche Durchschnittsmaß abstrakter Arbeit, ‚freiwilliger' Zwang zum Verkauf der Arbeitskraft) situiert sein müsse, damit von Austausch noch die Rede sein könne.[131] Die Aneignung darf also nicht selbst gewaltvermittelt verlaufen, die Gewalt muss sich jenseits des Verfügungsbereichs der einzelnen Warenhüter in einer gesonderten Instanz monopolisieren und die Außerkraftsetzung direkter Gewalt in der Ökonomie notfalls gewaltsam erzwingen.[132]

---

127 Vgl. *Läpple* 1976: 126 sowie *Marx/Engels* 1846: 163f., 311: Der Warenbesitzer „verhält sich zu den Institutionen seines Regimes" wie folgt: „er umgeht sie, sooft es tunlich ist, in jedem einzelnen Fall, aber er will, daß alle Andern sie halten sollen". Die Warenbesitzer müssen daher „ihrem durch diese bestimmten Verhältnisse bedingten Willen einen allgemeinen Ausdruck als Staatswillen geben, als Gesetz".
128 *Läpple* 1976: 126f.
129 *Paschukanis* 1924: 130.
130 *Blanke u.a.* 1974: 72 (Fn. 47).
131 Vgl. ebd.: 68 (Fn. 37).
132 Ebd.: 72: „Sicherheit des Rechts als Grunderfordernis erzeugt den außerökonomischen Zwang".

Die Form der legislativen und exekutiven staatlichen Maßnahmen ist die generelle Norm, das allgemeine Gesetz (im Gegensatz zum Privileg im Feudalismus). Dieses fungiere als staatliches Formprinzip, das den anonymen Rechtsverhältnissen der Zirkulationssphäre, in der sich die Individuen nur als Repräsentanten gleichwertiger Waren aufeinander beziehen, adäquat sei: „Ihre Voraussetzung ist die abstrakte Gleichheit, deshalb kann ihre Wirkung auch keine andere sein als eine für alle gleiche".[133] Staatliche Regeln müssen demnach eine abstrakt-allgemeine Form annehmen, Gesetze ohne Ansehen der Person gelten, staatliche Maßnahmen im Namen dieser Gesetzesform ausgeübt werden, als subjektlose Herrschaft.[134] Es wird betont, dass die *Realität* der abstrakt-allgemeinen Form des Rechtsstaates – ihr Charakter als mittels *genereller* Normen und im Namen derselben über *alle* Warenbesitzer *gleichermaßen* herrschende, *außerökonomische* Zwangsgewalt – durch die Berücksichtigung der Klassenverhältnisse nicht verschwindet und sich nicht als pure ideologische Nebelbildung entpuppt. Die Bestimmungen der einfachen Zirkulation (W-G-W), von denen die Rekonstruktion der Form Staat auszugehen habe, seien nämlich auch reale Bestimmungen des begrifflich fortentwickelten Kapitalverhältnisses (G-W-G'), die „inneren Funktionsänderungen, die mit der Herausbildung des Kapitals entstehen, ändern an dieser äußeren Form nichts".[135]

Aufgrund des, durch die Lohnmystifikation empirisch nicht erkennbaren,[136] dialektischen Ineinanders von Freiheit/Gleichheit auf der Ebene der Zirkulation und Unfreiheit/Ungleichheit auf der Ebene der Produktion erhalte der bürgerliche Staat seinen Doppelcharakter als Rechts- und Klassenstaat, der *aufgrund* seiner Rechtsstaatsfunktion, der *wirklichen* neutralen Garantie des Privateigentümerstatus *aller* Warenbesitzer, zugleich die Reproduktionsbedingungen des Klassenverhältnisses garantiere: „Eigentumsgarantie, die sich auf das *Eigentum an der Ware* bezieht, bedeutet demnach primär Garantie der bestimmten Form des Produktionsprozesses, des *Kapitalverhältnisses*. Von der Form des Rechtes her ist dem ganzen keinerlei Funktionswandel anzusehen. Formal ist Eigentum=Eigentum (und auch das ist keine ‚Illusion'! Die außerökonomische Zwangsgewalt schützt auch das Eigentumsrecht an der Arbeitskraft). Inhaltlich bedeutet jedoch der Schutz des *Kapitaleigentums* zugleich Schutz der *Herrschaft* des Kapitals über die Lohnarbeit".[137] Das positive

---

133 Ebd.: 79.
134 Vgl. ebd.: 72f.
135 Ebd.: 73.
136 Vgl. *Marx* 1873: 562.
137 *Blanke u.a.* 1974: 75.

Recht kann demnach als Vermittlungs- und Bewegungsform des Klassenverhältnisses begriffen werden: Der rechtsförmige Tauschakt löse das formationsspezifische Problem der „Kombination von Produzenten und Produktionsmitteln auf Basis ihrer Trennung"[138] und zwar in der Weise, dass durch die spezifische Form der Kombination diese Trennung beständig reproduziert wird. Dies werde möglich, indem das Recht von den inhaltlichen Bestimmungen der Warenbesitzer und ihrer Gebrauchswerte abstrahiere und beiden Parteien des Austauschaktes Lohnarbeit-Kapital „soweit sie als Käufer in Betracht kommen [...], die Aneignung des Gebrauchswerts der vom jeweils anderen veräußerten Ware – dem Lohnarbeiter also den Gebrauchswert der Äquivalentware, dem Kapitalisten den Gebrauchswert der Arbeitskraft – zurechnet". Dadurch werde dem Kapitalisten sowohl die Gratisgabe der Arbeit, den Wert der Produktionsmittel zu erhalten, als auch mit dem gesamten gegenständlichen Produktenteil der produzierte Mehrwert garantiert – und so die Reproduktion der Trennung der Produzenten von den Produktionsmitteln als Resultat des kapitalistischen Produktionsprozesses. Da der Arbeiter durch den Tauschakt und seine Vertragsform eingewilligt habe, „dem Käufer den Gebrauchswert seiner Ware [...] auf Zeit zu überlassen, so wie der Verkäufer [...] jeder anderen Ware dem Käufer den Gebrauchswert der Ware gegen Äquivalent zu überlassen verspricht", habe er auch keinerlei Rechtsanspruch auf das von ihm produzierte Produkt.

Mit diesen knappen Bemerkungen ist lediglich das abstrakte Grundgerüst der formanalytischen Argumentation dargestellt worden.[139] Es sollte aber deutlich geworden sein, dass allein dieses Konzept Engels' Idee vom Staat *des Kapitals* einlösen kann und dabei sowohl die isolierte Betrachtung und Verherrlichung der abstrakt-allgemeinen Form des Staates in der Sozialdemokratie als auch die isolierte Betrachtung seines partikularen Klasseninhalts bei Engels und Lenin vermeidet. Diese können nicht erklären, wie der Klasseninhalt die rechtsstaatliche Form annimmt, jene kann nicht erklären, wieso diese Form den Klasseninhalt notwendig reproduziert. Deutlich wird auch, dass in der formanalytischen Perspektive der ‚bürgerliche' Charakter des Staates weit unterhalb der Ebene von interessierter Einflussnahme oder politischen Kräfteverhältnissen angesiedelt ist.

---

138 *Tuschling* 1976: 16.
139 Vgl. ausführlicher *Elbe* 2008: 319–443, insbesondere zur Kritik der Kelsenschen These, Sozialstaatlichkeit sei ein Stück Sozialismus im Kapitalismus.

Literatur

Arndt, Andreas, 1985: Karl Marx. Versuch über den Zusammenhang seiner Theorie, Bochum.

Blanke, Bernhard/*Jürgens*, Ulrich/*Kastendiek*, Hans, 1974: Zur neueren marxistischen Diskussion über die Analyse von Form und Funktion des bürgerlichen Staates. Überlegungen zum Verhältnis von Politik und Ökonomie, in: Probleme des Klassenkampfs. Zeitschrift für politische Ökonomie und sozialistische Politik 14/15, S. 51–102.

Busch-Weßlau, Johannes, 1990: Der Marxismus und die Legitimation politischer Macht, Frankfurt/New York.

Cerroni, Umberto, 1962: Marx und das moderne Recht, Frankfurt 1974.

Elbe, Ingo, 2008: Marx im Westen. Die neue Marx-Lektüre in der Bundesrepublik seit 1965, 2. Aufl., Berlin 2010.

Elbe, Ingo, 2012: Die ‚Herrschaft der Norm' – Eigentum, Recht und Staat in der reinen Rechtslehre Hans Kelsens, in: Ders./S. Ellmers (Hg.): Anonyme Herrschaft. Zur Struktur moderner Machtverhältnisse, Münster.

Engels, Friedrich, 1878: Herrn Eugen Dührings Umwälzung der Wissenschaft, in: MEW 20, 6. Aufl., Berlin 1975; S. 5–303.

Engels, Friedrich, 1884: Der Ursprung der Familie, des Privateigentums und des Staats, in: MEW 21, 8. Aufl., Berlin 1984, S. 25–173.

Engels, Friedrich, 1886: Ludwig Feuerbach und der Ausgang der klassischen deutschen Philosophie. In: ebd., S. 259–307.

Engels, Friedrich, 1891/1901: Zur Kritik des sozialdemokratischen Programmentwurfs 1891, in: MEW 22, 6. Aufl., Berlin 1982, S. 225–240.

Foucault, Michel, 1983: Sexualität und Wahrheit. Der Wille zum Wissen, Frankfurt.

Gerstenberger, Heide, 1990: Die subjektlose Gewalt. Theorie der Entstehung bürgerlicher Staatsgewalt, Münster.

Godelier, Maurice, 1984: Natur, Arbeit, Geschichte. Zu einer universalgeschichtlichen Theorie der Wirtschaftsformen, Hamburg 1990.

Hoffmann, Jürgen, 1996: Politisches Handeln und gesellschaftliche Struktur. Grundzüge deutscher Gesellschaftsgeschichte, Münster.

Jordan, Dirk, 1974: Der Imperialismus als monopolistischer Kapitalismus. Zur Imperialismus-Analyse Lenins als Basis der Theorie des staatsmonopolistischen Kapitalismus, in: R. Ebbinghausen (Hg.): Monopol und Staat. Zur Marx-Rezeption der Theorie des staatsmonopolistischen Kapitalismus, Frankfurt, S. 212–242.

Kelsen, Hans, 1922: Gott und Staat, in: Ders.: Staat und Naturrecht. Aufsätze zur Ideologiekritik, 2. Aufl., München 1989, S. 29–55.

Kelsen, Hans, 1924: Marx oder Lassalle. Wandlungen in der politischen Theorie des Marxismus. Sonderausgabe der Ausgabe von 1924, Darmstadt 1967.

Kelsen, Hans, 1928: Der soziologische und der juristische Staatsbegriff. Kritische Untersuchung des Verhältnisses von Staat und Recht. Neudruck der 2. Auflage, Aalen 1962.

Kelsen, Hans, 1931: Allgemeine Rechtslehre im Lichte materialistischer Staatsauffassung. In: Archiv für Sozialwissenschaft und Sozialpolitik 66/1931, S. 449–521.

Kelsen, Hans, 1934: Reine Rechtslehre. Studienausgabe der 1. Auflage, Tübingen 2008.

Kelsen, Hans, 1960: Reine Rechtslehre. Zweite, vollständig neu bearbeitete und erweiterte Auflage. Nachdruck, Wien 2000.

Läpple, Dieter, 1976: Zum Legitimationsproblem politischer Herrschaft in der kapitalistischen Gesellschaft, in: R. Ebbinghausen (Hg.): Bürgerlicher Staat und politische Legitimation, Frankfurt a.M., S. 106–170.

Lassalle, Ferdinand 1863: Arbeiterprogramm, in: H. Hirsch (Hg.): Ferdinand Lassalle. Eine Auswahl für unsere Zeit, Frankfurt a. M./Wien/Zürich 1963, S. 194–239.

Lenin, Wladimir I., 1894: Der ökonomische Inhalt der Volkstümlerrichtung und die Kritik an ihr in dem Buch des Herrn Struve, in: Ders.: Werke Bd. 1, Berlin 1963, S. 339–528.

Lenin, Wladimir I., 1913a: Drei Quellen und drei Bestandteile des Marxismus, in: Ders.: Werke Bd. 19, Berlin 1965, S. 3–9.

Lenin, Wladimir I., 1913b: Bürgerliche Geldleute und Politiker, in: ebd., S. 231f.

Lenin, Wladimir I., 1918a: Staat und Revolution. Die Lehre des Marxismus vom Staat und die Aufgaben des Proletariats in der Revolution, in: Ders.: Werke Bd. 25, Berlin 1960, S. 393–507.

Lenin, Wladimir I., 1918b: Die proletarische Revolution und der Renegat Kautsky, in: Ders.: Werke Bd. 28, Berlin 1959, S. 225–327.

Lenin, Wladimir I., 1918c: Über „linke" Kinderei und Kleinbürgerlichkeit, in: Ders.: Werke Bd. 27, Berlin 1960, S. 317–347.

Lenin, Wladimir I., 1924: Über eine Karikatur auf den Marxismus und über den „Imperialistischen Ökonomismus", in: Ders.: Werke Bd. 23, 2. Aufl., Berlin 1960, S. 18–71.

Lenin, Wladimir I., 1929: Über den Staat, in: Ders.: Werke Bd. 29, Berlin 1963, S. 460–479.

Marx, Karl, 1852: Der achtzehnte Brumaire des Louis Bonaparte, in: MEW 8, Berlin 1960.

Marx, Karl, 1857/58: Ökonomische Manuskripte 1857/58, MEW Bd. 42, Berlin 1983.

Marx, Karl, 1858: Fragment des Urtextes von „Zur Kritik der politischen Ökonomie", In: MEGA II/2, Berlin 1980.

Marx, Karl, 1859: Zur Kritik der politischen Ökonomie, in: MEW 13, 11. Aufl., Berlin 1990, S. 3–160.

Marx, Karl, 1873: Das Kapital. Kritik der politischen Ökonomie, Bd. 1. MEW Bd. 23, 18. Aufl., Berlin 1993.

Marx, Karl/*Engels*, Friedrich, 1846: Die deutsche Ideologie. Kritik der neuesten deutschen Philosophie in ihren Repräsentanten Feuerbach, B. Bauer und Stirner, und des deutschen Sozialismus in seinen verschiedenen Propheten. in: MEW 3, 8. Aufl., Berlin 1983.

Marx, Karl/*Engels*, Friedrich, 1848: Manifest der kommunistischen Partei. In: MEW 4, 11. Aufl. Berlin 1990, S. 459–493.

Paschukanis, Eugen, 1924: Allgemeine Rechtslehre und Marxismus. Versuch einer Kritik der juristischen Grundbegriffe, 2. Aufl., Frankfurt 1969.

Projekt Klassenanalyse, 1972: Leninismus – neue Stufe des wissenschaftlichen Sozialismus? Zum Verhältnis von Marxscher Theorie, Klassenanalyse und revolutionärer Taktik bei W.I. Lenin, Berlin.

Projekt Klassenanalyse, 1976: Kautsky – Marxistische Vergangenheit der SPD?, Berlin.

Rousseau, Jean-Jacques, 1762: Der Gesellschaftsvertrag oder Die Grundsätze des Staatsrechtes, Frankfurt 2005.

Schäfer, Gert, 1994: Gewalt, Ideologie und Bürokratismus. Das Scheitern eines Jahrhundertexperiments, Mainz.

Teschke, Benno, 2003: Mythos 1648. Klassen, Geopolitik und die Entstehung des europäischen Staatensystems, Münster 2007.

Tuschling, Burkhard, 1976: Rechtsform und Produktionsverhältnisse. Zur materialistischen Theorie des Rechtsstaates, Köln/Frankfurt.

Hans-Christian Petersen

Gegen die Oktoberrevolution
Georgij Plechanov und die Rezeption der Engelsschen Staatstheorie im russischen Marxismus

Fragt man danach, wie der Marxismus in Russland seine Anfänge nahm, so steht am Beginn der einschlägigen Darstellungen in aller Regel eine Person: Georgij Valentinovič Plechanov, geboren 1856 auf dem Landgut seines Vaters im Gouvernement Tambov, und gestorben 1918 im finnländischen Exil, von langjähriger Krankheit gezeichnet und politisch isoliert. Das bekannteste Beispiel für diese von Plechanov ausgehende Narration dürfte die klassische Arbeit des amerikanischen Historikers Samuel H. Baron sein, die den Titel *Plekhanov: The Father of Russian Marxism* trägt.[1]

So viel Aufmerksamkeit die Bedeutung Plechanovs für die russische revolutionäre Bewegung mithin bereits erfahren hat, so wenig gibt es bisher eine Untersuchung, die sich gesondert dem Stellenwert der Rezeption der Staatstheorie von Friedrich Engels durch Plechanov gewidmet hätte. Die nachfolgenden Ausführungen beanspruchen nicht, diese Lücke erschöpfend zu füllen – dies wäre im Rahmen eines Aufsatzes sicher ein vermessenes Unterfangen. Aber es sollen zumindest Grundlinien für individuell wie gesamtgesellschaftlich entscheidende Zeiträume aufgezeigt werden. Konkret werde ich für die beginnenden 1880er Jahre, für die Zeit vom zweiten Parteitag der russischen Sozialdemokraten 1903 bis zur ersten russischen Revolution 1905 sowie für das Jahr 1917 danach fragen, inwiefern Plechanov staatstheoretische Ausführungen von Engels wahrgenommen hat, welche Bedeutung sie für ihn hatten, und wie er sie interpretiert, verwendet und gegebenenfalls auch kritisiert hat oder über sie hinausgegangen ist. Es geht also nicht darum, eine vermeintlich eindimensionale Rezeptionsgeschichte nachzuzeichnen, die vom ‚erleuchteten' Westen ins ‚dunkle', rückständige Russland führt, sondern vielmehr um einen Transfer, bei dem auch gezeigt werden soll, wie die Dinge in einem anderen Umfeld aktiv weiterverarbeitet wurden. Dies erscheint mir nicht zuletzt deswegen wichtig,

---

1 *Baron* 1963.

weil das Werk von Marx und Engels nicht frei ist von stereotypen und hierarchisierenden Behauptungen über das „revolutionsverräterische Slaventum"[2], weshalb ihre diesbezüglichen Urteile kritisch gelesen werden sollten und ganz sicher nicht dem deutlich differenzierten Wissen entsprachen, das Plechanov trotz seiner langen Zeit im Exil über sein Heimatland besaß.

Grundlage der folgenden Ausführungen werden die Reden, Artikel und Arbeiten Plechanovs sein, die heute zum größten Teil publiziert vorliegen.[3] Nicht herangezogen wurde die teilweise ebenfalls edierte Korrespondenz,[4] die zweifellos eine hochinteressante Quelle darstellt, jedoch einer umfangreicheren Untersuchung vorbehalten bleiben muss. Zudem werde ich darauf verzichten, zu Beginn noch einmal eine Skizze der wichtigsten staatstheoretischen Überlegungen von Friedrich Engels zu liefern – der vorliegende Band enthält mehrere Beiträge, die sich aus verschiedenen Perspektiven speziell dieser Frage widmen.[5]

Vom Narodničestvo zum Marxismus: Plechanov um das Jahr 1880

Als Sohn des Gutsbesitzers und Stabskapitäns Valentin Plechanov (1810–1873) und dessen Frau Marija (geb. Belinskaja, 1832–1881) besuchte Plechanov ab seinem zehnten Lebensjahr die Militärakademie in Voronež. 1874 wechselte er als Student an das Bergbauinstitut in Sankt Petersburg, das er jedoch bereits drei Jahre später ohne Abschluss wieder verließ. Das Studium war für ihn zu diesem Zeitpunkt bereits deutlich in den Hintergrund getreten – vielmehr wurde die russische Hauptstadt

---

2 So die Formulierung in dem von Engels verfassten Text *Der demokratische Panslavismus*, der am 15. Februar 1849 in der *Neuen Rheinischen Zeitung* erschien: *Marx/Engels* 1959: 286. Dies ist kein der revolutionären Situation 1848/49 geschuldeter Einzelfall, sondern vielmehr typisch für das Russlandbild von Marx und Engels; vgl. hierzu u.a. *Uffelmann* 2009.
3 Zu nennen sind zum einen seine gesammelten Werke, die jedoch nur bis ins Jahr 1914 reichen und deren Herausgabe 1928 eingestellt wurde: *Plechanov* 1923–1928. Die zunehmend kritischen Äußerungen Plechanovs gegenüber Lenin und den Bol'ševiki wurden damit gezielt ausgeblendet, wie sie auch insgesamt in der Sowjetunion bis in die 1980er Jahre entweder als „Men'ševismus" diskreditiert oder ganz verschwiegen wurden. Dementsprechend konnte eine Sammlung seiner Stellungnahmen aus dem Jahr 1917 nur im Pariser Exil erscheinen: *Plechanov* 1921. Inzwischen liegt eine Auswahl dieser im Original zweibändigen Veröffentlichung auch auf Deutsch vor: *Plechanov* 2001.
4 Vgl. u.a. *Suvel'ev* 2009.
5 Weiterhin zu nennen ist die kommentierte Materialiensammlung *Marx/Engels* 1974.

für Plechanov zum Ort seiner politischen Sozialisation, womit er das Betätigungsfeld gefunden hatte, dem er sein weiteres Leben widmen sollte.[6]

1876 schloss sich Plechanov der Vereinigung „Zemlja i volja" (Land und Freiheit) an, die einen zweiten Versuch verkörperte, die zerstrittenen Narodniki (Volkstümler) unter einem organisatorischen Dach zu vereinigen. Konsens bestand unter ihnen in der Kritik am Bestehenden und in dem Ziel, das man verfolgte: Der autokratische Staat sollte durch eine agrarsozialistische Gesellschaft abgelöst werden, deren Nukleus die Narodniki in der traditionellen russischen Bauerngemeinde erblickten, welche keinen Privatbesitz kannte, sondern eine regelmäßige Umverteilung des Landes. Russland könne aufgrund dieser Besonderheit das kapitalistische Entwicklungsstadium der Gesellschaft umgehen und direkt den Sozialismus einführen. Als potentielle Träger der Revolution sahen die Volkstümler folgerichtig nicht in erster Linie die Arbeiter, sondern die Bauern.[7]

Zugleich gab es jedoch fundamentale Differenzen unter den Narodniki, an denen bereits die erste, 1862 gegründete „Zemlja i volja" gescheitert war. Im Kern ging es hierbei um die Frage, ob man sich als demokratische Massenbewegung verstand, die durch Agitation unter der Bevölkerung den Umsturz herbeiführte, oder ob man elitär-konspirativ agieren und den Zarismus mittels Anschlägen zu Fall bringen wollte.[8] Plechanov positionierte sich in diesem Spannungsfeld eindeutig auf der Seite derjenigen, die auf eine Mobilisierung der Bauernschaft mittels Aufklärung setzten. Als es 1879 zu einer erneuten Spaltung kam und sich die Mehrheit unter dem Namen „Narodnaja volja" (Volkswille) für die Strategie gezielter Schläge gegen die Staatsmacht entschied, gehörte er zu der Minderheit, die sich als „Černyj peredel" (Schwarze Umverteilung) reorganisierte und weiterhin für eine möglichst breite Basis einer zukünftigen Erhebung kämpfte.

Die Kritik Plechanovs an der Strategie eines *coup d'état* einer kleinen Minderheit ging mit seiner Einarbeitung in den Marxismus einher. Es ist nicht gesichert, ob er bereits in Sankt Petersburg begann, *Das Kapital* zu studieren, dessen erster Band seit 1872 in russischer Übersetzung vorlag.[9] Aber spätestens mit seinem Gang ins Exil

---

6 Zur Biografie Plechanovs sei neben dem genannten Werk von Baron aus dem Jahr 1963 sowie der Aufsatzsammlung desselben (*Baron* 1995) aus dem Bereich der neueren russischen Publikationen auf die detaillierte Arbeit von *Tjutjukin* 1997 verwiesen. Für die deutschsprachige Forschung gibt die Skizze von Richard Lorenz einen guten Überblick: *Lorenz* 1991.
7 Als wichtigste Wegbereiter des Narodničestvo sind Alexander Herzen und Nikolaj Černyševskij zu nennen; verwiesen sei auf Herzens programmatische Schrift *Das russische Volk und der Sozialismus*: *Herzen* 1949 (erstmals 1851). Zu den Narodniki gibt *Kappeler* 1979 einen guten Überblick.
8 Hierzu jetzt *Hilbrenner/Schenk* 2010.
9 Vgl. hierzu *Baron* 1963: 59ff., sowie *Tjutjukin* 1997, S. 60ff.

nach Genf 1880 erschloss sich Plechanov autodidaktisch die deutsche sowie die englische Sprache, und schon am Ende des Sommers desselben Jahres hatte er den *Anti-Dühring* von Engels vollständig gelesen.[10] 1883 erschien dann mit *Sozialismus und politischer Kampf* die erste grundlegende Schrift Plechanovs, in der er seinen Bruch mit dem Narodničestvo und die Hinwendung zum Marxismus begründete.

Welche Bedeutung hatten die Engels-Rezeption und vor allem dessen Staatstheorie für diese Wende? Zunächst einmal ist festzustellen, dass sich Plechanov intensiv mit dem Werk sowohl von Marx als auch von Engels auseinandergesetzt hat. Er trat nicht nur als Übersetzer in Erscheinung, unter anderem des *Kommunistischen Manifests* 1882, sondern rezipierte zahlreiche weitere Schriften und wandte sie auf die Situation im zaristischen Russland an. Sein Hauptaugenmerk lag hierbei auf den geschichtsphilosophischen Texten, wovon seine zahlreichen Veröffentlichungen zum historischen Materialismus zeugen. In seinen Arbeiten *Zur Geschichte der Entwicklung der monistischen Geschichtsauffassung* (1895), *Über materialistische Geschichtsauffassung* (1897) und *Über die Rolle der Persönlichkeit in der Geschichte* (1898) bekannte er sich entschieden zu einem Gesellschaftsverständnis, das in den ökonomischen Beziehungen die Basis erblickte, an welche alle anderen kollektiven wie individuellen Handlungen gekoppelt waren. Seine früheren Weggefährten bezeichnete er nun als „Subjektivisten"[11] und warf ihnen Unwissenschaftlichkeit sowie eine völlige Verkennung der wahren Triebkräfte der menschlichen Entwicklung vor. Ihre Beschwörung eines russischen agrarsozialistischen Sonderwegs sei ahistorisch und realitätsfremd; der Kapitalismus habe auch in Russland längst Einzug gehalten, und er lasse sich nicht künstlich aufhalten.

Die staatstheoretischen Überlegungen spielten demgegenüber eine nachgeordnete Rolle, waren aber für die Abkehr Plechanovs vom Narodničestvo dennoch von zentraler Bedeutung. Er übernahm das von Marx und Engels entwickelte Postulat, das sich die menschlichen Vergemeinschaftungsformen zwangsläufig von der ‚Urgesellschaft' bis zur höchsten Form des Kapitalismus entwickeln würden, ehe sie dann in eine sozialistische Revolution umschlagen. Da er diese Stufe im zeitgenössischen Russland noch nicht als erreicht betrachtete, stellten sich dem Revolutionär aus Plechanovs Sicht zwei Aufgaben, die seine Kritik an der Anschlagsstrategie der „Narodnaja volja" fortführten: die Bildung und Agitierung des Proletariats, sowie das Eintreten für bürgerliche Freiheiten, um diese dann zum Zwecke einer sozialisti-

---

10 *Baron* 1963, S. 66.
11 *Plechanov* 1925 (erstmals 1897), Bd. VIII: 240. Diese und die folgenden Übersetzungen aus dem Russischen von mir, H.-C. P.

schen Entwicklung zu nutzen.[12] Der kommende Umsturz musste für Plechanov also zunächst, unter steter Berufung auf Marx und Engels, ein bürgerlicher sein, was insofern nicht einer gewissen Ironie entbehrt, als sich diese unter dem Eindruck der Ermordung Alexanders II. durch die „Narodnaja volja" 1881 im Gegensatz zu ihren bisherigen Beurteilungen zunehmend positiv über die russischen Revolutionäre äußerten.[13]

Zugleich warnte Plechanov entschieden vor den Gefahren eines vorzeitigen Griffs nach der Macht, der im Widerspruch zur derzeitigen Entwicklung der Produktivkräfte im Russländischen Reich stehen würde. Als Referenz diente ihm hierbei Friedrich Engels, der in seiner Untersuchung über den deutschen Bauernkrieg geschrieben hatte:

> „Es ist das schlimmste, was dem Führer einer extremen Partei widerfahren kann, wenn er gezwungen wird, in einer Epoche die Regierung zu übernehmen, wo die Bewegung noch nicht reif ist für die Herrschaft der Klasse, die er vertritt und für die Durchführung der Maßregeln, die die Herrschaft dieser Klasse erfordert."[14]

Hieran anschließend formulierte Plechanov an die Adresse der Narodniki: „Man kann nicht mit Dekreten Bedingungen schaffen, die dem gegenwärtigen Stand der ökonomischen Beziehungen fremd sind."[15]

1883 gehörte Plechanov zu den Mitbegründern des ersten marxistischen russischen Zusammenschlusses, der Gruppe „Osvoboždenie truda" (Befreiung der Arbeit).[16] Und zwei Jahre später veröffentlichte er mit „Unsere Meinungsverschiedenheiten" eine voluminöse Schrift, die in der Literatur gemeinhin als sein Hauptwerk angesehen wird und in welcher er seine fundamentale Kritik an den Strategien der russischen revolutionären Bewegung fortführte. Wer den Marxismus ernst nehme, könne, so Plechanov, nur die Machtübernahme durch eine politisch bewusste Arbeiterschaft anstreben, diese aber keinesfalls *im Namen* der Arbeiterklasse vorwegnehmen:

> „Vom Standpunkt des Sozialdemokraten kann ein wahrhaftig revolutionärer Moment nur durch die Arbeiterklasse bestimmt werden; vom Standpunkt des Blanquisten stützt sich die Revolution nur teilweise auf die Arbeiter, denen eine ‚wichtige', aber nicht die hauptsächliche Bedeutung zukommt. Der erstere nimmt an, dass die *Revolution* [Herv. i. Orig.] von ‚besonderer Bedeutung' für die Arbeiter ist, während nach Meinung der Letzteren die *Arbeiter*, wie wir wissen, von besonderer Bedeutung *für die Revolution* sind. Der Sozial-

---

12 *Plechanov* 1923 (erstmals 1883), Bd. II, S. 86.
13 Vgl. *Tjutjukin* 1997, S. 99f.
14 *Engels* 1960 (erstmals 1850), S. 400.
15 *Plechanov* 1923 (erstmals 1883), Bd. II, S. 79.
16 Eine englische Übersetzung des maßgeblich von Plechanov geschriebenen ersten Programms aus dem Jahr 1884 findet sich in *Dmytryshyn* 1974, S. 353ff.

demokrat will, dass der Arbeiter seine Revolution selbst *macht*; der Blanquist fordert, dass der Arbeiter die Revolution *unterstützen* soll, die bereits begonnen hat und für ihn und in seinem Namen von Anderen angeführt wird, etwa von Offizieren, wenn man an etwas wie die Verschwörung der Dekabristen denkt. "[17]

Erneut führte er in diesem Zusammenhang das oben genannte Zitat von Engels an, und warnte davor, dass eine solche Entwicklung nicht der Beginn der Revolution, sondern der Reaktion wäre.

Während Plechanov somit wiederholt positiv Bezug nahm auf die staatstheoretischen Überlegungen von Engels, hat er sich an anderer Stelle auch kritisch mit diesen auseinandergesetzt. Ein Beispiel hierfür ist die bei Engels anzutreffende Idealisierung der ‚ursprünglichen' Gesellschaften, die keinen Privatbesitz gekannt und somit in einer Art ‚Urkommunismus' gelebt hätten. Im russischen Fall erachtete er die Bauerngemeinde als das Abbild einer solchen Gemeinschaft.

Plechanov konnte diese Sicht anfangs, aus einer volkstümlerischen Perspektive, problemlos teilen, in den folgenden Jahren und im Zuge seines Studiums russischer Arbeiten über die Bauerngemeinde erschien sie ihm jedoch zunehmend fragwürdig. Er verwies darauf, dass die Bauerngemeinde nach wie vor existierte und sich somit offensichtlich zu einem integralen Bestandteil eines despotischen Systems entwickelt hatte, und dass sie auch intern von starken Ungleichheiten, wie etwa den in der Bauernschaft ausgeprägten patriarchalischen Strukturen, durchzogen wurde.[18] Damit kam er der Realität zweifellos näher als Engels, der seine diesbezüglichen Urteile vor allem auf die einflussreiche Arbeit des deutschen Agrarwissenschaftlers August von Haxthausen stützte.[19]

Zwischen den Fronten: Plechanov 1903 bis 1905

1898 gründete sich die „Rossijskaja social-demokratičeskaja partija rabočich" (RSDPR), die Sozialdemokratische Arbeiterpartei Russlands. Plechanov beteiligte sich intensiv an den Debatten über Programmatik und organisatorischen Aufbau der Partei und war ebenso wie Lenin Redaktionsmitglied der Zeitung *Iskra* (Der Funke) sowie der Zeitschrift *Zarja* (Die Morgenröte). Zudem nahm er seit 1898 regelmäßig

---

17 *Plechanov* 1923 (erstmals 1885), Bd. I, S.: 301.
18 *Plechanov* 1925 (erstmals 1897), Bd. VIII.
19 *Haxthausen* 1993 (erstmals 1866).

an den Kongressen der II. Internationalen teil und fungierte bis 1914 als Vertreter Russlands im Internationalen Sozialistischen Büro.[20]

1903 kam es auf dem zweiten Parteitag der SDAPR zur Spaltung in Bol'ševiki und Men'ševiki. Im Kern ging es um Lenins Konzept einer straff geführten Kaderpartei von Berufsrevolutionären, die sich als Avantgarde der Arbeiterklasse verstand und beanspruchte, im Namen dieser voranzuschreiten.[21] Plechanov stellte sich in dieser Frage zunächst an die Seite Lenins und relativierte hierbei sogar demokratische Grundsätze wie das allgemeine Wahlrecht: „Das revolutionäre Proletariat könnte die Rechte der oberen Klassen in ähnlicher Weise einschränken, wie die oberen Klassen einstmals seine politischen Rechte eingeschränkt haben." Und hinsichtlich des Stellenwerts eines gewählten Parlaments führte er aus:

„Hätten sich [...] die Wahlen als Fehlschlag erwiesen, dann müssten wir versuchen, das Parlament nicht nach zwei Jahren, sondern möglichst bereits nach zwei Wochen auseinanderzujagen."[22]

Diese Einlassungen Plechanovs standen im Widerspruch zu seinen bisherigen Positionen und lassen sich am ehesten dadurch erklären, dass er in der zentralistischen Konzeption Lenins den erfolgversprechendsten Weg sah, eine schlagkräftige Organisation aufzubauen, die in der Lage war, das revolutionäre Bewusstsein in die Arbeiterschaft zu tragen.[23] Als die autoritären Bestrebungen der Bol'ševiki im Folgenden jedoch immer deutlicher zu Tage traten, änderte Plechanov seine Haltung und übte scharfe Kritik am Kurs Lenins:

„Man stelle sich vor, das von uns allen anerkannte Zentralkomitee besäße das noch umstrittene Recht des ‚Liquidierens'. Dann geschieht dies: Vor dem nächsten Parteitag ‚liquidiert' das ZK alle mit ihm unzufriedenen Elemente, setzt überall seine Kreaturen ein, überflutet alle Komitees mit diesen Kreaturen und gewährleistet sich dadurch ohne weiteres die hörige Mehrheit auf dem Parteitag. Der aus den Kreaturen des ZK zusammengesetzte Parteitag schreit ihm einstimmig ‚Hurra!', billigt alle seine gelungenen wie misslungenen Schritte und spendet allen seinen Plänen und Vorhaben Beifall. Dann würden wir in der Partei tatsächlich keine Mehrheit und keine Minderheit besitzen, denn dann wird bei uns das Ideal des persischen Schahs Wirklichkeit."[24]

Eine Prognose, die sich nach dem Oktober 1917 als äußerst zutreffend erweisen sollte.

---

20 Vgl. *Stoljarowa/Hedeler*, Vorwort, in: *Plechanov* 2001, S. 9.
21 Vgl. hierzu die programmatische Schrift *Lenin* 1973 (erstmals 1902).
22 Vtoroj s-ezd RSDRP. Ijul'-avgust 1903 goda, Moskau 1959, hier zitiert nach: *Lorenz* 1991, S. 258.
23 Vgl. diese Deutung auch bei *Baron* 1963, S. 241ff.
24 *Plechanov* 1926 (erstmals 1904), Bd. XII, S. 90.

Das Jahr 1905 stellte die bis dahin im Theoretischen verbliebenen Diskussionen um den Charakter des revolutionären Staates und den richtigen Weg dorthin vor die Herausforderungen der Praxis. Nach dem Petersburger Blutsonntag im Januar 1905 kam es zu landesweiten Unruhen und Erhebungen, die von Zar Nikolaus II. schließlich mit dem Oktobermanifest beantwortet wurden. In diesem stellte er erstmals in der russischen Geschichte die Einberufung einer Duma sowie bürgerliche Rechte in Aussicht, allerdings mit zahlreichen Einschränkungen, was Max Weber zu seinem bekannten Urteil eines russischen „Scheinkonstitutionalismus"[25] veranlasste. Die Bol'ševiki gaben sich mit diesen Ergebnissen nicht zufrieden und initiierten in Moskau den Dezemberaufstand, der von der Regierung niedergeschlagen wurde, wobei über 1.000 Menschen ihr Leben verloren.

Plechanov sah sich angesichts dieser Entwicklung in seiner auf Engels zurückgehenden Analyse bestätigt, dass die Zeit für einen sozialistischen Umsturz in Russland noch nicht gekommen war. Das Scheitern der über das Oktobermanifest hinausgehenden Erhebung war für ihn Ausdruck der noch ungenügend entwickelten Schlagkraft der Arbeiterbewegung im Zarenreich, weshalb er es mit den Worten kommentierte: „Deshalb hätte man nicht zu den Waffen greifen dürfen."[26] Stattdessen plädierte er dafür, die neu entstandenen staatlichen Institutionen zu nutzen: Die Sozialdemokraten sollten an den Dumawahlen teilnehmen, Bündnisse mit dem liberalen Bürgertum eingehen und das Parlament als Tribüne für ihre Ziele betrachten. Für ihn war die bürgerliche Etappe der einzige Weg, der in Übereinstimmung mit dem von Marx und Engels entwickelten Stufenmodell stand. Der Marxismus als „Algebra der Revolution"[27] war aus seiner Perspektive durch die Ereignisse des Jahres 1905 nicht erschüttert, sondern vielmehr bestätigt worden. Zugleich geriet Plechanov in der konkreten revolutionären Situation damit jedoch immer mehr zwischen die Fronten von Bol'ševiki und Men'ševiki, und auch im internationalen sozialistischen Kontext blieb er mit seiner Position weitgehend isoliert.[28]

---

25 *Weber* 1958 (erstmals 1906).
26 *Plechanov* 1926 (erstmals 1905), Bd. XV, S. 12.
27 *Plechanov* 1925 (erstmals 1903), Bd. XII, S. 329.
28 Vgl. *Tjutjukin* 1981; *Baron* 1995, S. 116ff.

Ein Akt des „Bakunismus": Plechanov und der Oktober 1917

Ende März 1917 kehrte Plechanov nach 37 Jahren im Exil zurück nach Russland. Vorausgegangen war die Februarrevolution, die zur Abdankung Nikolaus' II. sowie zur Einsetzung einer Provisorischen Regierung unter dem liberalen Fürsten Georgij L'vov geführt hatte. Diese sollte den Weg bereiten für eine Verfassunggebende Versammlung, der dann die Bestimmung der Gestalt des neuen Staates zugedacht war.[29]

Zugleich bildeten sich in den Städten das Reiches Arbeiter- und Soldatenräte (Sovets), deren wichtigster im Taurischen Palais in der Hauptstadt Petrograd tagte. Sie wurden von den verschiedenen revolutionären Parteien (den Men'ševiki, den Bol'ševiki und den in der Tradition der Narodniki stehenden Sozialrevolutionären) sowie von parteipolitisch ungebundenen Delegierten aus den Fabriken und den Armeeregimentern getragen. Damit entstand eine Doppelherrschaft zwischen Provisorischer Regierung und Sovets, die innerhalb und zwischen den verschiedenen Gruppen des revolutionären Lagers zu kontroversen Diskussionen über die Haltung zu den neuen Machtstrukturen führte. Als besonders folgenreich sollten sich die Aprilthesen Lenins erweisen, die dieser kurz nach seiner Rückkehr aus dem Exil verkündete. In ihnen rief er zum Weitertreiben der Revolution auf, also zum Sturz der Provisorischen Regierung und zur Machtübertragung an die Sovets. Zudem forderte er eine Enteignung der Gutsbesitzer, die Verstaatlichung der Banken sowie ein sofortiges Ende des „räuberischen, imperialistischen Krieges."[30]

Wenige Tage vor Lenin war Plechanov an gleichem Ort, dem Finnländischen Bahnhof in Petrograd eingetroffen. Der Empfang, der ihm am 31. März 1917[31] bereitet wurde, war überwältigend. Eine riesige Menschenmenge versammelte sich Stunden vor der Einfahrt des Zuges, hinzu kamen die Delegierten der Sovets, der Parteien und die Botschafter der alliierten Verbündeten Russlands. Plechanov war hiervon zutiefst gerührt und versäumte es nicht, bei seinem ersten öffentlichen Auftritt nach der Rückkehr den Delegierten der Sovets der Arbeiter- und Soldatendeputierten „aufrichtig für den so herzlichen Empfang [zu] danken, den Sie mir bereiten."[32]

---

29 Als Überblick über das komplexe Geschehen in diesem historisch so wichtigen Jahr sei auf *Altrichter* 1917 verwiesen.
30 *Lenin* 1962 (erstmals 1915), Bd. 31, S. 113.
31 Die Datierung erfolgt nach dem alten, julianischen Kalender, dessen Zählung 13 Tage hinter dem in Westeuropa gültigen gregorianischen Kalender lag.
32 *Plechanov*: Rede auf der auf der Beratung der Delegierten der Sowjets der Arbeiter- und Soldatendeputierten am 2. (15.) April 1917, in: *Plechanov* 2001, S. 17–21, hier S. 17.

Rasch sollte sich jedoch zeigen, dass die Szenen am Petrograder Bahnhof in erster Linie dem Lebenswerk eines Revolutionärs der ersten Stunde galten, der nach 37 Jahren in seine Heimat zurückkehrte und dessen Ankunft von großer symbolischer Bedeutung war. Dies ging jedoch nicht mit einer führenden Rolle einher, die ihm in den aktuellen Auseinandersetzungen zugedacht gewesen wäre. Bald musste Plechanov erkennen, dass er sich zwar selbst als Hüter der marxistischen Theorie betrachtete, im revolutionären Geschehen des Jahres 1917 jedoch zunehmend an Einfluss verlor. Hierfür waren vor allem zwei von ihm vehement vertretene Positionen entscheidend.

Zum einen hatte sich Plechanov seit Beginn des Ersten Weltkriegs trotz aller Kritik am autokratischen Systems Nikolaus' II. für eine Unterstützung der russischen Truppen in ihrem Kampf gegen das Deutsche Reich ausgesprochen. Er verstand sich als „Sozial-Patriot",[33] der in einem Sieg des deutschen Imperialismus das größere Übel sah als in der Verteidigung Russlands. Die deutsche Sozialdemokratie habe mit der Unterstützung der Kriegsführung Wilhelms II. ihre Hände mit Blut besudelt, und es gebe keine Alternative dazu, diese Politik mit aller Entschiedenheit zu bekämpfen.[34] Zudem warnte er davor, dass mit einer russischen Niederlage auch die bisher erreichten Erfolge der Februarrevolution wieder rückgängig gemacht würden.[35] Wer dies verkenne und für einen völligen Rückzug Russlands aus dem Krieg plädiere, handele verantwortungslos.

Mit dieser Positionierung geriet Plechanov national wie international in die Isolation. Unterstützung fand er hingegen beim Führer der liberalen Kadetten, Miljukov, sowie bei weiter rechts stehenden russischen Gruppierungen. Die zaristische Regierung sowie Nikolaus II. selbst erkannten das Mobilisierungspotential unter den Arbeitern, das den Äußerungen Plechanovs inne wohnte, und ließen sie im Geheimen nachdrucken, um sie anschließend in den Fabriken zu verteilen.[36] Zu den schärfsten Kritikern Plechanovs gehörte demgegenüber erwartungsgemäß Lenin, der seinen früheren Weggefährten eines „beispiellosen Jesuitismus', der Heuchelei und der Prostitution des Sozialismus" beschuldigte.[37] Plechanov wiederum betrachtete Lenins Antikriegsposition als reinen Opportunismus. In einem Gespräch mit Georgij

---

33 *Plechanov*: Rede auf der auf der Beratung der Delegierten der Sowjets der Arbeiter- und Soldatendeputierten am 2. (15.) April 1917, in: *Plechanov* 2001, S. 17–21, hier S. 20.
34 *Plechanov*: Krieg und Frieden [15. (28.), 16. (29.) und 25.–28. April (8.–11. Mai) 1917], in: *Plechanov* 2001, S. 32–52.
35 *Plechanov*: Rede auf der auf der Beratung der Delegierten der Sowjets der Arbeiter- und Soldatendeputierten am 2. (15.) April 1917, in: *Plechanov* 2001, S. 17–21.
36 *Baron* 1995, S. 148.
37 *Lenin* 1961 (erstmals1915), Bd. XXVI, S. 215.

Aleksinskij äußerte er im September 1915, dass der Krieg Lenins Rettung gewesen sei, da dieser andernfalls wegen seiner spaltenden Rolle aus der Internationalen ausgeschlossen worden wäre. Lenin müsse Wilhelm II. und dem deutschen Militarismus dankbar sein, dass diese den Krieg provoziert hätten.[38]

Zum zweiten und endgültigen Bruch zwischen Lenin und Plechanov kam es dann über die Frage des weiteren Vorgehens nach der Februarrevolution sowie über die Bewertung der von den Bol'ševiki als ‚roter Oktober' glorifizierten Ereignisse im Oktober 1917. In der Kontinuität seiner bisherigen Auslegung der Schriften von Marx und Engels betrachtete Plechanov die seit dem Februar erreichten Veränderungen als die dem ökonomischen Stand Russlands angemessene Stufe der Revolution. Die nächste historische Aufgabe erblickte er in einer Weiterentwicklung der Produktivkräfte und einer Verbesserung der Lage der Arbeiter; erst dann sei das Reich reif für den Schritt zum Sozialismus.[39]

Entsprechend deutlich wandte sich Plechanov gegen die Aprilthesen Lenins. Er charakterisierte sie als „Fieberphantasien", die „mit allen auf der Theorie von Marx beruhenden Voraussetzungen einer sozialistischen Politik"[40] brechen würden. Lenin sei offensichtlich „mit seinem gesamten Tross und der Artillerie ins Lager der Anarchisten" übergelaufen. Bedenkt man, wie scharf Lenin gegen jegliche Form von Anarchismus argumentierte und sich selbst in die Tradition von Marx und Engels stellte, wog dieser Vorwurf zweifellos schwer. Darüber hinaus führte Plechanov erneut Friedrich Engels an, um die Irrigkeit des von Lenin propagierten Wegs zu verdeutlichen: „Einer unserer Genossen, die Lenins Thesen im Sowjet der Arbeiter- und Soldatendeputierten anzweifelten, erinnerte ihn an die zutiefst wahren Worte von Engels, dass es für diese Klasse kein größeres Unglück geben könne als die Machteroberung zu einem Zeitpunkt, da das Endziel wegen unüberwindlicher objektiver Bedingungen unerreichbar bleibt. In seiner gegenwärtigen anarchistischen Stimmung kann eine derartige Mahnung Lenin natürlich nicht zur Vernunft bringen. Alle, die ihm im Sowjet der Arbeiter- und Soldatendeputierten widersprachen, hat er durchweg als Opportunisten bezeichnet, die dem Einfluss der Bourgeoisie erlegen

---

38 Zapis' besedy moej (G. A. Aleksinskogo) s Plechanovym, v Ženeve, 1915 g., in: *Baron* 1995, S. 163–165.
39 *Plechanov*: Grundlagen der politischen Taktik (Für Kinder fortgeschrittenen Alters und auf unsere Zeit bezogen) [13. (26.) August 1917], in: *Plechanov* 2001, S. 101–104.
40 Dieses und das folgende Zitat *Plechanov*: Über Lenins Thesen und warum Fieberphantasien bisweilen interessant sind [9.–12. (22.–25.) April 1917], in: *Plechanov* 2001, S. 23–31, hier S. 30.

seien und deren Einfluss auf der Proletariat übertragen würde. Das ist wieder die Stimme eines Anarchisten."[41]

So scharf die Auseinandersetzung zwischen ihm und Lenin auch verlief – Plechanov war zugleich intensiv darum bemüht, die gespaltenen Sozialdemokraten wieder zu einen und auf die gemeinsame Linie eines „modernen" Sozialismus zu bringen:

> „Nur wer die Dinge durch das Prima der Fraktionsschranken betrachtet, kann sich einbilden, der Kampf der Ideen in unserer Partei würde auf die Frage hinauslaufen, wer siegt: die Menschewiki oder die Bolschewiki? In Wirklichkeit muss die Frage formuliert werden: Siegt der moderne Sozialismus in jener Form, die er in der Form von Marx und Engels angenommen hat, oder der vorsintflutliche Sozialismus Bakunins, den das russische revolutionäre Denken bis heute nicht überwunden hat."[42]

Der weitere Verlauf der Ereignisse demonstrierte die Aussichtslosigkeit, die solchen Warnungen Plechanovs inzwischen zukam. Die Bol'ševiki suchten unter der Führung Lenins die Zuspitzung der Situation und stürzten schließlich am 25. Oktober die Provisorische Regierung. Verzweifelt wandte sich Plechanov drei Tage später in einem offenen Brief an die Arbeiter Petrograds und rief ihnen die Worte von Engels in Erinnerung, welche „die bewussten Elemente unseres Proletariats [...] mehr beherzigen [müssten] als je zuvor."[43] Geschehe dies nicht, werde das Ergebnis die „Eroberung der Macht [...] durch eine Partei" sein, und damit „das schlimmste Unglück, das es für das Proletariat nur geben kann [...]."

Wie zutreffend diese düstere Prognose Plechanovs sein sollte, wurde rasch deutlich. Nachdem im November 1917 die Wahlen zur Verfassunggebenden Versammlung stattgefunden und eine absolute Mehrheit für die Sozialrevolutionäre erbracht hatten, während die Bol'ševiki nur rund ein Viertel der Stimmen erhielten, lösten diese die Konstituante unmittelbar nach deren erster Sitzung gewaltsam auf. Plechanov kommentierte dies in seinem letzten Artikel Anfang 1918 mit den Worten, dass die Sprengung der Versammlung „völlig der Logik der Ende Oktober durchgeführten Aktion"[44] entspreche. Zugleich verwahrte er sich gegen den Vorwurf, er selbst habe auf dem Parteitag 1903 ein solches Vorgehen befürwortet: Es gebe, so Plechanov, Konstituierende Versammlungen „unterschiedlichen" Charak-

---

41 Dieses und das folgende Zitat *Plechanov*: Über Lenins Thesen und warum Fieberphantasien bisweilen interessant sind [9.–12. (22.–25.) April 1917], in: *Plechanov* 2001, S. 23–31, hier S. 30f.
42 *Plechanov*: Marxismus oder Bakunismus [10. (23.) Mai 1917], in: *Plechanov* 2001, S. 63–66, hier S. 65.
43 Dieses und die folgenden beiden Zitate *Plechanov*: B und A heißt Ba [28. Oktober (10. November) 1917], in: *Plechanov* 2001, S. 155–166, hier S. 162ff.
44 Dieses und die folgenden Zitate *Plechanov*: Offener Brief an die Petrograder Arbeiter [28. Oktober (10. November) 1917], in: *Plechanov* 2001, S. 150–154, hier S. 152 u. 154.

ters, nämlich solche, die gegen das Proletariat gerichtet seien, und solche, die „mit beiden Beinen auf dem Boden der Interessen der werktätigen Bevölkerung" stünden. Die Stürmung des Taurischen Palais' durch die Bol'ševiki habe sich „nicht gegen die Feinde der Arbeiter, sondern gegen die Feinde der Diktatur des Smolny-Instituts[45]" gerichtet. Das Ergebnis sei die „Diktatur einer Gruppe. Und gerade deswegen sind sie gezwungen, sich immer häufiger terroristischer Mittel zu bedienen."

Fazit

Plechanov fand sich am Ende seines Lebens in einer grotesken und persönlich sicherlich zutiefst enttäuschenden Situation wieder: Während die von ihm als führendem russischen Marxisten der ersten Stunde über Jahrzehnte prognostizierte Revolution tatsächlich einsetzte, hatte er jeglichen Einfluss verloren und musste mit ansehen, wie Lenin das Geschehen dominierte und die Warnungen seines Mentors missachtete. Der Tiefpunkt der Demütigung war erreicht, als im Oktober 1917 junge Bol'ševiki in Plechanovs Wohnung eindrangen, sie nach Waffen durchsuchten und ihn als Bourgeois beschimpften. Sie hatten keine Ahnung, wer vor ihnen stand.[46]

Die Rezeption des Marxismus hat die Biographie Plechanovs so stark geprägt wie wohl kein anderer Einfluss. Die Engelssche Staatstheorie war Teil dieses Prozesses von Aneignung, Interpretation und Anwendung, und sie war vor allem ab dem Zeitpunkt, als die revolutionstheoretischen Schriften praktisch wurden, eine zentrale Richtschnur des Agieren Plechanovs. Namentlich die Überlegungen Engels' zum Verhältnis zwischen der Entwicklung der Produktivkräfte und dem politischen Handeln haben ihm über Jahrzehnte hinweg als Referenzpunkt gedient und ihn letztendlich zu einem entschiedenen Gegner der Oktoberrevolution werden lassen. Man kann hierin den Dogmatismus eines orthodoxen Marxisten erblicken, der unfähig war, sich an eine radikal veränderte Umwelt anzupassen;[47] man kann es aber auch als konsequent und als ein Festhalten an Grundsätzen beschreiben, die auch dann nicht aufgegeben wurden, als sich entgegen der eigenen Analyse die Chance zur Machtübernahme bot.

Zu betonen bleibt in jedem Fall, dass Plechanovs Warnungen vor dem Umschlagen der voreiligen Revolution in eine Diktatur einer kleinen Gruppe durch die Ge-

---

45 Seit August 1917 Sitz des Petrograder Sovets.
46 Der Vorfall ist in einem Brief von Plechanovs Frau beschrieben, abgedruckt in *Baron* 1995, S. 182ff.
47 So die weitgehend identische Interpretation von Baron 1963, S. 360 f., und Tjutjukin 1997, S. 370.

schichte bestätigt wurden. Die Bol'ševiki haben zwar im Laufe des Jahres 1917 viele existentiell wichtige Forderungen der entrechteten und hungernden Bevölkerung nach Frieden, Land und Brot aufgenommen – aber sie waren nicht die einzige revolutionäre Gruppe, die dies tat. Sie waren jedoch die einzigen, die im Namen der Bevölkerung die Macht an sich rissen, die tatsächlichen Mehrheitsverhältnisse mit Gewalt unterdrückten und 1921 in Kronstadt sogar auf die Arbeiteropposition schießen ließen. Die Oktoberrevolution war deshalb in erster Linie ein Staatsstreich,[48] und Plechanovs Opposition hierzu steht für einen alternativen, demokratischeren Weg des Marxismus.

Literatur

Altrichter, Helmut 1997: Russland 1917. Ein Land auf der Suche nach sich selbst, Paderborn.

Baron, Samuel H. 1963: Plekhanov. The Father of Russian Marxism, Stanford, California.

Baron, Samuel 1995: Plekhanov in Russian History and Soviet Historiography, Pittsburgh/London.

Dmytryshyn, Basil (Hg.) 1974: Imperial Russia. A Source Book, 1700–1917, 2. Aufl., Hinsdale, Illinois.

Engels, Friedrich 1960 (erstmals 1850): Der deutsche Bauernkrieg, in: Karl Marx/Friedrich Engels: Werke. Bd. 7, Berlin (Ost), S. 327–413.

Häfner, Lutz 1994: Die Partei der Linken Sozialrevolutionäre in der Russischen Revolution 1917/18, Köln/Weimar/Wien.

Haxthausen, August von 1993 (erstmals 1866): Die ländliche Verfassung Russlands. Ihre Entwicklung und ihre Festlegung in der Gesetzgebung von 1861, Münster.

Herzen, Alexander 1949 (erstmals 1851): Das russische Volk und der Sozialismus, in: Ders., Ausgewählte philosophische Schriften, Moskau, S. 491–523.

Hilbrenner, Anke/*Schenk*, Frithjof B. (Hg.) 2010: Modern Times? Terrorism in Late Imperial Russia. Jahrbücher für Geschichte Osteuropas 58 (2010), Heft 2.

Hildermeier, Manfred 1998: Geschichte der Sowjetunion 1917–1991. Entstehung und Niedergang des ersten sozialistischen Staates, München.

Kappeler, Andreas 1979: Zur Charakteristik russischer Terroristen (1878–1887), in: Jahrbücher für Geschichte Osteuropas 27, Heft 4, S. 520–547.

Lenin 1958–1966: Polnoe sobranie sočinenij. Izdanie pjatoe, 85 Bde, Moskau.

Lenin, Wladimir Ilijtsch 1973 (erstmals 1902): Was tun? Brennende Fragen unserer Bewegung, Leipzig.

Lorenz, Richard 1991: Georgi Walentinowitsch Plechanow, in: Walter Euchner (Hg.): Klassiker des Sozialismus, München, S. 251–263.

---

48 Zu dieser Wertung gelangt u.a. auch *Hildermeier* 1998. Zu den linken Sozialevolutionären, die zunächst noch mit den Bol'ševiki koalierten und dann von diesen im Rahmen des Roten Terrors gewaltsam unterdrückt wurden vgl. *Häfner* 1994.

Marx, Karl/*Engels*, Friedrich 1959 (erstmals 1849): Der demokratische Panslavismus, in: Karl Marx/Friedrich Engels: Werke. Bd. 6, Berlin (Ost), S. 270–286.

Marx, Karl/*Engels*, Friedrich *1974:* Staatstheorie. Materialien zur Rekonstruktion der marxistischen Staatstheorie. Herausgegeben und eingeleitet von Eike Hennig, Joachim Hirsch, Helmut Reichelt und Gert Schäfer, Frankfurt/Berlin/Wien.

Plechanov, Georgij Valentinovič 1921: God na rodine. Polnoje sobranije statej i rečej 1917–1918 g. v dvuch tomach, Paris.

Plechanov, Georgij Valentinovič 1923–1928: Sočinenija, 24 Bde, Moskau.

Plechanov, Georgij Valentinovič 2001: 1917 – zwischen Revolution und Demokratie: eine Auswahl von Artikeln und Reden aus den Jahren 1917 und 1918. Hrsg., eingeleitet, kommentiert und übers. von Wladislaw Hedeler und Ruth Stoljarowa, Berlin.

Stoljarowa, Ruth/*Hedeler*, Wladislaw 2001: Vorwort, in: Georgij Valentinovič Plechanov: 1917 – zwischen Revolution und Demokratie: eine Auswahl von Artikeln und Reden aus den Jahren 1917 und 1918. Hg., eingeleitet, kommentiert und übers. von Wladislaw Hedeler und Ruth Stoljarowa, Berlin, S. 8–16.

Suvel'ev, Ju. (Hg.) 2009: Iz archiva gruppy „Osvoboždenie Truda". Perepiska G. V. i R. M. Plechanovych, P. B. Aksel'roda, V. I. Zasulič i L. G. Dejča, Moskau.

Tjutjukin, S. V. 1981: Pervaja rossijskaja revoljucija i G. V. Plechnaov, Moskva.

Tjutjukin, S. V. 1997: G. V. Plechanov. Sud'ba russkogo marksista, Moskva.

Uffelmann, Dirk 2009: ‚Orientalischer Anarchismus'. Marx und Engels über „Asiatische Produktionsweise", Zarismus und „Bakunisterei", in: Was bleibt? Karl Marx heute. Herausgegeben von Beatrix Bouvier, Harald Schaetzer, Harald Spehl und Henrieke Stahl, Trier, S. 201–233.

Weber, Max 1958 (erstmals 1906): Russlands Übergang zum Scheinkonstitutionalismus. Zweite Auflage, Tübingen.

Die Autor(inn)en

Ingo Elbe, Jg. 1972, Dr., Wiss. Mitarbeiter am Institut für Philosophie der Carl von Ossietzky-Universität Oldenburg. Forschungsschwerpunkte: Marx/Marxismusforschung, Politische und Rechtsphilosophie. Veröffentlichungen: Marx im Westen. Die neue Marx-Lektüre in der Bundesrepublik seit 1965, 2. Aufl., Berlin 2010; Kritik der politischen Philosophie. Eigentum, Gesellschaftsvertrag, Staat II (Mithg.), Münster 2010; Die Moral in der Kritik. Ethik als Grundlage und Gegenstand kritischer Gesellschaftstheorie, Würzburg 2011. Weitere Informationen unter http://www.staff.uni-oldenburg.de/ingo.elbe/index.html.

Georg Fülberth, Jg. 1939, Prof. Dr., war Professor für Politikwissenschaft an der Universität Marburg. Forschungsschwerpunkte: Mitarbeit an Band III/29 der Marx-Engels-Gesamtausgabe (Briefe an und von Friedrich Engels vom 1. April 1888 bis zum 30. September 1889.). Veröffentlichungen: G Strich. Kleine Geschichte des Kapitalismus, 4. Aufl., Köln 2008; „Das Kapital" kompakt, 2. Aufl., Köln 2012.

Eike Hennig, Jg. 1943, Prof. Dr., war Professor für Theorien und Methoden der Politikwissenschaft an der Universität Kassel. Forschungsschwerpunkte: Politische Theorien und Philosophie (besonders Demokratietheorien), empirische politische Kulturforschung. Veröffentlichung: Die Reinigung der Triebe, die zerrissene Gesellschaft und die politische Einheit: Hegels „Rechtsphilosophie" als Projekt zur Versöhnung des Unversöhnlichen, Stuttgart 2012 (i.E.). Weitere Informationen unter http://www.eike-hennig.de.

Frauke Höntzsch, Jg. 1980, Dr., Akademische Rätin a.Z. am Lehrstuhl für Politische Theorie an der Universität Augsburg. Forschungsschwerpunkte: Politische Theorie und Ideengeschichte, Politische Philosophie des Liberalismus, Politische Anthropologie. Veröffentlichungen: John Stuart Mill und der sozialliberale Staatsbegriff (Hg.), Stuttgart 2011; Individuelle Freiheit zum Wohle Aller. Die soziale Dimension des Freiheitsbegriffs im Werk des John Stuart Mill, Wiesbaden 2010; Europa auf dem Weg ‚Zum ewigen Frieden'? Kants Friedensschrift und die Wirklichkeit der Europäischen Union, München 2007. Weitere Informationen unter: http://www.philso.uni-augsburg.de/de/lehrstuehle/politik/politik2.

Renate Merkel-Melis, Jg. 1937, Prof. Dr., Freie Mitarbeiterin an der MEGA-Arbeitsstelle der Berlin-Brandenburgischen Akademie der Wissenschaften. Forschungsschwerpunkte:

Marx und Engels über die sozialistische und kommunistische Gesellschaft 1842–1848; das Spätwerk von Engels 1883–1891. Veröffentlichungen: Friedrich Engels: Werke, Artikel, Entwürfe, Oktober 1886 bis Februar 1891 und Mai 1883 bis September 1886 (MEGA-Bände I/31, 2002, und I/30, 2011).

Herfried Münkler, Jg. 1951, Prof. Dr., Professor am Institut für Sozialwissenschaften der Humboldt-Universität zu Berlin. Forschungsschwerpunkte: Politische Theorie und Ideengeschichte, Politische Kultur-Forschung, Kriegstheorie und Kriegsgeschichte. Veröffentlichungen: Die neuen Kriege, Reinbek b. Hamburg 2002; Imperien. Die Logik der Weltherrschaft, Berlin 2005; Die Deutschen und ihre Mythen, Berlin 2009. Weitere Informationen unter http://www.sowi.hu-berlin.de/lehrbereiche/theorie-der-politik.

Hans-Christian Petersen, Jg. 1972, Dr., Wiss. Mitarbeiter des Arbeitsbereichs Osteuropäische Geschichte am Historischen Seminar der Johannes Gutenberg-Universität Mainz. Forschungsschwerpunkte: Soziale Frage und sozialer Raum; Geschichte der deutschen Ostforschung sowie der polnischen Westforschung; Geschichte und Theorie der Biographik. Veröffentlichungen: Antisemitism in Eastern Europe. History and Present in Comparison (Hg. zus. m. Samuel Salzborn), Frankfurt 2010; Neuanfang im Westen. 60 Jahre Osteuropaforschung in Mainz (Hg. zus. m. Jan Kusber), Stuttgart 2007; Bevölkerungsökonomie – Ostforschung – Politik. Eine biographische Studie zu Peter-Heinz Seraphim (1902–1979), Osnabrück 2007. Weitere Informationen unter: http://www.osteuropa.geschichte.uni-mainz.de/180.php.

Samuel Salzborn, Jg. 1977, PD Dr., Wiss. Mitarbeiter am Institut für Politikwissenschaft der Universität Giessen. Forschungsschwerpunkte: Politische Theorie und Ideengeschichte, Politische Kultur- und Demokratieforschung. Veröffentlichungen: Demokratie. Theorien – Formen – Entwicklungen, Baden-Baden 2012; Staat und Nation. Die Theorien der Nationalismusforschung in der Diskussion (als Hg.), Stuttgart 2011; Antisemitismus als negative Leitidee der Moderne. Sozialwissenschaftliche Theorien im Vergleich, Frankfurt/New York 2010. Weitere Informationen unter http://www.salzborn.de.

Rüdiger Voigt, Jg. 1941, Prof. Dr., war Direktor des Instituts für Staatswissenschaften und Professor für Verwaltungswissenschaft an der Universität der Bundeswehr München. Forschungsschwerpunkte: Staat und Recht, Krieg und Weltordnung, Visualisierung der Politik. Veröffentlichungen: Den Staat denken. Der Leviathan im Zeichen der Krise, 2. Aufl. Baden-Baden 2009; Staatskrise. Muss sich die Regierung ein anderes Volk wählen? Stuttgart 2010; Handbuch Staatsdenker (hrsg. zus. m. Ulrich Weiß), Stuttgart 2011. Weitere Informationen unter http://www.staatswissenschaft.de.